本书受国家社科基金一般项目（项目编号：17BJY088）
和河南省高校哲学社会科学应用研究重大项目（项目编号：2023-YYZD-26）资助。

陈中伟

著

农民职业分化
与农地适度规模经营

Farmers' Occupational
Differentiation and Appropriate Scale
Management of Farmland

社会科学文献出版社
SOCIAL SCIENCES ACADEMIC PRESS (CHINA)

摘　要

　　第三次全国农业普查数据显示，我国农业仍然以小农户兼业传统经营为主，"农户兼业"现象是当前农民职业选择和处置农地行为组合的结果。我国农民职业分化背景下的"农户兼业"从整体上可以分为两个阶段：第一个阶段是以农业为主兼非农就业；第二个阶段是以非农为主兼营农业。我国目前处于第二个阶段，大部分农户以非农为主，对农业经营的重视程度下降，部分地区甚至出现农地抛荒现象，整体上农业发展较为缓慢，农业生产效率低下。这不符合我国经济发展的总体目标要求，有悖于农业现代化、工业化和城镇化同步发展的目标。因此，如何通过合理引导农民职业选择和处置农地行为推动农地流转以实现土地集中式规模经营，以及如何解决非农地流转条件下农户与现代农业衔接问题以实现规模经营，成为我国亟须解决的问题。

　　本书沿着"独特性问题提出—原因分析—构建解决路径"的思路展开分析。一是基于农民职业分化的不同状况，以提升农业生产效率为目标，以实现农地适度规模经营为研究方向，以城乡统筹发展、劳动力转移和农地经营相关理论为基础，运用规范分析与实证分析相结合的方法，通过分析我国农民职业分化广度、深度与农地规模经营状况，揭示我国农地流转滞后和农户兼业为主的农业经营独特性，以及农民职业选择与处置农地行为的关联性。二是通过分析农民职业分化、农地规模经营对农业生产效率的影响，明确农民职业分化和农地规模经营耦合发展的必要性；通过对农民职业分化广度和农地流转影响因素的分析，揭示农民职业分化广度并不是农地流转的充分条件，二者影响因素的差异是其不同步发展的原因，并从农地流转供给和需求方面探寻农地流转滞后的原因；基于农户意愿，进一步分析农村劳动力选择完全非农就业、成为职业农民和参与服务型规模经营的影响因素，探求农民职业分化深度和非土地流转条件下服务型规模经营的路径。三是通过借鉴国外发展模式和比较分析国内二者耦合发展的各种模式，总结可以借鉴的经验，构建农地流转递进式发展机制和服务型规模经营视角下小农户经营绿色农业的路径。

根据前述分析结果，本书提出了促进完全非农就业、农地流转和农业社会化规模服务的耦合发展策略，以及培育职业农民和发展服务型规模经营的政策建议。

目　录

第一章　导　论 ……………………………………………………… 001

第一节　研究背景及问题提出 ………………………………… 001

第二节　相关概念的界定 ……………………………………… 004

第三节　文献综述 ……………………………………………… 009

第四节　研究目标与思路 ……………………………………… 022

第五节　研究内容与创新 ……………………………………… 024

第二章　理论基础 …………………………………………………… 028

第一节　农业现代化发展的理论基础 ………………………… 028

第二节　农民职业分化的理论基础 …………………………… 032

第三节　农地适度规模经营的理论基础 ……………………… 040

第四节　本章小结 ……………………………………………… 047

第三章　我国农民职业分化与农地规模经营耦合发展状况 ………… 049

第一节　农民职业分化与农地规模经营的互动 ……………… 049

第二节　农民职业分化与农地规模经营相互制约 …………… 058

第三节　农民职业分化与农地规模经营耦合发展的测度 ………… 063

第四节　农民职业分化与农地适度规模经营的现状 ………… 070

第五节　本章小结 ……………………………………………… 083

第四章　农民职业分化、农地规模经营与农业生态效率 ················ 085

第一节　农业生态效率的测度与分析 ················ 085

第二节　农民职业分化、农地规模经营对农业生态效率影响的

理论分析 ················ 088

第三节　实证检验与结果分析 ················ 091

第四节　本章小结 ················ 097

第五章　农民职业分化与农地规模经营影响因素的规范分析 ············ 098

第一节　农民职业分化影响因素的规范分析 ················ 098

第二节　农地规模经营影响因素的规范分析 ················ 103

第三节　本章小结 ················ 107

第六章　农民职业分化广度和农地流转影响因素的实证分析 ············ 109

第一节　农村劳动力非农就业和农地流转的影响因素分析 ············ 109

第二节　农地流转滞后的原因分析

——以河南省为例 ················ 126

第三节　本章小结 ················ 133

第七章　农民职业分化深度与服务型规模经营的影响因素分析 ········ 134

第一节　农民职业分化深度的农户意愿分析 ················ 134

第二节　参与服务型规模经营的农户意愿分析 ················ 147

第三节　本章小结 ················ 163

第八章　农民职业分化与农地适度规模经营耦合发展路径 ············ 165

第一节　国内外发展模式与国外经验借鉴 ················ 165

第二节　农民职业分化与农地适度规模经营耦合发展的原则、

目的与机制 ················ 189

第三节 农地流转视角下农民职业分化与农地适度规模经营

递进式耦合发展路径 …………………………………… 197

第四节 服务型规模经营视角下小农户发展绿色农业的路径 ……… 207

第五节 本章小结 ………………………………………………… 215

第九章 研究结论与政策建议 …………………………………… 218

第一节 研究结论与研究展望 …………………………………… 218

第二节 促进完全非农就业和农地流转的配套政策 ………… 223

第三节 培育职业农民和发展服务型规模经营的配套政策 ……… 229

参考文献 ……………………………………………………………… 232

后 记 ……………………………………………………………… 248

第一章

导　论

第一节　研究背景及问题提出

一　研究背景

安徽小岗村村民签下分田到户的契约标志着我国农地经营制度改革的开始，随着中央进一步明确两轮农地承包经营权期限，农地承包权和农民经营农地的稳定性得到保障。农地承包经营制度改革在一定时期调动了农民耕作的积极性，促进了我国农业快速发展（计卫舸等，2013）。此时，随着农业劳动效率的提高，农村剩余劳动力产生，农民职业分化问题逐渐凸显。在我国工业化与城镇化快速发展的背景下，农村人口大量涌入城市和非农就业领域，农村劳动力非农就业、兼业和成为职业农民等农民职业分化问题成了其后社会关注和研究的重点。农村劳动力非农就业在一定程度上也带动了农地流转，但农地流转整体上滞后于农村劳动力非农就业，二者发展呈现不一致状态，且整体有加剧的趋势（见图1-1）。

农村劳动力非农就业与农地流转整体上发展不一致，按照时间顺序可以分为两个阶段（见图1-2）。

第一个阶段是农民以农业为主兼业阶段，主要处于1993~2003年。这个阶段向非农领域转移就业的以农村剩余劳动力为主，农民家庭主要劳动力并未大量转移，仍以农业经营为主且主要收入是农业收入。家庭劳动力非农转移后并不影响农业经营，其将农地流转出去的意愿也偏低。所以这种以农业为主的兼业经营不仅释放了剩余劳动力，也提升了农业生产效

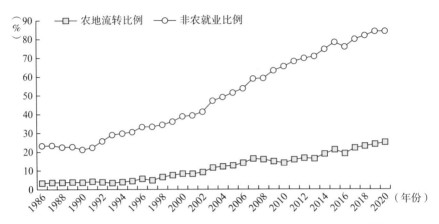

图1-1 1986~2020年农村劳动力非农就业比例和农地流转比例状况

资料来源：由1986~2015年全国农村固定观察点数据、第三次全国农业普查数据、2015~2020年《农民工监测调查报告》及EPS数据平台中相关数据计算得出。

率，是社会发展的一个过程（梅建明，2003b）。

第二个阶段是2003年以后，农民以非农就业为主，兼营农业。这个阶段向非农领域转移的不仅有剩余劳动力，还有边际产出大于零的劳动力。在高非农就业收入水平的吸引下，家庭主要劳动力向非农领域转移，留守农村、经营农业的主要是老弱化群体（妇女与老人）。农民以非农就业为主，农业经营处于被忽视的状态，家庭收入来源中较大比例是非农收入。由于农地流转市场制度滞后与缺失，农地流转未得到较快的推进，农业发展处于停滞或缓慢发展的状况（陈中伟，2018）。

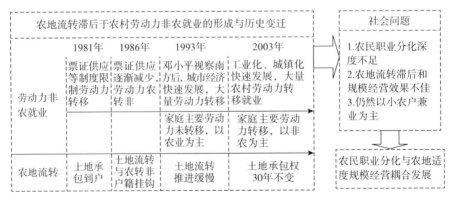

图1-2 我国劳动力非农就业与农地流转相关制度变迁与社会问题

农民职业分化不彻底和农地流转滞后导致我国城镇化和农村发展过程中出现了独特现象。①大量农村劳动力流动式非农就业。在西方发达国家发展历程中多数农村劳动力非农就业和脱离农业、迁移至城镇是同步的，但我国这个过程却分成了非农就业、完全非农就业和迁移成为市民三个阶段。我国农村劳动力非农就业主要是流动式非农就业，并不是迁移。这种流动式非农就业主要是因为非农职业不稳定，所以农村劳动力在分配家庭劳动时间和处置农地时无法割舍农业经营或具有社会保障属性的农地。随着第一代和第二代农民工年龄的增长，其完全非农就业或迁移意愿变低，这种流动式非农就业状态将持续较长一段时间。②仍以小农户传统式兼业经营农地为主。第三次全国农业普查数据显示，我国农业经营主体仍以小农户为主，小农户占所有经营主体的比例为92.41%；已发生的农地流转中近1/3是在普通农户间流转，被规模户和经营单位经营的耕地面积仅占总耕地面积的14.04%，说明农地规模经营的比例并不高；我国近86%的耕地仍被普通小农户以传统方式经营，小农户参与新型经营组织的比重仅为8.64%。农民职业分化不彻底导致农村劳动力非农就业后放弃承包农地的比例较低，农户对处置农地抉择的分化抑制了新型职业农民群体的形成，农地经营方式仍以小农户传统经营为主。虽然部分土地实现了规模经营，但比例并不高。

党的十八大提出城乡一体化统筹发展和加快人口城镇化的要求；党的十九大明确提出乡村振兴战略，实现农业提效和农民增收。我国农村劳动力流动式非农就业和小农户兼业经营农地仍将持续较长一段时间，所以，研究促使农民职业合理分化和实现农地规模经营的多元化路径，实现提高农村劳动生产率和农业生产效率的目标，具有重要的现实意义。

二　问题提出

由以上分析可知，农民职业分化与农地适度规模经营存在相互影响的关系，农村劳动力非农就业是农地流转的必要条件，但其非农就业后的兼业行为会抑制农地流转和农地规模经营；同时，转出农地收益会影响农村劳动力非农就业后是否兼业的行为选择，农地规模经营程度也会影响职业农民数量。有必要分析农民职业分化与农地规模经营的耦合发展路径，在分析过程中需要解决以下问题。

第一，农民职业分化和规模经营耦合发展水平如何？需要对农民职业分化广度、深度和规模经营耦合发展度进行测度，分析二者耦合协调发展程度，进一步分析二者耦合发展的空间异质性。

第二，农民职业分化和农地规模经营是否能够提高农业生产效率？农村劳动力非农就业、兼业、全职经营等职业分化形式和农地规模经营对农业生产效率的影响存在争论。但影响结果的差异是不是由研究时间段的差异导致的，需要进一步验证，同时也是为了验证二者耦合发展的必要性。

第三，农地流转为什么滞后于农村劳动力非农就业？在农民职业分化广度不断拓展的情况下，农地流转比例和农地规模经营比例并不高，农户家庭仍以小农户传统式兼业经营为主。探寻农地流转滞后的原因，推动农地流转仍是实现规模经营的路径之一。

第四，小农户兼业仍将持续较长一段时间，除农地流转之外是否存在实现规模经营的其他路径？在不流转农地、小农户兼业的情况下，发展服务型规模经营模式，是小农户与现代农业衔接的有效途径。

第二节　相关概念的界定

为了避免本书所用词语在语义上的混淆与争议，同时为了确定研究对象的范畴和含义，本节将相关概念界定如下。

一　农民、农村劳动力与农户

农民在发达国家一般是从事特定职业的概念，是指经营农场、农业的人，该概念与工人、教师、律师等职业并列。但在一些不发达国家，农民不仅包含职业的概念，也具有身份属性，是一种社会等级、生活状态的体现。在当前我国户籍制度下，农民兼具职业和身份两种属性。由于本书研究内容是农民职业分化，重点考虑农民职业分化的状况，所以只考虑农民职业属性，研究对象为具有农地承包权且仍在经营农地的"农民"。

劳动力一般指在法律规定劳动年龄范围内的具有劳动能力的人口，我国法定劳动年龄男性为 16～60 岁、女性为 16～55 岁。农村劳动力通常指具有农村户籍的劳动力，由于我国部分从农村迁出的劳动力已不具有农村户籍但仍有农村承包土地，而且超出劳动年龄的人口仍在经营农地，鉴于本书的研究目的，将农村劳动力界定为拥有农村承包土地且在经营农地的劳动力。从职业属性出发，本书中农村劳动力和农民的概念是一致的，农民职业分化其实也就是农村劳动力职业分化。

农村劳动力是一个总体的概念，农户是微观个体概念。由于本书分别从总体和微观个体两方面进行研究，所以有必要区分农村劳动力与农户的概念。不同学者对农户概念有不同的表述，鉴于本书的研究目的，将农户概念界定为最小土地承包单位的家庭。严格来说，最小土地承包单位应该是家庭中的个人，但家庭个人承包土地并没有清晰的边界，往往土地承包是以家庭为单位。这里的家庭并不是严格意义上生活在一起的个体总和，现实中部分家庭成员已经重新组建家庭，但承包土地依然留在原家庭单位。所以本书中的农户是指以家庭为单位承包土地的"家庭"，包含承包土地在一起的所有家庭成员。

二　农村劳动力转移与农民职业分化

根据我国城乡二元户籍制度和人口流动的实际情况，本书将对农村劳动力流动、迁移与转移的概念加以区分。

农村劳动力流动和迁移都属于人口流动的范畴，农村劳动力转移属于劳动力流动和迁移条件下职业转换的概念（计卫舸等，2013）。农村劳动力流动是指农村劳动力在不同区域之间的往返流动，主要指户籍不变条件下在不同区域短暂性停留，频繁往返于流入地与流出地之间的行为。农村劳动力迁移是指农村劳动力及其家属离开户籍所在地长期迁移到其他区域的行为，主要是从农村迁移到城市，主要特征是永久性改变常住区域。农村劳动力迁移包含改变户籍和不改变户籍两种类型，但均以长期居住迁入地为特征。农村劳动力转移是指农村劳动力从事的行业由农业向非农业转变的行为，一般伴随劳动力流动和迁移下的非农就业。所以农村劳动力流动、迁移与转移是相互关联的三个概念，农村劳动力流动行为在一定条件下可以转为迁移，流动和迁移的原因分为经济原因和非经济原因，其中经济原因就是非农就业。

本书研究的农村劳动力转移主要指农村劳动力非农就业行为，并不研究其是流动还是迁移行为。第三次全国农业普查数据显示，我国农村劳动力以非农就业为主，从人口流动角度看，这种非农就业有两种情况：一是农村劳动力流动式非农就业；二是农村劳动力迁移式非农就业。结合本书的研究目标，将农村劳动力转移界定为拥有农村承包土地的农村劳动力由以前以农业为主转向以非农就业为主的行为。

关于农民职业分化的概念和范畴，学术界略有争议：第一种观点认为，农民职业分化是指农民由全职经营农业转向非农领域就业（牟少岩、杨学成，2008），这与农村劳动力非农就业的概念相似；第二种观点认为，农民职业分化是指农民从农业生产经营活动中分离出来，从事非农就业且非农收入为家庭主要收入来源（李逸波、彭建强，2014），该观点主要指农民非农就业后兼营农业的状况；第三种观点将农民分化为全职务农、兼业和完全非农就业的农民三类（孙博等，2019）。其实这三种观点是基于我国农村劳动力转移的不同阶段选择的不同研究视角提出的，当前的农民职业分化是农民由单纯的农业经营者分化为完全非农就业、兼业和新时代全职农民（职业农民），这也是本书对农民职业分化概念的界定，同时将研究对象确定为全职或兼业的农民，其职业分化的最终目标是逐渐向完全非农就业和职业农民过渡。本书将进一步研究农村劳动力非农就业数量变化（农民职业分化的广度）和农村劳动力职业化程度（农民职业分化的深度）。

三 农地产权与农地流转

农地顾名思义为农村土地，本书主要研究农村土地中农业用途的土地，主要指农村中的耕地、林地、园地和养殖水面等为农民所承包且用于农业性质的土地。本书是在农地性质不变的前提下，研究农地在农地交易市场的流转情况，并不涉及农地非农化问题。

科斯在产权理论中提到权利的明确与界定是市场交易的前提条件（米德玛，2007）。农地流转首先要对农地产权进行明确与界定。我国宪法规定农村和城郊土地除非法规规定属于国家所有以外，均属于集体所有。所以我国农民并不拥有农地所有权，农民参与流转农地是基于其对农地的承包权。从1978年小岗村"大包干"开始到1983年全国普遍推广家庭联产承包责任制，这是我国农地流转的前提，也标志着农地所有权与使用权的分离，土地承包权由此产生。1987年国务院批复沿海发达省市进行土地适度规模经营试点试验，标志着家庭承包经营下的农地流转试点开始。1995年国家明确提出"建立土地承包经营权流转机制"，这意味着土地承包权与经营权分离。2007 年我国《物权法》将土地承包经营权归为用益物权，标志其法制化。2008 年国家明确土地承包经营权流转不得损害农民土地承包权益。至此可以看出，我国农地产权相关概念包括所有权、承包权和经营权。我国农村土地所有权是以公有制为基础，其主体是农村集体经济组织，集体具有对所有的土地依法占有、使用、收益和处分的权利。土地承包权是针对农村集体经济组织成员而言的，对于以村为集体单位的农村，本村农民才享有集体（村）土地的承包权，任何组织和个人都无权剥夺和限制农民的土地承包权。农户获得土地承包权同时也享有土地经营权，土地经营权包括对土地的使用、收益和一定处分的权利。

农地流转是某种土地权利的交易，也即在农地所有权归集体的前提下，农户保留土地承包权，在不改变农地用途的原则下将土地使用权（承包经营权）流转给其他农户或组织。农户将依法对其承包的土地以转让、转包、互换、入股、置换城镇社保和出租等形式流转给其他农户或组织。所以本书所指的农地流转是在农地用途不变的前提下农户保留土地承包权，并将土地经营权流转。

四 农地流转滞后与农业现代化

农地流转滞后可以从总体和个体角度理解。从总体角度看，它是指农村农地流转比例低于农村劳动力非农转移比例，而且呈现差距扩大的趋势；从个体角度看，它是指农户中主要劳动力非农化后并不选择转出农地。本书中的农地流转滞后主要是指总体上农地流转比例低于农村劳动力非农转移比例，当然这种现象是由个体农户农地流转滞后于劳动力非农化造成的。所以，本书在分析过程中利用总体上农地流转比例较低来说明农地流转滞后现状，利用个体农户流转农地的选择滞后性来分析农地流转滞后的原因。

学术界关于农业现代化内涵有不同认识和界定，总体上分为过程论、技术论、资源配置与制度创新论和可持续发展论等几种观点（宁新田，2010），呈现出这几种观点的差异主要是因为学者们认为发展的侧重点有所区别。这些观点存在交叉性。过程论者认为，农业现代化是传统农业的改变，是一个动态的概念，没有终点，没有固定的目标（王利民等，1999）；技术论者认为，农业现代化是指农业生产效率和社会化程度的提高，通过农业技术水平、机械化程度和科学管理水平的提高来实现（陈孟平，2001）；资源配置与制度创新论者认为，农业现代化是不断优化农业资源配置，提高农地、劳动力、资本等要素利用效率，在这个过程中要对产权制度、价格体系制度、组织管理模式等方面进行变革（林毅夫，2005）；可持续发展论者认为，农业现代化在提高农业生产力水平的同时，特别要注重避免农业资源过度使用和环境污染的情况，从可持续发展角度实现农业资源的永久可用性。

综合这些观点，笔者认为农业现代化的目标是农业资源优化利用，提高农地、劳动力和资本等要素利用效率，增加农民收入和保障农户权益；实现过程要提高农业技术水平、机械化程度、科学管理水平和制度创新水平；实现的基本原则是保障农地资源不被过度使用和不污染环境，促使农业可持续发展。

五　农地适度规模经营

发展农地适度规模经营的问题长期以来深受理论界和实践界关注，有其深刻的历史和经济根源。作为中国农业发展的未来出路，本书将从理论层面厘清农地适度规模经营的内涵与意义。

适度规模经营是在规模经营的基础上提出的，是指在一定的适宜条件下，各生产要素（土地、劳动力、资金、设备等）的最优配置和有效运用，目的在于取得最高的经济利益。适度的界定则不从一而论，需要根据实际情况来确定适度的范围，即使在某种程度上确立了"适度标准"，但在实践中它依然要受到各种因素的影响。我国地理区位差异明显，界定适度的范围就不仅要受各地政策及经济状况的影响，还要受到自然条件的制约，因此，我们理解的适度规模经营一定要是一个动态的、多层次的概念。

农地适度规模经营是农业经营的一种形式，是将规模经营的理念与农业现代化发展结合在一起，为提高农业生产效率而提出的一种新发展模式。作为一个合体概念，它以提高社会整体效益为目标，在既定的社会、经济和技术条件下，强调在对生产要素进行优化配置和对农业经营环节进行合理组织的同时，通过适当扩大生产或服务经营的规模，从而取得最佳经济效益的农业经营和组织形式，其核心是实现各种生产要素的最优配置。作为实现农业现代化的重要途径之一，它的实践难度依然在"适度"的界定上，加之土地是农业不可替代的生产资料，所以，目前农地适度规模经营的重点是通过农地流转和非农地流转（统一服务）扩大农地经营规模，即实现土地规模经营和服务型规模经营（彭新宇，2019），选择合适的规模经营主体，实现农村劳动力和农业生产效率的提高。

结合中国农民职业分化的现状，农地适度规模经营分为两种模式：一是土地规模经营，针对完全非农就业比例较高的区域，依靠农地流转将土地集中，由新型农业经营主体进行规模化经营；二是服务型规模经营，针对兼业或全职农户比例较高或抛荒比例较高的区域，在不改变农户对土地的各种产权的条件下，农户将农业生产经营中的若干环节外包，由新型服务主体提供规模化服务，提高农业生产效率。

第三节 文献综述

根据本书的写作思路和涉及的内容，本节将国内外现有的研究现状总结如下。

一 农村劳动力转移、农地流转与农业现代化

（一）农村劳动力转移与农业现代化

Lewis（1954a）认为，城市现代部门吸引劳动力转移就业并带动农村传统部门发展，最终实现一元经济。Ranis 和 Fei（1961）在 Lewis 的基础上提出农业生产率提高是农村劳动力流向城市的先决条件，当农村劳动力边际生产率大于零但小于制度工资水平时劳动力转移将会影响农业发展，提高农业生产率可以解决这一难题，它是实现城乡统筹发展的前提；乔根森等（2012）认为，农业发展和消费需求变化是劳动力转移和工业发展的必要条件。Todaro（1969）认为，劳动力转移取决于预期的城乡收入差距，应积极发展农业经济以促使农村城镇化。蔡昉等（2001）、何强等（2009）、崔子龙（2008）认为，农村劳动力转移没有缩小城乡收入差距，劳动力转移受城乡二元制度、人力资本水平、城乡预期收入差距和迁移成本等的影响。王勇辉（2011）认为，我国不能等待农村劳动力完全转移形成高度城镇化后再考虑农村发展，应该城乡统筹发展。

针对我国农村劳动力转移对农业发展的影响，学者们认为不同阶段的劳动力转移对农业发展的影响程度呈现多样化。蔡昉（2008）认为，经济

发展水平到达刘易斯拐点之后，劳动力转移不再是无限供给，要保障农业发展，必须想办法提高农业生产率。匡远配（2010）认为，农村剩余劳动力滞留农村会降低劳动力利用效率，不利于农民增收和农业发展；农村劳动力过度转移会弱化农村劳动力素质，不利于农业技术进步与推广，引起农业基础设施建设滞后和土地利用效率低下。蒲艳萍和刘婧（2010）认为，农村劳动力转移对劳动力和土地资源配置具有一定的促进作用，但对农业生产率和技术进步的作用不明显，会给现代农业发展带来一定的负面影响。钱文荣和郑黎义（2011）认为，农村劳动力外出务工的非农收入并没有被农户用来增加农业生产投入，甚至外出务工农户还减少了农业生产投入，这不利于农业长期发展，降低了农业生产效率。范东君和朱有志（2012）、母世春和王芳（2013）认为，农村青壮年劳动力转移不利于农业生产率提高和先进农业技术推广应用，导致农业有效投资不足，不利于现代农业发展。赵燕和解运亮（2014）认为，推动城镇化并不意味着直接将劳动力转移到城市，还要进一步关注和支持农村经济发展。吴昊（2014）认为，总体上劳动力转移对我国农业生产率提高有促进作用，但现实中仍然存在劳动力和土地资源闲置及浪费问题。劳动力转移过程中要很好地利用劳动力与土地资源要素，二者高效利用必然会促进农业发展，否则将不利于现代农业发展。

总体上，学者们的意见可以统一为农村剩余劳动力转移并不影响农业产出，而会提高农业生产效率。但农村劳动力向非农领域过度转移，将会降低农村劳动力数量和素质，会对农业发展造成负面影响，导致农地资源浪费。

（二）农地流转与农业现代化

舒尔茨（2006）、林毅夫（2005）认为，农业发展取决于资本、技术和人力资本等要素的投入，而有效的经营制度安排和创新是农村经济发展的主要动力和源泉，也即要改变现有的农业经营模式，包括农地经营模式。张培刚（2001）的农业国工业化理论认为，走新型城镇化道路需要农业规模化、产业化经营，应积极引导农地流转和集中。解安（2002）、刘涛等（2008）、徐邓耀（2012）、夏玉芬等（2012）认为，农户分布式承包经营方式无法发挥规模效应，这种粗放式经营方式会导致农业资源浪费，阻碍农村产业结构调整，成为发展现代农业的瓶颈之一。许庆等（2011）、梅建明和陈秀华（2006）、孙自铎（2011）、姜松和王钊（2012）认为，应该推动农地流转，农业应走适度规模经营之路。程传兴等（2012）认为，现代农业发展不仅体现在规模效益和产出效率提高上，还体现在农业产业化和消费结构变迁上。在我国家庭承包经营农地制度条件下，土地流转是传统农业向现代农业过渡的桥梁。尚雨（2011）、徐邓耀（2012）认为，农业产业化需要与土地流转相互促进与匹配。万宝瑞（2014）认为，虽然土地流转在加速，但非粮化明显，农民收益下降和农地质量恶化，只有提高农业生产率和培育新型农业经营主体，才能促进现代农业发展，实现农业现代化。陈训波等（2011）的研究发现，土地流转能够提高劳动生产效率，降低土地生产率，需要完善土地流转市场，但总体上土地流转使农业发展处于规模报酬递增阶段。邹伟和孙良媛（2011）认为，土地流转市场效率的改善可以提高农民福利水平。樊帆（2009）认为，土地流转可以促进农业结构调整，增加农民收入，促进现代农业发展。韩菡和钟甫宁（2011）认为，土地流转可以改善欠发达地区农户间收入分配状况，但会拉大发达地区农户间的收入差距。王春超（2011）认为，劳动力与土地资源应该良性互动，土地流转有利于提高劳动力资源配置效率，劳动力资源的有效利用更能进一步促进土地流转。刘卫柏和李中（2012）、杨昊（2009）、刘洋（2011）、陈中伟和陈浩（2013）认为，影响我国农地流转的因素有家庭非农收入水平、非农就业能力、农地租金、养老保险覆盖率和制度法规健全程度等。

总之，多数学者认为我国家庭分布式农地经营方式不适合农地适度规模经营，不利于农业结构调整和农业生产效率提高，无法实现农地规模效益，限制了劳动力与土地资源的有效配置，认为它是发展现代农业的瓶颈之一。土地流转虽然能够提高农业生产效率，增加农民收入，实现农地规模效益，但存在一定的约束条件。在推动土地流转过程中，要考虑诸多影响因素，并要进一步完善土地流转市场及相关制度，建立劳动力与土地资源之间的良性互动关系。

（三）农村劳动力转移与农地流转

孙玉娜等（2012）认为，中国劳动力转移比农地流转更明显，劳动力转移没有促进农地流转。林善浪等（2010）认为，农村劳动力非农转移的距离和时间对农地流转有显著影响。江淑斌和苏群（2012）认为，劳动力非农转移与农地流转之间存在相互影响，劳动力非农转移与农地流转的关系因转移动力差异而不同，二者相互作用的关系并不确定。计卫舸等（2013）认为，劳动力转移与农地流转互为制约因素，农村剩余劳动力转移不充分制约农地规模化经营，保留农地成为农村劳动力的基本保障，从而制约劳动力彻底转移。孙云奋（2012）利用山东省六地市数据分析发现，各市偏远地区农地流转滞后于劳动力转移的程度远高于城郊和中部地区，且与经济发展水平和区位密切相关。曹利平（2009）以河南固始县为例，研究发现新生代农民工逐渐成为农村劳动力转移的主力军，他们的土地情结相对于父辈较弱，但依然处于非完全转移状态，这种情况制约了土地流转和土地利用效率的提高。李中（2013）对湖南省 2536 个农村劳动力的调查分析发现，农村劳动力转移与处置农地的社会化程度呈正相关关系，外出务工且就业稳定的劳动力处置农地的社会化程度相对较高。游和远和吴次芳（2010）对中国 30 个省份数据的分析发现，现阶段农地流转并不能直接导致劳动力转移，可能会使劳动力离地失业或滞留农地。农地流转需要依赖农村工业化实现劳动力转移。闫小欢和霍学喜（2013）对河南省 479 个农户的调查分析发现，劳动力向非农产业转移可以深化产业链，促使劳动力脱离农地，有利于农地流转。但在不完全劳动力市场制度下，劳动力非农就业机会、社会保障水平、土地产权稳定性和保障性会约束农户流转农地的行为。胡奇（2012）的研究认为，如果外生制度变迁促使土地自由流转，农村将可以再释放 3.4 亿剩余劳动力。孟令国和余水燕（2014）认为，现有的农地流转制度限制了农地流转，抑制了农村劳动力转移。社会保障、土地产权、利益分配、土地流转市场、金融等方面的制度不完善和劳动力人力资本水平低是土地流转受阻的主要原因。

从以上研究结果可以看出，农村劳动力转移与农地流转并不是必然的因果关系，二者具有相互促进和相互制约的关系。农村劳动力转移带动农地流转需满足一定的约束条件。农地流转在一定的前提条件下才能推动劳动力非农转移。

二 农户兼业经营对农业发展的影响

农户兼业经营是否会对农业发展造成影响，学术界有两种相悖的观点。

一种观点是农户兼业会使农村劳动力素质下降、资金逆向流出和阻碍农业技术推广等。陈言新和彭展（1989）、黄延廷（2012b）、陆一香（1988）、李苏（2000）认为，农民兼业是农业发展和向规模化经营转变的过渡阶段，最终目标应实现农业规模化经营。另一种观点认为农户兼业可以长期存在，并且能够促使农业发展和农民非农就业良性发展，非农收入高有助于提高农业资本和技术投入。韩俊（1988）、叶兴庆（1993）、郝海广等（2010）和廖洪乐（2012）认为，农户兼业经营有客观性和长期优势，不应该急于推行农业规模化经营。

也有不同于以上两种观点的，认为农户兼业并不影响农地流转，农户兼业下仍然可以进行农地适度规模经营。高强（1999）、梅建明（2003a）通过比较日本、美国农业发展历史，认为日本农户兼业下的小规模农业经营造成了农地资源分散、农业投资收益率低、农业发展受阻等诸多问题，美国农业规模化与农户兼业化并存的发展道路促进了农业发展。我国不能走小规模农户兼业化道路，应该扩大农地经营规模。向国成和韩绍凤（2005）、欧阳金琼和王雅鹏（2014）认为，农户兼业条件下推动农地流转应建立在农业收益提高和劳动力非农就业待遇改善的基础上，不能强行剥夺农户农地。贺振华（2006）认为，农户存在两种选择：完全非农转移就业，转出农地；兼业经营，不流转农地。土地供给与否主要与非农就业收入和农业收益率有关。于学花和栾谨崇（2009）认为，农户兼业经营下，通过农户转化可以推动农地流转。农户转化是指促使一兼农户转化为纯农户，二兼农户转化为非农户。陈浩和陈中伟（2013a）认为，应通过推动一兼农户向二兼农户和纯农户转化，并促使二兼农户向完全非农市民转化，通过市场力量推动土地流转，逐步实现农地适度规模经营。

归纳以上研究观点发现，我国农户兼业化经营可能在农业发展过程中长期存在，但农户兼业经营并不意味着不能推动土地流转。农户兼业条件下不能强行推动土地流转，应该通过市场力量和政策引导农户转化来实现，逐步实现农地适度规模经营。

三　农地流转市场供求影响因素与外部条件限制

农地流转市场供求状况主要指农地流转供给与需求现状以及各自的影响因素。张照新（2002）认为，农地流转市场发育状况存在区域差异性，提升非农就业的机会较少导致农地流转供给小于需求。钱忠好（2003）认为，我国农地流转市场面临刚性的需求约束，总体上呈现农地流转需求大于供给的不均衡状态。改善农地流转市场外部条件，可以促进农地流转的有效供给增加。陈仲常和臧新运（2006）、高双（2010）、曹建华等（2007）认为，农地流转供求存在区域差异，经济发展水平的区域差异导致农地流转规模、速度、方式、土地集聚程度和农户行为等方面存在差异性。包宗顺等（2009）认为，区域非农产业发展水平、劳动力受教育程度、人均收入水平、社会保障状况和农业产业结构对农地流转有显著影响。陆文聪和朱志良（2007）认为，不同类型的农地流转在供求关系上表现出不同失衡状态。刘芬华（2011）认为，农地流转市场供给不足是市场发育的主要阻滞。曹建华等（2007）通过对中部6省调查数据的分析，发现农地流转市场中供给意愿不足，农地转入需求意愿充足。提高农地地租可以增强农户转出农地的意愿。钟林和唐小我（2009）认为，在农地流转供给与需求影响因素一定的条件下，与竞争性土地市场比较，垄断将导致均衡数量和交易价格下降。于洋和关立新（2006）、邓晓玲等（2010）认为，农地流转市场供给与需求均不足，流转价格较低，流转机制滞后和中介服务薄弱，不利于农地流转市场发育。林乐芬和金媛（2012）认为，在农地流转供求双方理性选择的假设条件下，农地流转供给方转出农地的依据是转出农地后收益与其机会成本（土地保障效用）的比较，农地需求方为降低交易成本会选择加入专业合作组织。

农地流转市场发育程度除了受供求因素影响，还受相关制度因素影响。周天勇（2003）提出了农地制度改革的框架：合并两种公有制，农地所有权归国家；分解国家所有的农地占有权、使用权和处置权；赋予农户较长时期的农地财产权，并与社会保障挂钩；发挥市场配置作用和政府调控作用。叶剑平等（2006）认为，农地产权和相关制度是制约农地流转市场良性发展的主要因素，应该规范农地流转契约签订制度和农地承包经营权证的发放。刘克春（2008）认为，土地私有化并不必然会带来农地流转市场的建立，农地流转市场发育不仅仅取决于农地产权制度，更重要的是受交易费用、制度环境等外在因素的影响。曹群（1997）、刘向南和吴群（2010）认为，农地流转市场制度改革的重点是提高农户转出农地后的收益水平，并降低农地流转过程中的交易成本。邓大才（2009）认为，农地经营收益是影响农地流转的必要条件，外来资本可以增加农地流转需求；制度并不是农地流转市场形成的直接原因，而是市场进一步规范的保障。黄延廷（2012a）通过借鉴日本经验认为，应逐步放开对农地流转的诸多限制；建立和完善农地流转中介服务组织，降低交易成本；出台有利于农地流转的财政金融支持政策；制定相关扶持新型农业经营主体的优惠政策。钟文晶和罗必良（2013）认为，农户禀赋中的人格、生存和情感依赖性是抑制农地流转的根本原因。农民身份与稳定的农地承包权强化了人格依赖性，农地财产权弱化了其对农地的生存依赖性，有利于保障农民的农地收益权，促进农地流转。

由以上研究结果可知，我国农地流转市场不完善除了有供求双方的原因之外，还有相关的制度原因。所以，促进农地流转市场发展不仅要研究农地流转供求状况及其影响因素，还要分析外在制度因素影响。

四 农地流转模式

国内具有代表性的农地流转模式在不同区域陆续出现，相关学者也对这些模式进行了分析与研究。韩江河（2008）分析总结了"成都模式"主要有转包、租赁、互换和土地入股四种流转方式；"温州模式"的主要形式是种粮大户转包、村集体代耕代种和土地耕作服务化。他认为"温州模式"相对于"成都模式"具有形式多样化、节约转包成本和更为公平科学的特点。冯玲玲等（2009）分析了重庆市璧山县农业经营大户参与土地流转的困境，认为主要有农地流转法律法规约束、农地流转劳动力素质约束、农地流转主体承担风险大等困境。曾福生和唐浩（2010）认为，农地流转模式主要有三种：农户间自由的流转（代耕、出租）；以集体为主体的反租倒包（集体中介组织）；农户和集体共同参与的股份合作制。农户间自由流转效率最高，但会发生抛荒现象；在外部利润凸显和内部农户间流转不均衡时，可以引进外部力量实施反租倒包；农地股份合作制可以解决当前很多土地流转矛盾，存在效率改进，但具有封闭性和操作不公平、不透明等问题。任勤和李福军（2010）对成都市农地流转中介组织模式进行了分析，认为主要有集体经济组织、政府主导交易平台和市场化交易平台三种模式。但中介组织也存在诸多问题，比如中介组织主体单一、缺乏专业人员、服务项目较少、内部制度不规范等。周建和施国庆（2011）认为，浙江嘉兴模式、苏南无锡模式和成都温江模式这三种模式主要是采用农地置换社保或城镇住房与集体土地股份化分红来促使劳动力转移与农地流转，但是均有较强的区域针对性和政府管制性，主要对象是城郊农村，实施过程需要政府雄厚的财力作为后盾。孟祥远（2012）认为，嘉兴模式相对于无锡模式涉及面更广，启动资金规模更大，融资存在一定困难。韦彩玲（2012）认为，"龙头企业＋合作社＋农民"模式存在隐蔽性农地非农化趋势，农民分享农地规模经营收益不够充分，无法保障农民基本生活。姜松等（2013）利用重庆市截面数据分析发现，不同的农地流转模式对农民增收和农业发展具有不同的作用方向和影响程度，也存在空间分异性。整体上，几种农地流转模式对农业发展具有正效应，但农地互换模式边际影响系数最大，农地入股模式边际影响系数最小。除出租模式外，其他模式均对农民增收没有正效应。李响（2013）分析了土地流转信托的运作模式，比较有代表性的是"北京信托土地流转信托计划"，确定农地经营权的农户入"土地合作社"，土地合作社以土地经营权在北京信托设立财产权信托，北京信托代表土地合作社将土地租赁给由本村种植专业户组成的"专业合作社"。在这种模式下，农户可以拿到北京信托的"土地收益凭证"，并能永久收益、转让和继承等；农地流转之前锁定了农业用途；土地合作社成员收益由"固定收益＋浮动收益"组成；同时可以解决本村部分劳动力就业问题。

以上研究结果表明，农地流转模式不断创新，不同的农地流转模式在相同的区域也可能具有不同绩效，同种流转模式在不同区域也可能具有空间分异性。

现有的研究显示，推动农地流转可以实现农地规模经营，有利于提高农业生产效率，实现农业现代化。现在我国农业处于以非农为主的小规模农户兼业状态，势必会阻碍农地规模经营与现代农业发展。究其根源在于农地流转滞后于农村劳动力转移，这成了城乡统筹发展的瓶颈。现有的研究主要集中于农户兼业对农业发展的影响、农地流转供求状况及影响因素方面。推动农地流转必须将其与农村劳动力转移结合研究，同时要以农业现代化发展为目标，解决农地流转滞后与农业现代化目标要求之间的矛盾，这正是本书研究的重点。

五　农民职业分化与农地规模经营

针对我国农民职业分化的研究主要指分化广度，涉及分化深度的较少，农民职业分化广度与农地适度规模经营的研究主要体现在三个方面。

第一，农民职业分化后是否实施农地规模经营的争论。由于研究所处时期不同，学者们对农民职业分化后是否实施农地规模经营持有差异性的观点，研究结果具有显著的阶段性特征。①农民职业分化早期（20 世纪80 年代后期），学者们的观点存在较大分歧。陆一香（1988）、陈言新和彭展（1989）认为，农民职业分化引起的兼营农地不符合经济发展规律，应通过推动农地流转由职业农民替代兼业农民，实现农地规模经营；冯海发（1988）认为，根据国内外相关国家发展经历，农民职业分化后兼营农地是一种长期状态，推动农地规模经营并不是短期目标；韩俊（1988）认为，农民职业分化后兼业只是过渡阶段，最终会依靠农地流转实现规模经营。②大规模农民职业分化阶段（20 世纪90 年代至今），基于国家政策和经济发展形势，学者们基本达成了共识，即农民职业分化后兼业是过渡阶段，最终要实现农地适度规模经营，农民将分化为职业农民和完全非农就业者。研究的重点主要集中于农民非农就业路径、农民流转农地意愿、农业规模经营主体选择等方面。研究趋势为农民职业分化与农地适度规模经营应该统筹考虑，农民职业分化后，只有实施多元化农地适度规模经营，才能实现农业现代化和城镇化同步发展的目标。游和远和吴次芳（2010）、廖洪乐（2012）、陈浩和陈中伟（2013b）、范剑勇（2013）、钱忠好（2003）进行了相应研究，并持有以上类似观点。

第二，农民职业分化与农地适度规模经营的关系研究。这类研究分为三个方面。一是农村劳动力非农就业对农地规模经营的影响。农村劳动力非农就业有利于农地流转（姚洋，1999）；农民职业分化行为对农地流转、规模经营有显著正向促进作用（Feng and Heerink，2008；林善浪等，2010）；但在二元的劳动力市场分割制度下，农村劳动力非农就业机会不公平、社会保障覆盖水平低、农地产权不稳定和保障性差会约束农地流转和农地规模经营（闫小欢、霍学喜，2013；罗明忠、刘恺，2015；胡新艳等，2017）；农民职业分化引发人口转移，导致空心村和农地抛荒现象，缺乏经营农地的农民，反而会抑制农地适度规模经营（陈池波、韩占兵，

2013）。二是农地适度规模经营对农村劳动力非农就业的影响。现有的农地产权及流转制度限制了市场形成，不利于农地规模经营，抑制了农民职业分化（孟令国、余水燕，2014）；社会保障制度不健全、农地收益分配不合理、农地产权不清晰、农地流转市场机制不完善、人力资本水平低和金融支持不足是农地流转和农地规模经营受阻的主要原因，同时抑制了农民职业分化（田传浩、李明坤，2014）。三是农民职业分化与农地适度规模经营的影响因素。农民职业分化与农地适度规模经营相互影响（陈中伟，2018；钱忠好，2003；韩菡、钟甫宁，2011；夏益国、宫春生，2015）。二者也因外生因素差异，所以相互影响作用并不确定（江淑斌、苏群，2012；计卫舸等，2013）。外生因素包括劳动力市场制度、农地流转制度、社会保障制度、农业基础设施、农业社会化服务水平等（陈浩、陈中伟，2013b；姜松等，2013）。此外，二者影响因素也包括个体主观条件，比如农民人力资本、农户家庭资金等（郭庆海，2018）。

第三，异质性视角下农民职业分化与农地适度规模经营的研究。现有研究多在农户异质性、区域异质性和农地异质性视角下研究农民职业分化与农地适度规模经营二者之一。蔡昉等（2001）、陆文聪等（2008）、陈浩等（2010）从区域异质性视角分别研究了制度、粮食生产和经济波动对农村劳动力非农就业的影响。农地流转和农地适度规模经营的影响因素存在区域差异（陈仲常、臧新运，2006；包宗顺等，2009；孙云奋，2012），也存在因农地区位和地貌特征不同而产生的差异（陆文聪、朱志良，2007；廖仕梅，2018；李琴等，2019）。农地规模经营影响因素的基本特征不仅存在区域和农地区位等空间异质性，农户主体行为也具有异质性（王亚运等，2015），农户异质性显著影响职业分化广度与深度，区位异质性对中低层次农民职业分化的影响更显著（杨琨、刘鹏飞，2020）。

六 农民职业分化、农地规模经营与农业生产效率

城镇化进程中农民职业分化改变了我国农民全职经营农地的状况，导致农地经营方式的改变。发展经济学二元结构理论认为，非农部门吸纳农村剩余劳动力后，会导致农民职业彻底分化，必然带动农业发展，提高农业生产效率。我国农民职业分化并不彻底，职业分化广度在拓展，但职业分化深度不足（陈中伟、陈浩，2013）。农民职业分化广度拓展能够推动农地流转和

农地规模经营（李文明等，2015），但职业分化深度却影响了农户兼业和农业生产效率（陈中伟，2018）。农民职业分化也可以分为职业的水平分化和经济的垂直分化（何蒲明等，2014），经济的垂直分化其实是职业深度分化的结果。前期的研究多集中于这两个方面之一对农业生产效率的影响。

有关农民职业分化广度对农业生产效率的影响，学术界观点并不一致。张建和诸培新（2017）通过分析江苏四县调研数据发现，农民职业分化后自发流转农地并不能提高农业生产效率。王丽英等（2017）通过分析四川省农户调研数据发现，农民职业分化引起农地规模扩大，但在经营方式不改变的情况下并不能提高农业生产效率，提高农地经营的专业化程度对农业生产效率提升有正向促进作用。王嫚嫚等（2017）通过分析江汉平原的水稻种植户调研数据发现，农民职业分化引起的中小规模农户经营并不会导致规模经济，农地的零碎化反而会降低粮食亩均产量。部分学者认为，农民职业分化后实施农地规模经营，可以提高农业生产效率，持有类似观点的有许庆等（2011）、张海波（2016）、李宁等（2017）、鄢姣等（2018）、王亚辉等（2017）。除此之外，别朝霞和刘行（2017）、钟甫宁等（2016）认为，农民职业分化对农业生产效率的影响存在区域差异，农地地貌特征也会影响研究结果。

前述农民职业分化主要指的是分化广度，关于分化深度的研究偏少，学术界普遍用农民兼业化程度反向代表其职业分化深度，进一步分析其对农业生产效率的影响，但存在两种相斥的观点。第一种观点认为，适当的兼业对提高农业生产效率有正向促进作用，但随着农民兼业化程度的提高，这种正向作用会逐渐弱化。持有类似观点的有高欣和张安录（2017）。第二种观点认为，农民兼业经营会对农业生产效率产生负面影响，持有此类观点的有蔡基宏（2005）、杨肃昌和范国华（2018）。

通过梳理以往文献发现，农民职业分化（包括分化的广度和深度）对农业生产效率的影响会因区域和农地的异质性而呈现差异性。但前期多以研究农民职业分化广度对农业生产效率的影响为主，考虑农地异质性的研究较少。

七 农民职业分化、农地规模经营与农业生态效率

效率一直是学术界重点关注的一个焦点问题，虽然研究的角度和表达

方式有所差异，但基本达成了一个共识，即既定产出水平下降低投入水平，或者既定投入水平下提高产出水平。关于生态效率内涵的研究，国内学术界存在两种观点：一是单纯考虑资源节约和环境保护，认为人类活动对资源和环境的影响不应该超过环境承载力；二是从资源利用、环境保护和社会产出的角度考虑，认为应该尽可能减少资源投入和污染物排放，提高社会产出水平。农业生态效率是在农业生产效率提高导致农业资源利用效率低下和环境污染的背景下，在农业可持续发展的理念下提出的，所以学术界对农业生态效率含义的界定侧重于经济效率和环境效率组合，即经济产出、资源投入和环境污染的综合效率。

关于农业生态效率评价方法的研究文献较多，具体方法主要有比值法、生命周期评价法、随机前沿分析法（SFA）和数据包络分析法（DEA）。比值法是从产出角度用农业产出和环境影响的比值进行评价，该方法忽略了投入端的作用，无法真正评价综合性的农业生态效率。生命周期评价法又称为环境协调评价法，是基于不同的目标类型得出综合指数的评价方式，具有较强的主观性。随机前沿分析是一种参数分析，分析实际产出和最大期望产出的差距，但会因指标选取和单一输出问题而产生较大的误差。早期的模型只能从投入或产出的一个角度进行测算，在未考虑松弛变量的基础上容易高估效率值。Tone（2001）提出了基于松弛变量（Slacks-Based Measure，SBM）的 DEA 模型，将非期望产出纳入模型。随后，考虑非期望产出的 SBM 模型被学术界广泛应用于农业生态效率的测度，本书也将采用该模型进行测度。前期国内较多学者利用该模型测度农业生态效率，并进行了区域差异和空间特征分析，比较有代表性的有张杨和陈娟娟（2019）、王宝义和张卫国（2018）、侯孟阳和姚顺波（2019）、潘丹和应瑞瑶（2013）、李谷成（2014）、刘应元等（2014）、田伟等（2014）。国内部分学者也对农业生态效率的影响因素进行了分析，利用宏观统计数据和微观调研数据，分别从农业生产投入、农业补贴、劳动力转移、土地流转、农业市场化、农地细碎化、农业产业结构、城乡收入差距、社会服务及支持等角度进行了研究，具有代表性的有曾福生和高鸣（2012）、彭代彦和文乐（2015）、郭贯成和丁晨曦（2016）、杜江等（2016）、侯孟阳和姚顺波（2019）、曾雅婷等（2018）、郑丽楠和洪名勇（2019）。

关于农民职业分化和农地规模经营对农业生态效率的影响，学术界存在争论。一种观点认为，农村劳动力转移导致农业经营劳动力老弱化、兼业化、机械化，农户会通过增加化肥、农药等化学品投入替代劳动，甚至增强农地经营粗放性，从而对农业生态效率造成负面影响（彭代彦、文乐，2016；王跃梅等，2013；周振、孔祥智，2019；盖庆恩等，2014；史常亮等，2016）。另一种观点认为，农村劳动力转移导致农地经营规模化、机械化、市场化，新兴经营主体更加重视农业技术投入、降低化学品投入和农产品绿色化，有利于农业生态效率的提高（韩长赋，2019；田红宇、祝志勇，2018；涂正革、甘天琦，2019）。

通过对前期文献的梳理发现，研究农民职业分化和农地规模经营对农业生态效率影响的成果颇多，为后期研究奠定了研究基础和方向。但较多文献将农民职业分化和农地规模经营分开研究，研究二者对农业生态效率影响的较少；考虑农村劳动力转移数量变化（农民职业分化的广度）的较多，研究农村劳动力职业化程度（农民职业分化的深度）的较少；根据宏观统计数据和微观调研数据在空间分异和农户分化角度下分析农业生态效率的文献居多，考虑农地异质角度的较少。所以，本书拟利用县域数据在空间分异和农地异质的视角下，分析农民职业分化的量（广度）和质（深度）如何影响农业生态效率，以及农地规模经营如何影响农业生态效率。

八　小农户参与农地规模经营的相关研究

所谓小农户参与新型农地规模经营，是指其参与农民专业合作社、龙头企业生产基地、村社组织、农业全产业链等组织，不改变农户的农地经营权，在组织的带动和服务下实现统一规模化经营。在农户非农就业后兼营农业的模式下，农户家庭增收和农业提效双重目标并不一致，问题的症结在于如何引导小农户改变传统农业经营方式并参与新型农地规模经营。所以，本书在小农户意愿层面探讨其参与新型农地规模经营的影响因素，试图找到引导非农地流转视角下实现农地规模经营的路径。

关于小农户与现代农业衔接以实现规模化经营的文献近几年颇多，衔接途径总体上可以分为两种：一是依靠农地流转实现规模经营；二是通过提高小农户生产经营的组织化水平，变相地实现农地规模经营（武舜臣等，2020；廖媛红、宋默西，2020）。第一种途径实质是通过农地经营权流转和集中实现农地适度规模经营；第二种途径是农地经营权不发生转移，农户自营承包农地，由服务型组织带动其实现农地适度规模经营（孔祥智、穆娜娜，2018）。关于农地流转研究文献，前期较为丰富，本书不再赘述。本书着重探讨小农户在农地经营权不变的情况下如何参与新型农地规模经营的问题。

虽然我国农地流转已实施多年，但通过农地流转实现规模经营并没有成为我国农业经营的普遍模式，在全国层面主流的农业经营主体仍是小农户（郭庆海，2018）。通过农地流转实现规模经营的新型经营主体，提高了农业生产收益水平，造成了土地、劳动力、资本和技术等优质要素的区域性垄断，恶化了小农户经营环境，挤压了传统小农经济的发展空间（赵晓峰、赵祥云，2018）。小农户经营对农业生产要素的吸引力不足，农产品本身不具有竞争力，同时在流通环节也处于弱势地位，追求家庭收入最大化的最优选择就是兼业，但这会长期忽视农业经营（陈中伟、陈浩，2013）。在当前我国农业生产环境恶化和消费者渴求绿色农产品的情况下，发展绿色农业是唯一出路（陈中伟，2020）。消费者主导下的替代性食物体系模式（社区支持农业、农夫市集等），可以促使城郊小农户经营绿色农业，并能解决农产品流通和市场问题，但主要集中在城郊（马涛、王菲，2015）。现实中，有合作社或第三方中介组织引导农户经营绿色农业的情况，但是小农户在生产、流通和市场环节仍处于弱势地位（杨寰、王习孟，2017）。

在非土地流转的视角下，前期文献多从理论和实践的角度研究小农户参与新型农业规模经营的因素，较多文献采用了理论分析和典型案例分析的方式，关于小农户参与意愿分析的文献相对较少，涉及区域差异和农地异质分析的文献更少。在借鉴前期文献的基础上，本书拟基于河南省小农户的调查数据，分析其参与新型农地规模经营的意愿，并分析区域差异和农地异质下的差异性。

第四节　研究目标与思路

一　研究目标

本书在我国农民职业分化背景下，试图实现农地适度规模经营和提高农业生产效率的目标。实现这个目标需要根据农民职业分化的不同状况，采用两种不同的农地规模经营模式。

第一，寻求农户兼业及选择传统经营农地的原因。农户兼业意味着农地流转滞后于农村劳动力非农就业，农村劳动力没有选择完全非农就业。农户选择传统经营农地是由于其职业化意愿偏低。农地流转滞后是由农地流转市场供给不足或需求不足导致的，供求状况因农地异质、农户分化和区域分异而存在差异。本书重点分析农地流转供给和需求的影响因素，寻求农地流转供给不足和需求不足的原因，进一步分析农民选择完全非农就业和职业农民的意愿，厘清农民职业分化深度的影响因素。根据农地流转供给与需求影响因素和农民职业分化深度的选择意愿，有针对性地提出渐进式农地流转方案，推动土地集中式规模经营。

第二，小农户经营农地背景下发展服务型规模经营的可行性研究。我国农业经营主体仍以普通小农户为主，而且将持续较长一段时间。单纯依靠农地流转的土地集中式规模经营并不能在短时间内解决小农户分散式传统经营模式，需要寻求一条不流转农地经营权的规模经营路径。通过向小农户提供统一农业服务，实现在农业产前、产中和产后部分环节或全链条的规模经营，促使小农户与现代农业衔接，提高农业生产效率。所以，本书分析了参与服务型规模经营的农户意愿影响因素，并结合农户选择职业农民意愿的影响因素，提出了发展服务型规模经营的路径。

二　研究思路

本书以普通农户家庭为研究对象，主要研究农户家庭对职业选择和处置农地的不同状况和影响因素，寻求以提高农业生产效率为目标的农民职业分化和农地适度规模经营耦合发展路径。具体研究思路如图1-3所示。

本书的研究思路是先把农民职业分化为全职经营农业、兼业和完全非农就业三种，将处置农地方式分为自营农地、托管、抛荒、土地流转四种；然后按照两条主线进行研究。一是针对三种农民职业分化群体不流转农地的情况，发展服务型规模经营模式。在不同农民职业分化状态下，不愿意流转农地的农户处置农地的方式有自营农地、托管和抛荒，通过分析农户选择行为的影响因素，引导其参与服务型规模经营。二是引导农民向完全非农就业和职业农民分化，通过土地流转向集中式规模经营模式转化。在不断拓展农民职业分化广度的同时，注重职业分化深度，通过分析

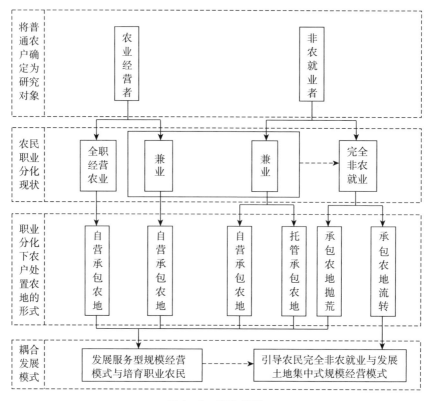

图 1 - 3 研究思路

农民向完全非农就业和职业农民转化的意愿，提出渐进式农地流转方案，最终实现土地集中式规模经营。

第五节　研究内容与创新

一　研究内容

本书研究内容是基于经济学理论，在农户家庭追求利益最大化和效用最大化假设下进行的，以提高农业生产效率为目标，重点分析农民职业分化与农地适度规模经营耦合发展问题。农地流转滞后于农村劳动力非农就业和小农户以传统方式经营农地是亟须解决的问题，通过促使农民职业合理分化、推动农地流转和小农户与现代农业衔接等多种途径，达到提高农业生产效率的目的。具体内容如图 1 - 4 所示。

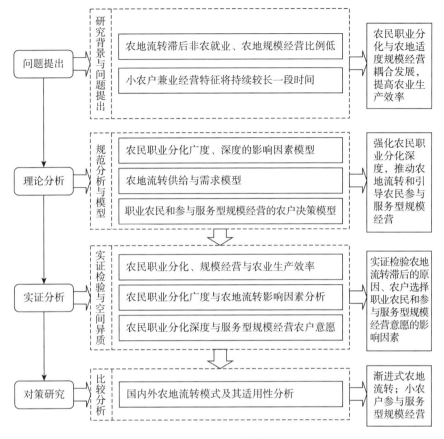

图 1-4　本书结构框架

本书研究按照问题提出、原因分析（包含理论分析和实证分析）和对策研究三步进行，具体内容可以分为四大部分。

第一部分包含第一、二章，是本书研究出发点与立足点，重点阐述问题提出、研究思路和理论基础。第一章主要阐述本书研究背景、文献综述、研究目标、研究方法和研究框架。第二章是对农业现代化、农民职业分化与农地适度规模经营的理论分析。

第二部分包含第三、四章。这两章是基于第一部分的理论分析进一步验证我国农民职业分化和农地规模经营的独特性，以及二者耦合发展的必要性。分析了我国农民职业分化与农地规模经营的互动与制约作用；测度了二者耦合发展水平，并分析了二者发展的现状；证实了农民职业分化和农地规模经营能够提升农业生产效率。

第三部分包含第五至七章。这一部分主要分析农民职业分化和农地规模经营的影响因素,以及农户意愿。第五章是农民职业分化和农地规模经营的规范分析,首先对农民职业分化的广度和深度的影响因素进行了分析;然后针对实现农地规模经营的两种途径,分别对农地流转供给、需求以及小农户参与服务型规模经营的影响因素进行了分析。第六、七章是基于第五章对影响因素的规范分析,进行实证验证。

第四部分包含第八、九章。第八章是比较国内外农民职业分化和农地规模经营的发展模式,并总结其适用性和值得借鉴的方面;分析二者耦合发展的原则、目的和机制,构建适合我国国情的两种发展路径。第九章总结前面的研究结论,并提出针对性政策建议。

二 创新之处

第一,研究角度的创新。在我国城镇化进程中农地规模经营与农民职业分化是学术界研究的重点,但大多学者主要对其中一个方面进行研究,将二者结合起来的也多集中于二者关系的研究。本书立足城乡统筹发展和乡村振兴战略的要求,将二者结合起来研究,以提高农业生产效率为目标,将农民职业分化广度、深度与多元化农地适度规模经营模式结合研究。这一研究角度无论是在理论上还是在现实中均有一定的创新性。

第二,分析方法的创新。本书采用了总体与个体结合的分析方法,在总体分析的基础上进行个体分析验证。从总体上分析农民职业分化广度与农地流转的影响因素,以及农地流转滞后的原因。从个体角度分析农户行为,利用调研数据分析农民职业分化深度和参与服务型规模经营意愿的影响因素。

第三,农村劳动力职业分化选择与处置农地决策模型的建立。以农户为决策单元,将农户家庭劳动力和农地要素配置作为研究对象,以农户家庭收益最大化为目标,建立农村劳动力非农就业、流转农地(供给农地)行为的决策模型;以普通农户和专业经营大户(或企业)为研究对象,建立农地流转需求模型;以农户家庭为研究对象,建立选择职业农民、参与服务型规模经营意愿的行为模型。通过模型分析找到二者耦合发展的影响因素,是构建二者耦合发展路径的基础。

第四,实现目标的创新。农民职业分化的广度(非农就业)并不是农地流转的充分条件，也不一定能够实现农地规模经营。农民职业分化深度（完全非农就业和职业农民）不足也会抑制农地流转和农地规模经营。我国农户家庭以小农户兼业经营为主，依靠农地流转实现农地规模经营并不是短期内可以实现的目标，推动小农户参与服务型规模经营以实现其与现代农业衔接是另一条路径。

第五，构建农地流转递进式发展机制。由于区域分异性、农户分化和农地异质性等特征，农村劳动力选择行为存在多样性，农地流转市场供求状况具有复杂性。本书试图构建先逐步增加农地供给与需求，然后实现农地流转市场化的递进式发展机制。

第六，构建基于流动人口的小农户发展绿色农业的"熟人经济"模式。小农户发展绿色农业的主要困境是市场风险和经营风险大，其中市场风险中信息不对称下遭遇消费者信任危机是最大的障碍。通过统一标准化的农业服务和家庭流出人口的"熟人经济"组织背书，能够在一定程度上解决绿色农产品遭遇的消费者信任危机问题。

第二章

理论基础

20世纪40年代，西方发达国家的一些经济学家开始研究落后农业国家（发展中国家）经济发展问题。但从整个研究对象和过程来看，并未对中国这样的农业大国的经济发展给予足够关注。所以，这些经济发展理论虽然对我国经济发展有一定的指导和借鉴意义，但并不完全适应我国国情，在经济发展过程中出现了理论与实践的矛盾（周天勇，2006）。张培刚先生首次以中国为对象研究农业大国如何实现经济发展，提出了农业国工业化理论。本章基于相应的理论，并结合中国国情，对农业发展、劳动力转移和农地流转进行分析，揭示农村劳动力转移背景下农地流转与农业现代化发展的关系。

第一节　农业现代化发展的理论基础

经济发展理论关于城市（工业）与农业发展的研究可以分为两种观点：一种观点是"唯工业论"理论，对农业发展存在偏见，主要代表是结构主义经济学家刘易斯的二元经济结构发展模式；另一种观点是工业发展过程中应重视农业发展，城乡应该协调发展，实现农业现代化和城镇化同步发展。从研究体系出发可以将其分为马克思主义观点和发展经济学观点。

一　马克思主义关于农业发展的观点

由于近代工业革命以后的工业化发展导致了城市拥挤和环境污染等问题，西方经济学者开始对城乡发展进行研究。早期重农主义学者鲍泰罗在《城市论——论城市伟大之原因》中认为城市的发展与存在应以农产品剩余为基础。1826 年，杜能在《孤立国同农业和国民经济的关系》中研究了农业与城市、工业发展的关系。城市与农村发展也受到古典经济学家的重视，其中亚当·斯密在《国富论》中认为在增加农产品剩余的基础上才能增设城市。随后马克思、恩格斯将城市与农村发展研究推到了新的高度。

马克思和恩格斯认为，城市与农村分离是人类发展史上"第一次社会大分工"，推动了生产力提高，也造成了城市与农村的对立。他们认为这种资本主义城市和农村对立是阶级矛盾的体现，应消除对立以实现城乡融合。他们关于城乡发展的看法主要包括以下观点。①资本主义城市和农村存在对立。资本主义城市与农村的对立关系反映在阶级矛盾上，城市在政治上统治农村，在经济上剥削农村。②城市和农村对立关系可以消除。当时大多资产阶级经济学家认为，这种对立关系是社会经济发展的必然，是合理的。马克思认为这种观点是错误的，坚称消除这种对立关系正如消灭资本家与工人的对立一样，城乡对立关系消除将是工业发展和农业发展的必然要求。③提出了城乡融合的概念。马克思、恩格斯认为资本主义城市与农村的对立关系在将来社会主义社会发展到一定程度时应该达到相互融合的状态。农村人口向城市和工业集中是农业发展水平处于较低阶段的状况，随着农业发展水平的提高，工业会在全国平衡分布，最终消除城市与农村的对立。

由此可知，马克思、恩格斯认为在社会发展过程中应该重视农村发展，城市与农村的对立是社会发展不协调的表现，二者对立会阻碍社会发展，可通过发展生产力和科学技术进步实现二者融合。

列宁根据资本主义国家发展历史，结合苏联具体发展状况，分析了城市与农村发展的关系。他也认为城市与农村的分离和对立是社会发展的必然过程，是商业财富优于土地财富的必然结果。城市工商业发展与农业发展不均衡是城市与农村对立的根本原因。优质生产要素不断从农村流向城市，农业生产组织形式落后，农业发展缺乏优质的人力和物力。列宁认为消除城市和农村的对立需要发展农业，强调新技术应用对农业生产进步的作用。现代高新技术在农业生产中的应用，可以推动农业发展，消除城乡发展悬殊现象。

新中国成立后，结合我国国情，几代领导集体也提出了城市与农村发展的一些设想。毛泽东曾提出"工农并举、城乡兼顾";邓小平、江泽民均强调"城乡协调发展";党的十七大、十八大也均提到"重视农村发展,工业反哺农业,城乡统筹发展"。

二 发展经济学关于农业发展的观点

发展经济学主要以发展中国家经济发展为研究对象,经济发展路径是其研究的主要内容之一,城乡发展关系是研究经济发展路径的关键。侧重于对城乡和工农关系解释的主要是二元经济结构理论,以及基于二元经济结构理论进一步修正和补充的理论。

荷兰经济学家柏克(J. H. Booke)最早用"二元结构"概念来概括社会经济分化现象。19世纪,柏克对荷兰属地东印度经济发展的研究发现,其是典型的"二元结构"社会,殖民地旧资本主义传统经济部门与殖民者输入的现代经济部门并存。这两个部门在社会制度和经济制度方面存在巨大差异,个人行为和资源配置方式也存在天壤之别。

1954年,美国经济学家威廉·阿瑟·刘易斯(William Arthur Lewis)发表论文《劳动力无限供给下的经济发展》,提出了二元经济结构分析方法,构建了经济发展中城市与农村发展关系的一个基础模型。刘易斯指出发展中国家存在生产效率不同的两个经济部门:一个是生产效率低下的传统部门,主要指生产方式落后、收入水平较低和生产效率低下的农业部门;另一个是技术水平较高、工资水平较高和高生产效率的工业部门。在传统部门劳动力无限供给的条件下,大量劳动力向工资水平较高的现代部门流动,工业部门可以快速形成资本积累和资本扩张,当工业部门全部吸收传统部门劳动后,二元经济转向一元经济。刘易斯二元经济结构理论提供了发展中国家经济发展的一个路径,但整个发展过程忽视了农业发展。针对我国国情,农业部门劳动力大量向城市工业部门转移,确实推动了工业化、城镇化发展,但工业部门吸收的这部分劳动力并未放弃农村土地经营,也就意味着劳动力转移的同时农业生产效率并未得到实质性提高,也限制了农业收入水平的提高。所以,刘易斯的二元经济结构理论实质上是"唯工业论",并不适用于中国农业大国的国情。

拉尼斯(Gustav Ranis)和费景汉(John C. H. Fei)在刘易斯二元经济结构理论的基础上进行了补充,指出刘易斯忽视农业发展的缺陷,认为农业不仅能为工业部门扩张提供无限劳动力，农业发展也为工业部门发展提供了农业剩余。他们认为，为了避免经济增长的停滞，需要工业部门和农业部门平衡增长，所以在农村劳动力向城市工业部门转移的同时要保证农业生产效率提高。

乔根森（Dale W. Jorgenson）在关于城市与农村发展的关系上否定了Lewis 和 Rains-Fei 的城市现代部门先发展后带动农业部门发展的观点。他认为，城市工业部门的发展依赖农业部门发展，为了避免经济发展陷入低水平陷阱，工业部门必须进行资本积累，但工业部门资本积累的前提是存在农业剩余。

托达罗（Michael P. Todaro）和哈里斯（John R. Harris）解释了城市存在失业的情况下农村劳动力持续向城市转移的现象，认为只有发展农村经济和提高农民收入才能从根本上打破城市失业、"城市病"和农村落后的局面。农村和城市必须协调发展，工业化才能顺利推进。

缪尔达尔（Karl Gunnar Myrdal）曾利用扩散效应和回流效应解释二元结构发展理论，他认为城乡经济发展差异会陷入恶性循环，城市发展越来越快，农村发展越来越慢，逐渐呈现空间上的"中间—外围"结构。要改变这种二元结构需要政府采取不平衡发展策略，促使城市工业部门扩散效应形成，推动农业部门经济发展。

张培刚在《农业与工业化》一书中阐述了其农业国工业化理论，认为虽然农业国家的出路是工业化，但农业发展对工业发展有着至关重要的推动作用。他分析了农业在工业化中的贡献，阐述了农业发展对整个国民经济发展的作用，认为农业是整个国民经济的基础。

20 世纪 50～60 年代发展中国家农业长期停滞，经济发展严重受限，影响社会整体发展。60 年代中期以来，西方发展中国家开始重视农业发展对经济增长的作用。速水佑次郎（Yujiro Hayami）和弗农·拉坦（Vernon W. Ruttan）总结认为，关于农业和工业发展对社会经济发展的贡献学说观点已经发生了转变，已经由"唯工业论"转向了重视农业和农村发展。

基于以上理论和观点可知，随着我国城镇化和工业化的快速发展，"唯工业论"已经不适合我国国情，推动农业发展并实现农业现代化成为我国经济发展的必然要求。

第二节 农民职业分化的理论基础

工业化和城镇化发展过程其实就是传统农业经济向现代工业经济转化的过程，必然伴随农村劳动力非农就业和向城镇流动，涉及人口在产业和空间的双重流动。刘易斯、拉尼斯和费景汉、乔根森、托达罗在阐述经济发展理论时均认为农村劳动力向城镇转移是工业部门完成资本积累的前提，农村劳动力持续向城市转移是实现工业化、城镇化的先决条件。张培刚（2001）在分析农业在工业化过程中的作用时认为，农业发展提供的劳动贡献是显而易见的。工业化初期不仅需要大量资本，也需要大量劳动力。随着工业化、城镇化的发展，城镇人口自然增长满足不了工业发展对劳动力数量的需求，需要农村劳动力不断流入城市以改善工业劳动力供给不足的情况。所以研究劳动力转移的动因至关重要。对研究我国劳动力转移动因有借鉴意义的理论模型主要有刘易斯模型、托达罗劳动力转移模型、新城乡劳动力转移理论与托达罗修正模型。

一 刘易斯模型

刘易斯将发展中国家经济划分为两个部门：以劳动生产率极低的农业部门为代表的传统经济部门和以现代方法生产的劳动生产率及工资水平较高的城市现代部门。刘易斯模型有三个基本假设，即农业劳动力边际生产率很小或等于零，甚至为负，生存收入决定现代部门工资下限；不变工资下存在无限劳动力供给；资本家将剩余再投资于创造新资本进而促进现代工业部门扩大。其中，假设劳动力处于无限供给状态，是刘易斯模型分析的基础。

（一）无限的劳动供给

所谓的无限劳动供给是指，在现有固定工资水平上，工业部门的劳动供给具有完全弹性。之所以如此，原因主要有两个方面：其一，人多地少、资本稀缺，表现为资本密集度低，农业劳动力边际生产率极低甚至为零，这种情况下流入城市的劳动力以获取生存收入为目的，属于生存性流动就业；其二，流入城市的劳动力工资不能过高，否则会超出工业部门的就业创造力。

流入城市务工的农村劳动力的固定工资水平主要构成部分为农业生产参照收入水平、城市务工生活支出、就业转移的机会成本（刘易斯称之为劳动力背乡离土的心理补偿成本，这一点对于中国的传统农民更是如此）、诱致性净收入、工会压力下的工资。当然，对于西方发达国家来说，工会组织发达，对劳动力市场上的资方构成强大的压力，会带来部分工会压力下的劳动力工资；而对于中国来说，则是城市居民就业压力出现而要求获取的工资。随着社会经济的发展，流动成本持续上升，并将逐渐纳入转移劳动力的就业决策中。

随着农村剩余劳动力转移规模的扩大，农业生产率将有所提高，直至转移完成，两部门边际产出趋于相等。此时，刘易斯转折点到来，这有两个标志，分别是：两部门边际产出趋于均等化，工业部门工资提高；城市现代部门劳动力市场上的劳动力供给无法满足需求，农村剩余劳动力基本转移完毕。

（二）劳动力的转移过程

首先，假定工业部门只使用资本和劳动力两种要素，资本稀缺而劳动力丰富。根据经济学原理，在任何产品的短期生产中，可变要素投入和固定要素投入间都存在一个最佳的组合比例（高鸿业，2006），故对于一笔固定资本投入额，有一条特定的劳动生产率曲线（劳动需求曲线）与之对应。假定初始资本为 K，对应的劳动需求曲线为 $D_1(K_1)$，由于利润最大化（边际生产率 = 工资，即 $VMP = W$）是现代工业部门的目标，故当资本为 K_1 时，资本方将雇用 OL_1 数量的劳动力。此时总产量为 OL_1FW_1，工人工资为 OL_1FW，WFW_1 为资本方获得的利润。

由于生存考虑是决定工人工资的主要因素，故投入扩大的关键在于资本家剩余的使用。假定资本家剩余全部储蓄起来，用作投资，则随着资本的追加（$K_1 < K_2 < K_3$），劳动边际生产率曲线随之移动 $[D_1(K_1) \rightarrow D_2(K_2) \rightarrow D_3(K_3)]$，所需要的劳动力也随之增加，转移劳动力持续增加（$OL_1 < OL_2 < OL_3$），直到剩余劳动力完全转移为止（见图 2-1）。

刘易斯将发展中国家的经济发展分为两个阶段，即无限劳动供给阶段和有限劳动供给阶段（或弯折的劳动供给阶段，即 SS'），这里分别对应着

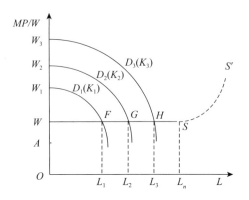

图 2 - 1　刘易斯模型中的劳动力转移过程

注：横轴表示劳动力的数量，纵轴表示劳动力的边际产品和工资，OA 代表传统农业部门的生存收入，OW 表示工业部门的现行工资水平，WS 是劳动力无限供给曲线。$D_1(K_1)$、$D_2(K_2)$、$D_3(K_3)$ 代表不同资本水平下的劳动边际生产率曲线，是对应的劳动需求曲线。其中，$K_1 < K_2 < K_3$。边际生产率曲线的外移，表示随着资本积累的增加，劳动生产率将不断提高；而向右下方倾斜，则表示在既定资本量下，随着劳动投入的增加，劳动边际产品递减。

古典经济理论和新古典经济理论的假设。第一个阶段表现为资本稀缺和劳动力丰富，资本剩余完全归资本方所有，工资固定不变；第二个阶段表现为所有生产要素都是剩余的，资本剩余不再完全归资本方所有，工资开始上涨。总体上看，刘易斯指出的二元经济发展是通过收入分配向利润倾斜形成的资本加速积累及从传统部门吸收劳动力和经济剩余而实现的，是一个现代工业部门不断扩张和传统部门逐渐缩小的过程。

（三）对刘易斯模型的批判

尽管刘易斯模型的提出对发展中国家社会经济发展具有较积极的参考意义，但仍然存在一定缺陷，对刘易斯模型的批判主要集中于以下几个方面。其一，该模型的两阶段划分过于粗糙，强调城市工业部门的扩张，而忽视农业发展的作用。因为如果没有农业劳动生产率的提高，当农业部门劳动力持续大量转移到城市现代部门后，会出现粮价上涨、工业工资水平提高，最终会引起利润下降和工业扩张减速直至停止。其二，该模型假定只有农村农业部门存在剩余劳动力和隐蔽失业，而城市工业部门则不存在失业，农业部门能够提供无限剩余劳动力，这显然与发展中国家的经济发展事实不符。"农业部门在剩余劳动消失之前只能是一个为现代工业部门输送廉价劳动力的被动而消极的部门"的论断，明显无视经济增长中农业部门的重要作用，这一致命缺陷促使了其后拉费模型的产生。对此，舒尔茨（2006）指出，无限劳动供给假设不符合现实，因为不存在零值生产率的剩余劳动力或伪装的失业。其三，刘易斯的人口流动模式暗含一个假定，即就业机会会随着资本积累的扩大而增多，没有考虑资本积累中的技术进步因素，假定现代工业部门的劳动力与资本的比例始终不变，而实际情况则是，随着现代工业部门的扩大，资本方倾向于资本密集型技术的使用，资本对劳动力构成替代，最终结果可能是就业机会少与现代工业部门扩大并存。这些都是刘易斯没有看到的。此外，从本书研究视角看，刘易斯将"隐蔽失业"与农业剩余劳动力等同，而事实上，传统经济部门劳动力剩余的出现，是由低下的生产力水平以及因产权阻碍而出现的劳动力不断投入的内卷化的生产方式两方面因素引致的。

二　托达罗劳动力转移模型

（一）基本模型及其含义

Todaro（1969）认为劳动力由农村转移至城市是一个理性的决策过程，取决于城乡预期收入差距。城乡预期收入差距越大，转移的动机越强，转入城市的人口也就越多。基本模型形式如下：

$$M = f(d), f' > 0 \tag{2-1}$$

$$d = wp - r \tag{2-2}$$

其中，M 是劳动力转移人口数量，d 是城乡预期收入差距，w 是城市实际工资水平，p 是城市就业概率，r 代表农村平均收入水平，$f' > 0$ 表示劳动力转移是预期收入差距的增函数。假如城市不存在失业，农村劳动力转入城市立即就能就业，也即就业概率 p 为 1，那么劳动力转移的动机就取决于城乡实际收入差距，这和刘易斯、拉尼斯、费景汉和乔根森的观点一致。但实际中城市就业概率不可能等于 1，即城市是存在失业的。

城市就业概率与现代部门就业机会和城市失业人数有关。就业概率与就业机会成正比，与城市失业人数成反比，可以用公式（2-3）表达。

$$p = \frac{g \times l}{s - l} \tag{2-3}$$

其中，g 指现代部门就业岗位创造率，l 表示城市总的就业人数，s 表示城市中总的劳动力人数。那么，g×l 表示现代部门在一定时期创造的就业机会，s 与 l 的差值表示城市失业人数。现代部门就业岗位创造率 g 等于工业产出增长率与现代部门劳动生产率增长率之差。

托达罗认为由于劳动力可能预期转移后计划工作时间较长，其预期收入不仅与当期有关，也与计划范围内其他时期收入有关。又由于劳动力转移存在转移成本，所以转移成本要在预期收入中扣除。设 $V(0)$ 表示劳动力计划期内转移至城市时预期城乡收入差距的净贴现值；$Y_U(t)$、$Y_r(t)$ 分别表示第 t 期城市和农村的实际工资水平；n 表示计划的时期数；R 代表贴现率；$c(0)$ 表示转移成本；$p(t)$ 表示 t 期内累计就业概率，托达罗认为转移者在城市时间越长就业概率越大。那么劳动力转移至城市就业的预期收入净贴现值可以表示为：

$$V(0) = \int_{t=0}^{n} [p(t)Y_U(t) - Y_r(t)] e^{-Rt} dt - c(0) \qquad (2-4)$$

那么劳动力转移函数可以变化为：$M = f[V(0)]$。

由于劳动力转移至城市时间越长就业概率越大，在城市和农村实际收入不变的前提下，劳动力会预期转移至城市后一段时间能找到工作，即长期城市预期收入是高于农村收入的。劳动力转移与否与城乡预期收入差距和转移成本有关，当前发展中国家劳动力大量转移至城市是城乡预期收入差距扩大的结果。

（二）托达罗模型的主要观点与缺陷

托达罗模型是在传统人口流动模型无法解释城市失业和劳动力转移至城市共存现象的情况下产生的，它主要是为了解释这种矛盾现象的产生，分析劳动力转移至城市的动因，解决城市失业问题。主要观点有以下两个。

一是劳动力转移的主要动因是城乡预期收入差距，应该摒弃人为扩大城乡实际收入差距的措施。托达罗认为发展中国家城市实际工资水平并不是由市场力量决定的，而是由政府计划或行政力量（最低工资标准和工会力量）决定的，这样会导致城乡收入差距较大，即便是城市存在大量失业的情况下仍会吸引大量农村劳动力转移至城市。由于政治原因，城市实际工资水平很难降低，只有发展农村经济和提高农村收入水平才能缩小城乡收入差距，进而解决城市失业问题。

二是依靠工业扩张增加就业岗位并不能解决城市失业问题，只有发展农村经济才是根本出路。托达罗认为，资本积累下的工业扩张结果是劳动生产率提高，工业产出增长率必然高于劳动力需求的增长率，即便二者同步，也解决不了城市失业问题。因为劳动力需求增长越快，现代部门创造的就业机会就越多，劳动力转移至城市的就业概率就越高，在城乡实际收入差距不变的条件下，会吸引越来越多的劳动力向城市转移，逐渐超过工业部门扩张对劳动力的需求。

托达罗模型的假设和观点也存在缺陷，具体的缺陷及启示有以下几点。

第一，托达罗假设农村不存在农业剩余劳动力，这与发展中国家的实际不符，农村人口增长率一般快于城市人口增长率，对于有限的农业土地而言必然存在生产效率很低或为零的剩余劳动力。所以靠推动农业发展解决城市失业问题并不可取，农业发展必然会提高劳动效率、节省农业劳动力，会造成更多农业剩余劳动力。所以，单纯的农业发展和城市工业部门扩张并不能解决城市失业和劳动力转移问题，应该发展农村非农经济，促使劳动力就地转移。"推—拉"人口流动理论阐述了农村和城市发展共同作用，促进农村劳动力转移，进一步说明了劳动力转移受农村推力和城市拉力的共同影响（Williamson，1988）。

第二，没有区分农村劳动力转移与迁移，没有认识到农村劳动力与城市居民就业领域的差异。由于城市居民具有较高的人力资本，农村劳动力人力资本水平一般较低，他们的就业领域会存在差异，农村劳动力转移至城市一般从事较低生产效率的岗位，不会给城市就业造成太大压力。同时，农村劳动力也不像托达罗认为的转移后会一直在城市等待就业，实际上他们一旦不能在城市获得就业机会，就会选择重新回到农村。所以农村劳动力大多并不是托达罗认为的向城市迁移，而是向城市转移就业或重新回流农村。

第三，城市大量失业不见得与农村劳动力转移本身有多大关系，很有可能是因为就业结构与产业结构矛盾。日本、韩国和中国台湾地区不仅失业率低，还存在劳动力短缺问题（周天勇，2006）。2003 年以来中国也出现了"民工荒"与城市失业并存现象，这是由于农村劳动力具有非同质性，在政府计划和行政力量作用下，低人力资本水平使劳动力供给与产业结构对劳动力需求存在差异，产生"民工荒"和就业难并存现象（曹亚，2011）。

三 新城乡劳动力转移理论与托达罗修正模型

（一）新城乡劳动力转移理论

托达罗模型中劳动力转移至城镇就业的行为是以单个劳动力理性决策为前提的，也即劳动力是否转移至城镇就业取决于个体对城乡预期收入差距的判断，与其他家庭成员无关。20世纪80年代，斯塔克和泰勒（Stark and Taylor，1991）否定了劳动力转移是个体决策结果的观点，认为劳动力是否转移至城镇就业不是由孤立的个体决定的，应该是与其相关联的家庭决策结果。家庭成员集体决策追求的不仅仅是预期收入最大化，而且也考虑家庭风险的最小化，也即不仅仅考虑劳动力市场内的因素，也会考虑劳动力市场之外的关联因素。他们对劳动力转移决策的认识为劳动力转移动因研究提供了一个新的思路，形成了新的劳动力转移理论。

在后期经济学家和人口学家不断补充下，新劳动力转移理论虽然没有成形的模型，但形成了主要的观点（毛隽，2011）。第一，城乡收入差距并不是劳动力转移的必要条件，就算是城乡收入均衡，农村劳动力为了分散家庭风险也会转移至城市就业。特别是在农业经营风险较大的情况下，劳动力更倾向于非农就业。第二，当地经济发展状况和资源配置状况也会影响劳动力转移。当地经济发展较好在一定程度上会减小劳动力转移的推力，但即便是城乡经济发展水平一致和收入水平相当，如果城乡资源配置不均衡，农村投资成本较高或就业风险较大，劳动力也会倾向于转移至城市。第三，政府对劳动力市场制度和社会保障制度供给的城乡差异也会影响劳动力转移。城镇劳动力市场制度完善和社会保障制度健全，会吸引农村劳动力转移至城市。这些制度或政策的城乡供给差异会直接影响劳动力转移方向。第四，相对贫困是劳动力转移的动因之一。Stark（1991）对墨西哥的研究发现，农村劳动力转移至城市不是因为城乡收入差距，而是因为内心的相对贫苦感受。当城乡经济发展差距较大时，农村劳动力会处于相对贫困的状态，与城市相似群体做比较后会有脱离相对贫困的想法，促使其转移至城市就业。

后期相关研究的学者也逐渐接受了新劳动力转移理论的观点，并且通

过实证验证了这些观点。比如 Mincer（1978）通过实证分析验证了劳动力
转移决策受家庭因素的影响。新劳动力转移理论比较适合研究中国家庭劳
动力转移行为，这是因为中国农业生产是以家庭为单位，所以收益和风险
一般都是以家庭为单位来考虑的。另外，中国家庭成员之间关联性和束缚
性较强，传统的代际责任较多，比如父母要承担子女的教育、升学、结婚
和住房等成本，子女将来要承担父母养老等责任。杜鹰（1997）认为中国
劳动力转移动因与西方并不相同，西方劳动力转移是个体追求利益最大化
的过程，中国劳动力转移决策虽然也受个体追求利益最大化的影响，但更
多是受家庭因素影响。

（二）托达罗修正模型

基于中国国情，在新劳动力转移理论的影响下，国内学者尝试对托达
罗模型进行修正，修正主要集中于农村劳动力转移的动因方面，试图使模
型更贴近中国现实。周天勇（2001）对托达罗模型的修正，将托达罗模型
中一个国家劳动力就业的两部门修正为三部门，即农业部门、城市正规部
门和城市非正规部门。模型的主要观点和结论如下。

第一，农村劳动力转移是家庭理性决策的结果，农村劳动力转移至城
市有两种情况，即迁移与暂时转移。农村劳动力转移后获得的收入是务农
收入和非农就业收入之和。

第二，无论是发展城市正规部门还是非正规部门都不会导致更严重的
失业。农村劳动力流向正规部门或者非正规部门，不管正规部门劳动力来
自非正规部门还是农业部门，都会直接或间接吸引农村劳动力向城市转
移。这与托达罗模型的结论完全不同。

第三，影响劳动力转移的因素不仅有城乡预期收入差距，还有其他家
庭因素，所以用预期效用差异更好一些。利用预期效用差异研究劳动力转
移动因虽然较难建立模型，但更贴近现实，所以分析时可以考虑用城乡预
期效用差异代替城乡预期收入差距。

第四，发展农业虽然可以改善城市就业问题，但由于农村人口数量较
多和农村非农产业不足，发展农业来提高农民收入水平的作用有限，还是
需要通过农村劳动力非农就业实现农民收入水平提高。

第五，城市发展过程中应该重点发展与就业结构相匹配的产业。应该

大力发展城市第三产业和中小企业，同时推动产业向中小城镇转移，有利于农村劳动力转移就业和降低转移成本。

周天勇（2001）虽然对托达罗模型进行了修正，但也存在缺陷。他没有考虑农村劳动力转移成本、城市生活成本等因素对劳动力转移的影响，也即在农村劳动力转移动因方面考虑不够周全，同时模型也不足以解释农村和城市发展对就业的影响程度。该模型在国内其他学者的不断修正和补充下是适用于我国劳动力转移研究的，对分析农村劳动力转移动因具有一定的借鉴意义。

基于以上理论和观点可知，在我国农村人多地少的特殊环境下，又由于农村劳动力异质性，农村劳动力总体人力资本水平较低，无法获得稳定和收入较高的工作岗位，会导致其不完全转移。所以，单方面促使农村劳动力向城镇非农产业转移将会产生农业发展滞后和城市失业问题。只有将农村劳动力转移和农业发展结合起来考虑，才能解决我国城镇化发展过程中所面临的社会问题。通过完善中小城镇基础设施，吸引非农产业向中小城镇转移，同时鼓励和支持农村非农产业发展，农村劳动力通过本地非农就业提升其效用水平。特别是增加涉农非农产业，增强农村劳动力就业稳定性，实现农村劳动力完全非农就业。

第三节　农地适度规模经营的理论基础

一　农地流转与土地规模经营

农地适度规模经营是指我国不应采取统一的规模经营模式，而应根据各区域不同的农业土地状况、资源禀赋、人口特征、技术条件和相关制度灵活地选择不同标准集中土地并规模化经营，达到农业规模经济和农民增收的目的（文雄，2011）。通过农地流转可以扩大农地经营规模，从而实现规模经济。规模经济是指随着生产规模的扩大，经济效益不断提高；规模不经济是指随着生产规模的扩大，经济效益不断下降。在技术水平一定的条件下，生产者随着生产规模的扩大一般都要经历由规模经济到规模不经济的转变。按照经济学理论，规模经济能够促进生产单位长期平均成本下降，规模不经济导致长期平均成本上升。农地流转通过扩大农地规模产生规模经济的过程也即降低单位产品生产成本的过程，当然农地规模扩大到一定程度后也会带来规模不经济，如图 2 - 2 所示。

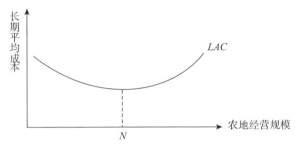

图 2 - 2　农地经营规模与规模经济

从图 2 - 2 可以看出，农地经营规模未达到平均成本最低点的土地数量 N 之前，随着农地经营规模的扩大平均成本逐渐下降，也即存在规模经济。所谓的适度规模经营就是指农地经营规模达到长期平均成本最小值的土地规模 N 点，这个农地适度规模 N 是随着农业技术条件、种植类型和农地特征不同发生变化的。随着农业技术水平的提高，农地适度规模会扩大，也即 N 点会向右移。所以，在我国不同区域农地技术水平、农地特征、种植类型和区位存在差异的条件下，各区域农地适度规模标准也不一样。在现有技术水平下，假定亩均农地产出不变、其他要素投入不变，通过农地流转如果可以增加劳均经营农地面积，从而实现单位产品平均成本下降，实现农地规模经济。无论是与发达国家相比，还是从劳均收益最大化角度分析，我国目前劳均经营农地面积均未达到最佳经营面积（适度规模），也即通过土地流转可以增加劳均经营农地面积，实现农地流转下的规模经济（陈中伟、陈浩，2013）。

二　农地流转与地租理论、帕累托最优

17 世纪，英国古典经济学家威廉·配第（William Petty）首次提到地租，认为地租是土地生产能力的体现，是土地生产物所得剩余收入。不同的土壤肥力、耕种技术和土地区位会产生不同的地租。德国经济学家杜能在《孤立国》一书中也阐述了地租与地理位置的关系，认为远离市场的土地地租较低，离市场越近地租越高。

马克思主义地租理论是基于古典经济学家观点发展起来的，认为地租

是由土地生产者创造而被土地所有者占有的剩余生产物。马克思主义地租理论阐述了地租是土地所有权和使用权分离下的产物，任何社会只要存在不同土地占有者与使用者，当土地占有者得到土地生产者通过土地生产得到的剩余产物，这种社会关系的存在是地租产生的基础。地租也因土地条件、区位和产权不同而分为级差地租、绝对地租和垄断地租。

我国农村土地所有权虽然归集体，但农户拥有土地承包经营权。当大量农村劳动力转移至城镇非农就业后，农村劳动力与土地分离推动了农地流转。当农地承包权与经营权分离后，农户流转自己承包的土地可以得到地租。地租的存在是农村土地流转的基础。所以，分析地租理论对我国推动农地流转有着重要的理论和现实意义。

从农户角度看，地租是推动农村土地流转的关键；从社会和国家的角度看，推动农地流转可以实现资源配置的帕累托最优。农村劳动力非农就业后低效率兼营农地或者抛荒现象是资源配置无效率的表现，通过农地流转使其他人获得高效利用农地的机会，这是一种帕累托改进。帕累托改进是指在一定资源条件下，通过改变资源配置状态，可以使至少一个人的状态变好而不让其他人的状态变差，这样的改进被称为帕累托改进。不存在帕累托改进的资源配置状态为帕累托最优状态。当农村劳动力非农就业后，如果以非农就业为主兼营农地，会降低农业生产效率（郝海广等，2010），流转农地并不会使其状态变差，但能使农地转入者状态变好。所以，从社会的角度来说，农地流转是一种帕累托改进，是以实现农地资源配置帕累托最优为目标的选择。

三 农地流转与制度变迁理论

马克思认为，制度是调节社会中人与人之间利益的机制，产权变化和生产力进步会改变社会中的这种关系，更好地处理人与人之间的利益关系就需要制度变迁。马克思主义认为，制度变迁的根本动力是生产力进步，随着生产力的进步，生产关系必须适应生产力发展，否则生产关系就会阻碍生产力发展，因此需要制度变迁（郑风田，2000）。农村劳动力由自己经营农地到非农就业后流转农地伴随制度的变迁，农地流转是生产力进步的表现，处理好农地流转中的生产关系（人与人之间的关系）需要制度变迁，所以制度变迁是推动农地流转的必要条件。

西方制度变迁理论主要以科斯的交易费用理论为基础，诺斯、戴维斯等对制度选择与演变思想进行了运用与创新。制度变迁就是指新制度产生、旧制度变更和变化的过程。制度变迁的方式可以分为诱致性和强制性两种，诱致性制度变迁是指一部分经济主体在支持制度不均衡产生的获利机会时自发引起的变迁；强制性制度变迁是以国家为主体推动的。诱致性制度变迁的动因是制度选择群体变化、技术进步、制度服务需求变化和其他制度变迁。强制性制度变迁的动因是国家主导下可以产生规模经济，降低变迁成本，减少制度变迁时间，弥补公共品供给不足等问题。诺斯认为制度变迁过程首先是有一部分经济主体预测到潜在利益，有制度变迁的需求；然后提出和尝试新的制度方案，并经过一段试验和选择方案的过程，选择一个利益最大化最优方案形成制度安排；最后其他经济主体在这种制度安排下获得利益，共同推动制度变迁。整个制度变迁过程有创新者、策划者、试验者、推动者和实施者。诺斯认为制度变迁存在路径依赖，人们会根据以前的选择来决定目前的选择，造成路径依赖的原因主要有既定制度下的报酬递增、不完全信息下的个人偏好、交易费用导致的无效制度、既得利益者保守行为等（林毅夫，2005）。

制度变迁理论对我国推动农地流转有重要的借鉴意义，推动农地流转实施适度规模经营必然伴随制度变迁。在制度变迁过程中要充分考虑农户经济利益和农户对制度服务的需求，重视制度变迁中的路径依赖，分析路径依赖的原因，这对全面推动我国农地流转至关重要。

四　农户处置农地行为的理论分析

农户作为处置农地的主体，其行为直接决定农地流转市场需求与供给、非土地流转下是否参与新型农地规模经营，也会影响社会整体推进农地适度规模经营的程度。所以，分析农户处置农地的行为成为研究农地规模经营的必要内容，这里基于农户理性假说和行为理论对农户流转农地行为进行分析。

（一）农户理性假说

1. 完全理性行为理论

传统观点认为传统农业中的农户是愚昧和思想落后的，农户经济行为缺乏理性，在经济刺激下不能做出正确决策。这种农户不理性行为是要素资源配置效率低下的原因，传统经济学长期持有这种观点。美国经济学家西奥多·W. 舒尔茨（Theodore W. Schultz）在其《改造传统农业》一书中严厉批评和反驳了这种观点，认为传统农业中的农户是理性的，能够对市场中的要素和产品价格做出快速反应，能够使要素配置达到最优化。

完全理性是经济学最基本的经济人假定，用卡尔·布鲁尔的话表示经济人就是会计算和能够获得最大经济收益的人。古典经济学家亚当·斯密认为经济人的理性行为具有两层含义：一是追求个体利益最大化的自利思想；二是根据市场中完全信息追求利益最大化的行为。新古典经济学家对经济人理性假说进行了概念的发展与泛化，认为经济人理性行为应该是追求个体效用最大化或个体利润最大化（刘克春，2006）。

波普金（S. Popkin）在《理性的小农》一书中修正了舒尔茨的观点，认为传统农业下的农户在较小风险和稳定收入条件下，追求经济稳定，并不是追求利润最大化。波普金认为传统农业下的农户追求的应该是"效用最大化"（Popkin，1979）。

2. 有限理性行为理论

古典和新古典经济学家对完全理性行为有严格的前提假设：经济人掌握市场中完全信息；选择对象固定，且选择结果概率分布已知；目标是个体利益最大化或效用最大化，且能够把握发展趋势和结果。然而现实中，经济主体不能掌握所有的信息，选择对象也很难固定，甚至目标和发展过程都很难控制。所以完全理性行为的假设不能解释现实中很多问题，越发受到很多学者和经济学家的批评。

诺贝尔经济学奖获得者赫伯特·西蒙（Herbert A. Simon）认为人只能是有限理性的，经济主体在经济活动中理性和非理性是并存的。当经济主体面临一个不完全信息处境时，在外部条件和信息不确定的条件下，选择过程和结果都是不确定的，人们控制发展过程和目标的能力是有限的（Simon，1955）。新制度经济学家从交易费用的角度分析了人的有限理性行为，认为市场交易费用不为零和不确定，再加上市场信息不完全，经济人的行为不能达到完全理性，应该是有限理性的。西蒙针对经济人有限理性行为引入了"管理人模型"理论，认为人们受控制能力和信息不完全的限制，只能在有限能力范围内选择。经济主体不是以追求利润最大化为目标，而是追求一种令人满意，达到现有条件下足够好的目标。在进行决策之前不需要对整个市场做出全面了解，只需要掌握少数与决策有主要因果关系的关键因素，也即管理人认为的主要和重要因素。管理人模型相对于经济人模型更贴近现实，更能反映经济主体决策的真实行为。

有限理性行为理论对于研究我国农地流转、农户选择行为具有一定的借鉴意义，农户流转农地时不可能掌握所有市场信息，只能在有限条件下追求个体利益。所以在研究农户行为时只需要重点分析与其相关的少数关键因素即可，不需要将所有的因素考虑在内。

（二）农户行为理论

对农户行为研究的理论主要有两种观点：一是农户决策行为不具备资本主义企业性质，并不是追求利润最大化；二是农户决策行为和资本主义企业经营一样，都是以利润最大化为目的。以俄国经济学家 A. 恰亚诺夫为代表的生产和组织学派持第一种观点，认为小农经济下农户经营不是雇用劳动，只是为了满足基本的消费和生存需要，并不是追求利润最大化。农户经营是靠自身劳动，生产一般是为了满足家庭生存需求和日常消费，无法衡量要素投入成本和收益。农户决策是日常生存需求和劳动强度之间平衡的结果，并不是成本与收益之间平衡的结果。该学派的麦尔维尔·多尔顿、卡尔·波拉尼和詹姆斯·斯科特等均论证了小农经济下农户决策行为不符合市场经济规律。以西奥多·W. 舒尔茨为代表的农户理性行为学派持第二种观点，认为在市场竞争环境下农户选择行为与资本投入的企业经营没有区别，农户在生产经营中也是在追求要素使用高效率，所以生产中要素分配极少出现低效率。传统农业中农户行为也是基于成本－收益来选择的，他们会根据市场中的要素供给与自己的需求理性地选择要素使用的类别和数量，理性地追求最大利润。舒尔茨（2006）认为传统农业停滞不前的原因不是农户缺乏追逐利益的积极性，而是缺乏自由的市场竞争，投资边际收益递减导致农户不愿增加投资。农户不愿增加农业投资的原因是增加和投入新要素的价格水平无法使其利润增加，如果农户能在投入一定要素成本下获得利润，那么他们会乐于追求利润最大化。该学派认为发展中国家中农户贫穷现象是由其国内政策导致的，农业剩余被榨取，工业发展以损害农业发展为代价，致使农业生产要素与农产品市场缺乏竞争，农户在有限经济刺激下做出的选择行为可以忽略。所以，要想使农户理性地追逐利润，符合市场规律，需要创造一个竞争的市场环境（刘克春，2006）。

结合中国国情，农户行为并不完全符合其中任何一个观点，农户行为具有异质性（郑风田，2000）。随着我国工业化、城镇化的发展和劳动力非农就业，农户经营农地方式由全职经营转向兼业经营，兼业经营也分为以农业为主和以非农业为主两个阶段。我国目前农业经营方式依然是传统的小农经营，但农户经营的目的发生了改变。在土地承包到户的初期，农户全职经营农地，经营目的就是满足日常生存需求，这个时期农户并不是追求利润最大化。随着劳动力非农就业，农户进入以农业为主兼业经营阶段，农户兼业行为本身就是为了充分利用自身劳动力这一要素，显然符合市场规律，但农地经营在一定程度上依然能满足生存的基本需求，在农地经营与流转上并不是追求利润最大化。当农户处于以非农就业为主兼营农业阶段时，农地经营已经不是为了满足生产需求，而是为了追求利润最大化，在这个阶段农户选择自己经营农地还是流转农地是由成本－收益平衡决定的。所以，我国农户行为要根据农户异质特征分类进行研究，既要考虑经济因素，也要考虑非经济因素。

五　农业服务型规模经营的理论分析

农业服务型规模经营是一种由小农户将农业生产经营若干环节外包，并接受规模化服务的农业规模经营形式。从经济学理论看，农业服务型规模经营的出现是农民职业分化后劳动力要素价格扭曲的结果，农村劳动力在非农领域的价格远高于农业领域价格，导致农户必然会减少农业劳动时间，存在对农业生产性服务的需求。

农业服务型规模经营就是服务商为小农户提供各类农业生产性服务，包括农资供应产前服务，农机作业、农技服务、生产环节外包等产中服务，以及仓储物流、市场信息等产后服务。农业经营主体提供的服务主要有单项服务、全链条服务。特别是全链条服务，农户可以将农业生产经营的部分或全部环节进行外包。全链条服务可以有效避免小农户服务需求体量小和行为不统一的问题，因为其解决了小农户产前、产中和产后很多环节的后顾之忧。农户行为统一和与服务商的有效对接，有利于农业资源、农地资源的高效配置。

服务型规模经营从理论上和经营特点上有别于土地规模经营。一是服务型规模经营不需要进行农地流转，契合农户兼业程度比较高的社会现实，有效地将小农户与现代农业衔接；二是新型农业服务主体通过提供全链条服务，有利于农户优化其劳动力、资本等要素的配置，更多地配置于非农领域；三是统一农户经营行为，通过农业生产各个环节的统一服务，规模化服务是通过另外一种形态实现规模经济；四是新型农业服务主体提供的服务更具专业性，农业生产要素的投入及配置结构更加趋于高级化和合理化。

第四节　本章小结

本章是本书的理论基础和分析依据，重点对城乡发展、农民职业分化（劳动力转移、非农就业稳定性、职业农民）和农地规模经营（农地流转与土地规模经营、农户行为与服务型规模经营）的相关理论进行了回顾和评述。城乡发展理论演变显示了经济学家们对城市与农村发展路径研究思路的变化，20世纪60年代中期之后无论是理论研究还是现实政策导向均由偏向城市发展转向城乡协调发展。本书的研究就是试图在农村劳动力转移背景下推动农地流转，实现农业现代化目标，所以本书是以城乡协调发展理论为基础和以农业现代化为目标。本章主要对劳动力转移相关理论中托达罗模型、新城乡劳动力转移理论和托达罗修正模型进行了阐述，这一部分是本书研究劳动力转移动因的理论基础。这部分理论回顾对研究我国劳动力转移影响因素具有重要的参考意义，劳动力转移影响因素不能仅仅考虑托达罗模型中的城乡预期收入差距和转移成本，还要根据新劳动力转移理论和托达罗修正模型考虑制度、家庭、城乡生活成本差异等因素，可以尝试使用城市预期效用差异来分析劳动力转移的动因。农地适度规模经营主要从两个方面分析：一是通过农地流转实现土地规模经营；二是通过农业服务实现服务型规模经营。针对农地流转相关理论，本章主要阐述了土地规模经营、地租理论、帕累托最优理论、制度变迁理论和农户行为理论。土地规模经营也即扩大农地经营规模实现规模经济，是推动农地流转的目标。地租理论和帕累托最优理论是将土地资源放到经济学分析框架中，利用价格机制促使土地资源高效率配置。制度变迁理论是推动农地流转过程中制度变迁的理论依据，农地流转涉及产权、交易、组织等制度变迁，所以推动农地流转过程中要充分考虑农户对制度服务的需求和路径依赖。农户行为理论有利于分析农户处置农地行为的影响因素，辨别农户行为是否符合市场规律和是否纯粹追求利润最大化。我国农户具有异质性，也即农户经营农地的目的并不完全一样，他们的目的并非完全是追求利润最大化，行为也并非完全符合市场规律。所以，分析农户流转农地行为时不能仅仅考虑经济因素，还要考虑非经济因素。同时分析农户行为也决定了流转农地并不是其唯一选择行为，分析参与服务型规模经营的农户行为也至关重要。

基于前面的理论基础可知，农村劳动力转移和农地流转是农村劳动力的两种选择行为，选择结果使农民职业分化和农地适度规模经营呈现不同的组合状态，但都是社会经济发展的必经阶段。根据二元经济理论，随着社会经济发展和城镇化水平的提高，受限于城乡经济发展差距，农村劳动力将会选择向非农产业转移。农村劳动力非农转移背景下农地流转与否取决于农户个体的选择，当农村劳动力以非农就业为主并不选择流转农地时，会导致农业资源配置效率较低，这与城乡协调发展要求的农业现代化目标不符。这是农户个体追求利益最大化与社会整体福利最大化之间的矛盾，推动农地流转可以使这一资源配置状态实现帕累托改进。解决这一矛盾的根本是解决农村人口与资源困境问题，农业现代化目标要求提高土地、劳动力和资本等要素利用效率，在人多地少的困境下农村劳动力非农转移是必要条件。农村劳动力非农转移是农地流转的前提，只有农村劳动力对农业收入的依赖性减弱才会有转出农地的可能，增加农户非农收入才能弱化其对农地的依赖。农村劳动力非农转移仅仅满足了农地流转的必要条件，靠农户自发性的农地供给与需求无法满足农业现代化目标的要求。农业现代化目标要求农地适度规模经营，通过实现土地规模经营或服务型规模经营达到提高资源利用效率的目的。所以，根据农民职业分化广度和深度、农户处置农地行为的不同状况，本书提出多元化农地规模经营模式，以提高农业生产效率。

第三章

我国农民职业分化与农地规模经营耦合发展状况

处理好农村人地问题是实现农业现代化目标的必要手段，是乡村振兴的关键环节。那么，农民职业分化是否一定能够带动农地流转和农地规模经营呢？是否存在制约作用？农村土地流转后规模经营是否会促使农民职业合理分化？农民职业分化与农地适度规模经营是否耦合发展？只有明确二者之间的关联性与发展现状，才能找出问题的症结，从根本上推动农业现代化发展。

第一节　农民职业分化与农地规模经营的互动

农民职业分化与农地规模经营在一定条件下存在相互推动作用，在不同的经济发展阶段二者相互作用的结果也不尽相同。

一　农民职业分化推动农地规模经营

我国农民职业分化过程中农村劳动力非农就业推动农地流转可以分为农地自发流转、规模化流转和农地流转市场规范化三个阶段，具体推动作用有三个方面。

（一）农村劳动力非农就业是农户流转农地的主要驱动力

农户流转农地的原因有很多，比如家庭劳动力体弱、年老或者非农就业等，其中农村劳动力非农就业是农户选择流转农地的最主要驱动力。从经济学角度分析，在农户承包权不变的前提下，农户选择流转农地是农村劳动力追求要素高回报率的结果。在家庭承包农地条件下，农户经营农地面积一定，农业资本和技术投入受限，在土地边际报酬递减规律下农村劳动力要素回报率较低。人力资本较高的劳动力可以流向非农就业，获得较高的劳动报酬，非农就业成了其流转农地的主要驱动力。人力资本水平较低的农村劳动力可以转入农地，通过增加农地面积、集约化经营实现劳动回报率提高，提高劳动生产效率和家庭收入。所以，只有部分农村劳动力非农就业，才能推动农村农地流转。但是，农村劳动力非农就业推动农地流转在农地自发流转和规模化流转两个阶段的作用存在差异。

1. 农村劳动力转移提高了农户间自发流转农地的积极性

农村劳动力在农户间自发流转农地阶段，农地流转一般是在亲戚、邻居或朋友间进行的，农村劳动力并不担心失去农地承包权。基于经济学理论与新人口转移理论，在农地承包权固定不变的条件下，农村劳动力是否选择流转农地取决于自己经营农地的利润与流转农地的收入。仅仅考虑转出农地的农村劳动力行为，当这部分农村劳动力非农就业收入较高时，流转农地比自营农地更划算，他们才会选择转出农地。1992年邓小平视察南方以后，农村劳动力大量转向高收入地区城市，形成"民工潮"。据统计，农村劳动力转移至城市的数量从1992年的3500多万增加到1995年的7500多万。2003年农地承包权延长到30年后，农村劳动力转向城市的数量达到1.1亿（段娟、叶明勇，2009）。随着农村劳动力非农就业收入水平的提高，部分收入较高的劳动力逐渐放弃自营农地，自发向亲朋好友流转农地。

这种农户间自发流转农地的行为，实质上是农村劳动力资源最优配置的过程。人力资本水平较高、就业相对稳定和非农就业收入较高的农村劳动力通过流转农地从事非农岗位，获得较高的劳动回报率。人力资本水平较低、非农就业不稳定和收入较低的农村劳动力可以转入农地，通过规模化经营农地获得较高的劳动回报率。这种因农村劳动力向非农产业转移就业引起的农户间农地流转行为，促使农村劳动力劳动效率和报酬提高，也提高了农村劳动力自发流转农地的积极性。

2. 农民职业分化是农地规模化流转的必要条件，但非充分条件

农户间自发流转农地无法改变我国农户家庭分散经营农地的特征，我国经营农地方式依然是小农经营。农业现代化发展需要农业规模化和产业

化经营，需要投入资本、现代技术和机械设备，并产生规模经济效应。农业规模化经营要以大面积土地耕作为基础，需要改变家庭分布式小农经营模式，促使农地规模化流转。当然农地规模化流转也要以农户自愿为前提，农村劳动力非农就业是农户自愿流转农地的前提，也是农地规模化流转的必要条件。由于农户间禀赋差异和劳动力异质性，农村劳动力非农就业后并不是所有人均愿意流转农地；同时农地规模化转入的对象是经营大户、农合组织和外部资本，部分愿意流转农地的农户对契约式转出农地有所顾虑，可能更倾向于农户间流转。

农村劳动力转移虽然可以提高农户流转农地的积极性，但并不一定能够形成规模化农地流转。从农地转出的角度分析，由于并非所有农村劳动力都愿意流转农地，且集体中各农户土地一般相连，如果农户流转农地意见不一致，就很难形成规模化农地流转；由于农户对农地转入经营大户、农合组织和外部资本有所顾虑，以及部分农户具有农地情结，担心自己的农地承包权利和以后收益，很多农户处于观望状态。因此，需要国家出台相关支持和保护农户流转农地的政策。从农地转入的角度分析，在现有的农地流转市场条件下，市场机制不健全和农户流转意愿不一致会增加规模化转入农地的成本；在现有的农地经营政策、基础设施和农产品市场条件下，规模化转入农地并不一定能够获得较高的经营效益。较高的农地转入成本和较低的经营效益，会导致规模化农地流转需求不足（孙明琦、王吉恒，2009）。所以，农村劳动力非农就业是农地规模化流转的必要条件，但还需要完善的农地流转市场机制和相关政策制度。

（二）农民职业分化推动了农地流转政策供给

农民职业分化（非农就业、兼业和全职经营农地）提高了农户流转农地的积极性，增加了农地流转市场中农地经营权交易比重，也推动了农地流转政策供给。农村劳动力非农就业后流转农地已经成为农村经济发展中的重要问题，成了全国范围内的普遍现象，需要国家出台相关政策予以支持。1993 年开始，农村劳动力非农就业数量急剧增加，农地流转已经成为全国范围内农户关注的焦点，明确农地流转经营权概念和相关政策成为客观需求。1995 年，国务院批转农业部《关于稳定和完善土地承包关系的意见》，指出"建立农地承包经营权流转机制"，政府开始关注和重视农地承包经营权流转问题，但在法律上并未进行合法化规定。

按照制度变迁理论，虽然我国早期的农地流转在法律上并未得到认可，但自发的农地流转能够给农户增加以前无法获得的利益，这部分利益对于更广泛的农户而言是一种"潜在收益"。只有推动农地流转相关制度变迁，才能使这种农户向往的"潜在收益"变为"现实收益"。为了鼓励农村劳动力非农就业后流转农地，2003年正式实施的《农村土地承包法》规定，取得农地承包权的家庭可以通过转包、出租、转让或者其他方式依法流转农地经营权。党的十九大提出，保持土地承包关系稳定并长久不变，第二轮土地承包到期后再延长30年。这从法律和政策意义上肯定了农户流转农地经营权的合法性，保障了农户权益，进一步提高了农户流转农地的积极性。

随着农村劳动力非农就业数量的稳步增加，农地流转在农村已经广泛出现，劳动力非农就业已经影响到农村经济发展，但农地流转滞后和流转过程中存在的问题亟须解决。为了鼓励农户流转农地、推动农业现代化发展，需要进一步保障农户流转农地后的权益，逐步推动农地规模化流转。我国陆续出台了相关政策法律，《农村土地承包经营权流转管理办法》（2005年）和《物权法》（2007年）的颁布，规范和保护了农户流转农地的权益；党的十七届三中全会对农地流转做出具体部署，明确推动农地流转成为农业发展、农民增收和农村繁荣的客观需要；党的十八大进一步明确了农地流转要基于农户自愿原则，为农户提供长久保障，培育新型农业合作组织，推动规模化农地流转；2012年和2013年中央农村工作会议分别强调了"不强制和限制农户农地流转"和"保障农民农地承包权"。

这些政策法律的出台是大量农村劳动力非农就业后发展农业现代化的客观需求，是推动农地流转的制度保障。但是，实现农业现代化需要农地规模化和市场化流转，必须完善农地流转市场机制，在保障农民利益的前提下实现农地流转供给与需求行为市场化。

（三）农村劳动力转移有助于建立和规范农地流转市场

农村劳动力非农就业导致了农地经营权流转的出现，引发了农地流转供求交易双方的存在，不可避免地形成了一定程度上的农地流转市场。农地流转市场是农地流转供求双方交易、竞争、制度安排、信息流通和关系处理等的场所。农村劳动力转移状况决定了农地流转供求双方交易情况，也影响了农地流转市场的完善程度。

早期农村劳动力转移比重较小，引发的农地流转比重并不高，农村劳动力一般选择亲朋好友转出土地，甚至是无偿转给别人短期耕种。短期内农户间无偿或者较低代价的农地流转交易，并不是严格的市场交易行为，农户并不是"经济人"，并不追求利润最大化。随着农村劳动力非农就业数量的增加和素质的提高，农户愿意转出农地的比重逐渐提高，此时农户较多是"经济人"，追求利润最大化。由于农地流转交易数量较多、交易信息不对称，农地流转供求双方难以实现信息对称，导致农地流转成本增加。同时，农村劳动力非农就业后对流转农地会提出附带要求，比如长久保障、分红等。由于农户间农地流转形式无法满足这些要求，部分地区出现了农地流转的中介组织，虽然这些中介组织并不成熟，但这标志着农地流转市场的建立。

农村劳动力非农就业有利于完善农地流转市场，不同的劳动力转移状况决定了将来我国农地流转市场存在两种形式（计卫舸等，2013）。

第一种形式是非农劳动力市场是完全的，农村劳动力可以在非农市场和农业市场自由流动。若非农劳动力市场工资率高于农业劳动力市场工资率，农村劳动力就会非农就业。若这种非农就业是自由和稳定的，那么非农就业的劳动力会流转自己的农地，农地最终会规模化地流向能够实现农地规模效益的需求者手中。农地流转供给者为了得到更高收益，农地需求者为了追求农地资源最优利用，双方会逐渐完善农地流转市场，最终会达到非农劳动力市场工资率与农业劳动力市场工资率相等的最优状态。这种形式下农村劳动力非农就业推动了农地流转市场达到最优状态。

第二种形式是非农劳动力市场不完全，农村劳动力并不能自由融入非农劳动力市场。在这种情况下，即便是非农劳动力市场工资率高于农业劳动力市场工资率，由于部分农村劳动力非农就业后无法获得稳定的非农就业岗位和收入，其也不愿意流转农地。农地流转市场中的供给者是那些非农就业稳定和收入较高者，农地需求者依然可以获得一定规模的农地，通过技术革新和专业化经营，获得较高的农产品附加值和土地收益率。农地规模化和产业化经营带来的高收益率会促使原来不愿意流转农地的农户转出农地，然后成为农业劳动工人或不稳定的非农就业者，这将会使农地流转市场得到进一步完善。当然，由于农地规模化经营下技术和机械替代劳动力，部分转出农地后的劳动力无法获得农业劳动工人的岗位，只能从事不稳定的非农就业岗位。当然也不排除部分劳动力不流转农地，宁愿低效率和低收益率地经营家庭小面积农地。虽然这种形式的资源配置最终并不是最优效率的状态，但农村劳动力转移无疑促进了农地流转市场的进一步完善。

二 农地规模经营深化农民职业分化

农民职业分化是农业现代化、工业化和城镇化同步发展的必然要求，农地规模经营进一步释放了农村劳动力，同时可以深化农民职业分化。

（一）农地规模经营进一步释放了农村劳动力

根据发展经济学理论，随着农业资本、技术的投入，农业劳动生产率不断提高，释放出部分农村劳动力并不影响农业产出，这部分农村劳动力被称为农村剩余劳动力。在城乡预期收入差距的作用下，农村剩余劳动力向城市非农产业就业，在实际非农劳动力工资率高于农业劳动力工资率的条件下，部分农户开始流转农地，真正从事农业生产的劳动力数量减少，进一步释放出更多农村劳动力非农就业。

农村劳动力非农就业后需要对如何处理农地做出选择，我国农村劳动力大致经历了兼营农地和流转农地两个过程。如果农村劳动力非农就业后选择兼营农地，那么这是既定农业资本、技术投入下劳动生产率提高的结果。兼营农地行为若未改变我国家庭分散式小农经济模式，那么农村劳动力经营农地并不能获得规模经济，从事农业生产的劳动力并未获得足够的农地进而提高劳动效率；兼营农地的劳动力要往返于城乡之间，农忙时回到农村，农闲时非农就业，无论是农业还是非农业劳动效率均相对较低。如果农村劳动力选择流转农地，从事农业生产的劳动力可以耕种更多农地，农地经营规模扩大，有利于农业资本和技术投入，实现规模经济，提高劳动生产率，在一定农地面积下减少农业劳动力数量，进一步释放农村劳动力。

农户兼营农地行为无法改变农村劳动力小规模耕作农地的现实，农村剩余劳动力的释放只能通过农业技术、资本投入替代更多劳动力。但农地面积小和细碎化特征限制了农业资本和技术投入，由于要素边际报酬递减规律，所能释放的农村劳动力有限。非土地流转下的统一经营模式可以改变农地经营的细碎化，通过统一经营扩大农地经营规模，实现农业资本和技术规模报酬递增，提高劳动生产效率，进一步释放农村劳动力。

（二）农地规模经营深化农民职业分化

在农户兼营农地和自发流转农地阶段，农村劳动力倾向于外部转移，一般在大、中城市的第二、第三产业就业。据统计，2003 年以前我国平均每年向省外转移的农村劳动力超过 6000 万人，占农村劳动力转移总量的 60% 以上（计卫舸等，2013）。主要是因为这一阶段与农业相关的第二、第三产业并未发展起来，本省城市非农部门就业岗位有限。随着农地流转比重的增加和农地经营规模的扩大，更多农村劳动力得到释放，本地农业及相关产业得到专业化发展，本地城镇化发展也促进了产业结构调整，提供了更多全职农业岗位和非农岗位，农村劳动力逐渐由向省外转移过渡到向省内转移。据《农民工监测调查报告》数据，2018 年和 2019 年我国外出劳动力中省内转移比重分别为 56.0% 和 56.9%，呈现逐年增加趋势。

农地规模经营有利于农业现代化发展，带动了农产品相关产业发展，促进了农村与农业相关的第二、第三产业发展，推动了农村城镇化发展，并提供了本地非农就业岗位。由 2014 ~ 2019 年《农民工监测调查报告》数据可知，农民工在省内流动数量逐年增加（见表 3 - 1）。农村劳动力非农就业方式呈现多样化，不仅可以离开户籍地外出务工，也可以在本地非农就业。

表 3 - 1 **2014 ~ 2019 年我国外出农民工总量与省内流动数量及比例**

单位：万人，%

指标	2014 年	2015 年	2016 年	2017 年	2018 年	2019 年
外出农民工总量	16821	16884	16934	17185	17266	17425
省内流动数量	8954	9139	9268	9510	9672	9917
省内流动比例	53.2	54.1	54.7	55.3	56.0	56.9

资料来源：2014 ~ 2019 年《农民工监测调查报告》。

农地规模经营可以满足不同类型农民职业分化要求，可以满足长期转移至城市的非农就业劳动力的土地保障心理，也可以满足本地非农就业劳动力的留守乡土心理，同时满足新型职业农民全职经营农地的需求，深化了农民职业分化。

三 二者相互作用的前提条件

无论是农民职业分化对农地流转的推动作用，还是农地规模经营对农民职业分化的深化作用，均需要满足一定的前提条件才能产生。

（一）农民职业分化推动农地流转的前提条件

农民职业分化与流转农地其实是农村劳动力做出的两种选择，农民职业分化的形式只是农村劳动力流转农地的影响因素之一，农民职业分化中兼业和新型全职经营农业形式并不会推动农地流转，只有完全非农就业才会使农户流转农地。农村劳动力非农就业数量的增加，能够形成对农地流转的推动作用，必须满足农地流转市场中供给与需求的均衡，且供求数量呈递增趋势。

农地流转供给的影响因素比较多，而且复杂，劳动力非农就业只是其中一个必要的影响因素，其还与劳动力职业分化程度有关。劳动力非农就业后农户是否流转农地，一般还受非农就业稳定性和收入水平、自营土地机会成本、农户禀赋差异、土地保障心理、流转后权益保障等方面的影响。要想使非农就业的劳动力流转农地，必须考虑农户分化条件下的不同要求，只有满足不同类型农户的心理预期需求，才能从根本上增加农地流转供给数量。农地流转需求方主要是一般农户和专业经营大户（包含规模经营户和经营单位）。一般农户和规模经营户转入农地后追求的是农业收入的提高，全职或兼业经营农业的纯收入至少应该和其他非全职农户的收入持平，否则一般农户转入农地的需求将不足（蒋文莉、陈中伟，2013）。经营单位追求资本收益率最大化，提高资本收益率需要通过规模经济降低平均成本来实现，只有农地规模化流转才能尽可能使用大型现代机械和先进技术。但农地规模化流转受到农地流转市场组织制度、农地供给数量和农地流转政策等影响，这些影响因素可能导致部分地区农业资本收益率较低，从而导致经营单位转入农地的需求不足（李明艳，2012）。

当农地流转市场中供给或需求不足时，即便是农村劳动力转移数量（农民职业分化的广度）增加也不会对农地流转产生推动作用。劳动力非农就业同时满足了影响农地流转供给的其他条件，才能产生有效的农地供给。当农地转入需求者认为经营较多农地能够带来更高利润时，才会产生有效的农地需求。农地流转市场中供给与需求充足，且达到均衡才能促进农地流转。无论是农地流转供给不足还是需求不足，都会限制农地流转数量和速度。所以，农村劳动力非农就业只是农地流转的一个驱动力和其中一个影响因素，要产生对农地流转的推动作用还需要满足农民职业分化深度增加和其他前提条件。

（二）农地规模经营深化农民职业分化的前提条件

农地流转有助于农业规模化经营，可以有效地投入现代机械、技术，节约农业劳动力投入，释放更多农村劳动力。但是，一个时期农地流转所带来的规模经营并不一定能够对下一期劳动力转移产生促进作用，因为农地流转仅仅释放了农村劳动力，并不能保证劳动力找到稳定的非农就业岗位，也不一定能够增加农民职业分化深度。因为农村劳动力非农就业数量受城镇非农产业所提供岗位数量的限制，非农就业岗位又受区域经济发展状况影响。区域经济波动和产业结构调整不仅会影响非农就业岗位数量，也会影响非农就业岗位对劳动力素质的要求，可能会造成农村劳动力素质与非农就业岗位要求不相符。当区域经济发展处于萧条期，或者农村劳动力素质无法满足产业结构调整后的岗位需求时，农村劳动力非农就业就会受阻。此时，即便农地规模经营释放了农村劳动力，劳动力也不能转向非农就业，这不利于农民职业分化。

在农地规模化流转过程中，由于农户分化和劳动力异质性，部分劳动力流转农地后并不能非农就业。特别是强制性大规模流转农地，大部分农村劳动力不具备长期稳定从事非农产业的能力，最终会导致流转农地后的劳动力仍然徘徊在农村，处于失业状态或成为农业雇工。13 ～ 19 世纪中叶，英国的"圈地运动"使大量农民失去了农地，农业快速进入规模化经营阶段，但农村劳动力并没有非农就业，也没有成为新型职业农民，仍然留守在农地上成为雇工（王勇辉，2011）。所以，我国农地流转不能强制农民规模化转出农地，现阶段农地流转并不能直接导致劳动力转移（游和远等，2012）。农地规模经营对劳动力非农就业的促进作用还取决于农民非农就业供给意愿和非农岗位吸纳能力等前提条件；同时农地规模经营能够促使新型农业模式下的农民成为经营者，在农民职业分化过程中转化为职业农民，而不是沦为农业雇工。

农村劳动力流转农地后能否非农就业，还受非农收入水平、劳动力素质、非农就业岗位数量与素质要求、区域经济发展状况和产业结构等影响。在非土地流转条件下需要采用新型农业经营模式推动农地规模经营，才能培育出新型职业农民。当区域经济发展水平和产业结构状况提供的非农就业岗位、职业农民发展环境与农民职业分化相适应，并且能使农户达到相对满意的收入水平、得到长久生活保障时，农地规模经营才会对农民职业分化产生促进作用。

第二节　农民职业分化与农地规模经营相互制约

农民职业分化与农地规模经营在一定前提条件下具有相互推动作用，这说明二者在不同阶段、不同条件下可能不会相互推动，甚至有可能产生相互制约作用。本节重点分析我国农民职业分化与农地规模经营相互制约的状况。

一　农民职业分化制约农地规模经营

从发展经济学角度看，农民职业分化与农地规模经营相互推动、相互促进是实现农业现代化和乡村振兴的必要条件，而且许多学者也认为二者存在相互推动和促进作用。但是，我国经济发展实际过程中农民职业分化的广度和深度确实会对农地规模经营产生制约作用。农村劳动力非农就业不彻底和不稳定、"小富即安"心态、农村人力资本流失等均会制约农地流转。

（一）劳动力非农就业不彻底和不稳定制约农地流转

随着农业技术进步和现代机械的推广使用，我国家庭分散式小规模农地经营需要的劳动力越来越少，经营农地占用的非农劳动时间越来越少。在劳动力非农就业不彻底和不稳定的情况下，兼营农地几乎不用占据其非农劳动时间，也即自营农地机会成本几乎为零，农户转出农地的积极性受到制约。

在不改变农户农地承包权的前提下，农村劳动力非农就业后流转农地与否与其非农就业状况相关。当劳动力非农就业岗位稳定且工作时间连续，农忙时无法抽出时间或者家庭无闲置劳动力时，坚持经营农地会产生较高的机会成本，这样的家庭一般会选择流转农地。若劳动力非农就业不稳定且工作不连续，农忙时家庭能够抽出劳动力经营农地的概率较高，经营农地基本不会造成非农收入损失，自营农地是最佳选择。第三次全国农业普查数据显示，农业经营人员中有 42.7% 的劳动力非农就业，这部分人中非农就业以外出务工为主的比例是 76%，说明大部分农村劳动力外出非农就业并不稳定。农村劳动力非农就业呈现转移不彻底、就业不稳定和工作不连续等特征，再加上农业技术进步、现代机械推广提高了劳动效率，减少了家庭经营农地所需劳动力和劳动时间，降低了劳动力兼营农地的机会成本，从而制约其流转农地。

虽然 1980 年以后出生的新生代农民工经营农地意愿减弱且比重逐年降低，但是 1980 年以前出生的老一代农民工呈现"返流"退守农地的趋势。农村一般家庭均存在两代农民工，老一代农民工非农就业不彻底，随着年龄的增长，"返流"趋势加剧，依赖农地的保障心理逐渐加重，所以大多家庭农地并不会因新生代农民工不愿经营而流转。

（二）"小富即安"心态加剧劳动力非农转移对农地流转的制约作用

农村劳动力非农就业后家庭收入水平和收入结构均发生了变化，家庭收入水平提高，非农收入占家庭收入比重增加。由《中国统计年鉴 2021》可知，2020 年农村居民家庭人均可支配收入为 17131.5 元，比 2019 年多 1110.8 元，比 2015 年多 5709.8 元，年均增长达到 1142.0 元；农村居民人均工资性收入、转移性收入之和占人均可支配收入的比例为 62.1%，非农收入是农村居民主要的收入来源。调查数据显示，虽然农村家庭收入存在差距，但近七成家庭以非农收入为主，仅三成家庭以农业收入为主。

农村劳动力非农就业提高了家庭收入水平，非农就业收入成了农村家庭收入的主要组成部分，弱化了农村劳动力对农地的依赖。但农村家庭收入提高也促使农户产生了"小富即安"的心态，农地经营可以满足基本生活需求，非农就业可以增加家庭收入且有结余，保持这种生活状态成了很多农户典型的心态。农户这种"小富即安"心态是由我国城乡二元制度和农户土地保障心理导致的，城乡二元制度导致劳动力转移至城镇受限，无法享受城镇同等社会保障、教育等服务，提高家庭收入后他们更愿意回到农村生活。在社会保障不健全的条件下，长期农地承包制度形成了农户对农地的依赖心理。随着人口结构的变迁，老一代农民工年龄增加，在社保无法覆盖的情况下，农户土地保障心理越发严重。由于城镇生活成本高（高消费、高房价等），部分农村劳动力认为回到农村才有归属感，认为拥有农地才有保障。甚至部分农户认为获得较高非农收入在农村可以获得较高的地位，农村与农地成为他们情感的归属和保障。这种"小富即安"的保守心理，会抑制农户转出农地的积极性，制约农地规模化经营。

（三）农村人力资本流失制约职业农民群体形成和农地规模经营

农村劳动力非农就业满足了工业化和城镇化发展的需要，但也造成了农村较高人力资本的流失，呈现城乡人力资本水平失衡状态（曹亚，2012）。农村精英人才流失和人力资本水平较低，不仅影响农村经济、文化和政治全面发展，也会制约职业农民群体的形成，抑制农业现代化发展中农地规模经营和产业化经营。

据《2019年农民工监测调查报告》数据，2019年农民工平均年龄为40.8岁，21~50岁农民工所占比重为73.4%，高中及以上学历农民工所占比重为27.7%。农村劳动力非农就业是市场机制配置劳动力资源的结果，非农劳动力市场是对农村劳动力就业能力的检验场所，劳动力能够非农就业是非农劳动力市场对其筛选与淘汰的结果。按照经济学理论，非农就业岗位对农村劳动力的需求取决于其所能创造的价值，即具有较高能力和素质的农村劳动力往往能优先获得非农就业岗位。现实中确实如此，无论是从年龄结构还是从受教育年限、有无培训经历来看，从农村转出的劳动力一般以青壮年为主，具有较高受教育程度，具有一技之长。农村大量主要体力与脑力劳动力转出，会抑制职业农民群体的形成，进一步限制农业经营管理、技术推广，在更大程度上制约农户经营农地观念和农户与外部衔接，也不利于农业经营相关市场信息流动，这成了农地规模经营与实现农业现代化的瓶颈之一。

素质和能力相对较高的农村劳动力非农就业，导致农村人力资本流失，一些具有先见思想、组织能力和创新精神的人才流出农村，留守的低人力资本劳动力会严重影响农村经济发展中的组织、管理、开发和创新活动，不利于农地流转市场的进一步完善，制约农地规模经营和产业化经营。据第三次全国农业普查数据可知，2016 年我国农业经营人员中 55 岁及以上经营者所占比重为 33.6%，其中上海和浙江分别达到 63% 和 54%。调查数据显示，我国经济落后和比较偏远的农村留守劳动力多为 50 岁及以上的老人，少部分青壮年劳动力也多是文化程度较低和非农就业能力较差的（计卫舸等，2013），这些劳动力无能力组织和管理农地流转与农地规模化经营，他们无法成为推动农地流转的带头人，这限制了农地规模经营和农业现代化发展。

二　农地规模经营程度制约农民职业分化深度

按照乡村振兴、农业现代化、城镇化发展的要求，农地规模经营促进农民职业深度分化（完全非农就业和职业农民）是必然的过程，既可以满足农业规模化经营，又可以满足城镇化发展所需要的劳动力。现实中，农地流转过程中存在的诸多问题并没有对农民职业深度分化起到推动作用，甚至制约了劳动力向完全非农就业和全职经营农业转化的进程。具体主要体现为违背农民意愿、违背农业发展趋势、与城镇化发展不相适宜的农地规模经营，这些形式的农地规模经营不仅损害了农民利益，也会制约农民职业分化的进程。

（一）违背农民意愿的农地规模经营制约农民职业分化深度

我国近几年陆续出台的相关法律和政策规定，不能强制或强迫农民流转农地，要按照农民自愿有偿原则，引导农地流转，发展多元化农地规模经营。但实际中，违背农民意愿的农地流转现象依然层出不穷，主要是由地方政府推动或者村集体推动，目的是满足政府政绩和少数人的经济利益。部分地方政府或者村集体打着发展农业的幌子，强制农民转出全部或者部分农地，然后将农地转租、转包给其他经济主体实现规模经营。这种不考虑农民利益和意愿强行推动的农地规模经营，会激化农地流转过程中供求双方矛盾，导致农村劳动力被动非农就业。被动非农就业无论是从数量还是质量方面都不如主动劳动力转移，且会制约农民职业分化的深度。农民自愿流转农地比非自愿流转农地要释放出更多的农村劳动力，而且劳动力非农就业积极性相对较高。根据对河南省部分农村的调研结果可知，

SS 县部分乡镇政府为了引入资本经营农业经济作物，强制农民流转了部分农地，结果并没有增加外出务工人员数量，家庭劳动力还要留守剩下的农地继续经营农业。同时，由于外部资本经营农地后的收益不佳，无法兑现当时对转出农户的经济承诺，激化了双方矛盾，外出劳动力无法安心在外务工，影响了职业分化的深度。

强制农民流转农地后，农村劳动力被动非农就业会增加非农劳动力市场中劳动力供给量。如果有限的非农就业岗位无法全部吸纳这部分农村劳动力，必然会导致这部分劳动力回流，同时激化农地流转所产生的矛盾和问题，甚至会影响大批农村劳动力返乡重新回到农地继续从事农业经营。这种违背农民意愿的农地流转，不仅不能推动农民职业的合理分化，可能还会适得其反，会制约劳动力非农就业，也会限制新型职业农民群体的形成。

（二）不适宜的农地流转制约劳动力非农转移

农地流转的时机要与农业发展趋势和城镇化发展程度相适应，超前推进和滞后发展均不利于农业现代化、工业化和城镇化同步发展。如果农地流转规模和速度超过了当前农业发展趋势要求，比如当前农业技术水平、机械动力、管理水平等无法满足较大规模的农地经营，或者当前农地经营作物类型、农地特征不符合大规模经营，结果并不能有效释放农村劳动力，甚至在一定程度上制约了农村劳动力非农转移。在农业技术、资本有限条件下，农地经营规模不宜太大，应该适度。在部分山区，农地流转规模也不易过大，因为山区农地比较零散，单位劳动力耕作的农地面积有限。在经营特殊种类农作物的地区，比如不能大范围使用机械的农作物种植，机械不能有效替代劳动力，经营这类农作物即便是大规模农地流转，也不会释放更多农村劳动力，规模过大反而会制约劳动力非农转移。

农地流转的规模与速度也要与城镇化发展相适应，农地流转释放劳动力的数量与质量要与城镇化过程中产业结构变换相适应，所释放的农村劳动力能够在非农产业中寻找到适宜的岗位，才能真正实现劳动力向非农产业转移。如果农地流转规模和速度超过了城镇化发展的要求，所释放的农村劳动力会加剧非农劳动力市场供求矛盾，只有部分农村劳动力能找到适合的非农岗位，其余劳动力失业或者返回农村。这种低就业率和就业不稳定现象会增加农村劳动力非农就业的顾虑，他们会担心非农就业的保障性，导致部分劳动力不愿意全职非农就业，宁愿回到原来兼营农地的处境，结果会降低劳动力非农就业积极性，这从数量和质量上均对劳动力转移有一定的制约作用。

第三节　农民职业分化与农地规模经营耦合发展的测度

我国农业现代化发展滞后于工业化、城镇化已经成为经济发展过程中的症结之一，究其原因，主要是农民职业分化、农地规模经营现状限制了农业现代化发展。根据发达国家经济发展经验，实现农业现代化、工业化与城镇化同步发展，必须促使农民职业分化与农地适度规模经营耦合协调发展（孙云奋，2012）。那么，我国农民职业分化与农地规模经营耦合协调发展的程度如何？如若没有协调发展，处于一个什么样的状态？本节重点测度我国农民职业分化和农地规模经营耦合协调程度。

一　二者耦合协调程度的测度

（一）指标体系构建

农民职业分化的深度和广度用 6 个指标来衡量，其中利用劳动力非农就业比例衡量农民职业分化的广度；利用农业经营人员年龄和性别构成负向表示农民职业分化的深度，即 55 岁及以上比重和女性比重越高代表农民经营农地的职业化程度越低；利用农业经营人员高中及以上学历的比重、受专业培训的农业经营人员比例正向表示农民经营农地的职业化程度；利用非农职业的稳定性或专业化程度，即务工比例负向表示农民经营农业的职业化程度。农地规模经营用 4 个指标来衡量，其中利用土地流转比例、农户参与新型经营组织的比例、规模户和农业经营单位通过电子商务销售农产品的比重三个指标正向表示农地规模经营程度；由于土地流转在普通农户间不能较好地实现规模经济，所以利用普通农户流入耕地占总流转土地的比重负向表示农地规模经营程度。具体指标设定见表 3 - 2。

表 3 - 2　农民职业分化与农地规模经营耦合协调发展评价指标设定

系统	指标层	权重	指向
农民职业分化	劳动力非农就业比例	0.139	+
	农业经营人员年龄构成（55 岁及以上比重）	0.101	−
	农业经营人员性别构成（女性比重）	0.187	−
	农业经营人员教育构成（高中及以上学历比重）	0.160	+
	受专业培训的农业经营人员比例	0.336	+
	非农职业的稳定性或专业化程度（务工比例）	0.077	−
农地规模经营	土地流转比例	0.273	+
	普通农户流入耕地占总流转土地的比重	0.157	+
	农户参与新型经营组织的比例	0.336	+
	规模户和农业经营单位通过电子商务销售农产品的比重	0.235	+

（二）测度模型

1. 综合评价模型

农民职业分化和农地规模经营两大系统的综合发展水平可以通过线性加权法进行计算，公式为：

$$U_i = \sum_{j=1}^{n} \lambda_{ij} \mu_{ij}, \quad \sum_{j=1}^{n} \lambda_{ij} = 1 \tag{3-1}$$

式（3-1）中，U_i 为综合评价函数，λ_{ij} 为指标权重，μ_{ij} 为指标贡献度。为计算简便、统一，设 $f(x)$、$g(x)$ 分别为农民职业分化与农地规模经营的发展指数，$x_1, \cdots, x_n$ 为农民职业分化的 n 个指标，$y_1, \cdots, y_n$ 为农地规模经营的 n 个指标，则其表达式为：

$$f(x) = \sum_{i=1}^{n} a_i x'_i \tag{3-2}$$

$$g(x) = \sum_{j=1}^{n} b_j y'_j \tag{3-3}$$

由于原始数据的量纲与数量级不同，本章采用极差法对原始数据进行标准化，具体为：

$$x'_i = \frac{x_i - \min x_i}{\max x_i - \min x_i}, \text{正向指标} \tag{3-4}$$

$$x'_i = \frac{\max x_i - x_i}{\max x_i - \min x_i} ，负向指标 \tag{3-5}$$

式（3-4）、式（3-5）中，x_i 为指标原始数据，x'_i 为标准化处理后的数据，$\max x_i$、$\min x_i$ 分别为指标数据的最大值、最小值，对应的 y'_i 按照同样的方法处理。

各指标的权重 a_i、b_j 采用差异系数法求得，公式为：

$$a_i = \frac{v_i}{\sum v_i} ，v_i = \frac{\sigma_i}{\bar{x'}} \tag{3-6}$$

式（3-6）中，v_i 为指标标准化处理后的差异系数，σ_i 为标准差，$\bar{x'}$ 为均值。权重 b_j 也按同样的方法求得。

2. 耦合评价模型

$$C = \sqrt{\frac{f(x) \times g(x)}{\left[\frac{f(x) + g(x)}{2}\right]^2}} \tag{3-7}$$

$$D = \sqrt{CT} ，T = \alpha f(x) + \beta g(x) \tag{3-8}$$

式（3-7）、式（3-8）中，C 为农民职业分化与农地规模经营两者之间的耦合度（$C \in [0，1]$），C 值越大表示耦合度越高，相互作用越强。由于耦合度只能反映相互之间的作用强度，不能衡量综合效益，所以引入耦合协调度模型。D 为两系统之间的耦合协调度（$D \in [0，1]$），D 值越大表示耦合协调度越高。T 为两系统之间耦合协调综合评价指数。α、β 为待定系数，参考既有文献，考虑到两系统对农村经济发展同等重要，故均取值 0.5。根据现有文献及研究成果，整理出两系统耦合协调类型及对比关系的判定标准，详见表 3-3 和表 3-4。

表 3-3　二者耦合协调等级划分

发展水平	耦合协调度	协调等级
协调发展	(0.89，1.00]	优质协调
	(0.79，0.89]	良好协调
	(0.69，0.79]	中级协调
	(0.59，0.69]	初级协调

发展水平	耦合协调度	协调等级
转型发展	(0.49, 0.59]	勉强协调
	(0.39, 0.49]	濒临失调
发展失调	(0.29, 0.39]	轻度失调
	(0.19, 0.29]	中度失调
	(0.09, 0.19]	严重失调
	[0, 0.09]	极度失调

表 3-4　二者耦合类型

$f(x)$ 与 $g(x)$ 比较	耦合类型
$f(x) > g(x)$	农地规模经营滞后型
$f(x) = g(x)$	同步发展型
$f(x) < g(x)$	农民职业分化滞后型

二　二者耦合协调测度结果分析

(一) 二者处于高度耦合和失调发展的水平

通过以上对两系统之间耦合度以及耦合协调度的测算，具体测度结果如表 3-5 所示，总体上可以得到以下两个结论。

1. 各省区市农民职业分化和农地规模经营均处于高水平耦合状况

各省区市两系统之间的耦合度均在 0.8 以上，处于高水平耦合阶段，说明农民职业分化与农地规模经营之间具有良好的正向促进作用，存在耦合互动发展关系，也说明两者之间已达到相互促进的良性共振，农民职业分化对农地规模经营起到极大的推动作用，同时农地规模经营也有利于农民职业分化。

2. 各省区市农民职业分化与农地规模经营耦合发展处于失调水平

虽然两系统之间具有较高的耦合度，但耦合协调度并不高，均小于0.29，反映出农民职业分化与农地规模经营之间并不是同步发展，二者发展失调，大部分地区处于严重失调状态，少数地区处于中度失调状态。

表 3 – 5　农民职业分化与农地规模经营耦合协调发展测度结果

省区市	$f(x)$	$g(x)$	C	D	耦合协调程度	$f(x)$ 与 $g(x)$ 大小比较	耦合类型
北京	0.053	0.047	0.998	0.223	中度失调	$f(x)>g(x)$	农地规模经营滞后型
天津	0.034	0.036	1.000	0.188	严重失调	$f(x)<g(x)$	农民职业分化滞后型
河北	0.025	0.021	0.997	0.149	严重失调	$f(x)>g(x)$	农地规模经营滞后型
山西	0.030	0.011	0.878	0.127	严重失调	$f(x)>g(x)$	农地规模经营滞后型
内蒙古	0.030	0.016	0.955	0.145	严重失调	$f(x)>g(x)$	农地规模经营滞后型
辽宁	0.024	0.010	0.902	0.119	严重失调	$f(x)>g(x)$	农地规模经营滞后型
吉林	0.022	0.024	0.999	0.152	严重失调	$f(x)<g(x)$	农民职业分化滞后型
黑龙江	0.041	0.022	0.955	0.168	严重失调	$f(x)>g(x)$	农地规模经营滞后型
上海	0.026	0.066	0.902	0.213	中度失调	$f(x)<g(x)$	农民职业分化滞后型
江苏	0.034	0.062	0.954	0.220	中度失调	$f(x)<g(x)$	农民职业分化滞后型
浙江	0.042	0.039	0.999	0.200	中度失调	$f(x)>g(x)$	农地规模经营滞后型
安徽	0.026	0.046	0.961	0.191	中度失调	$f(x)<g(x)$	农民职业分化滞后型
福建	0.029	0.026	0.998	0.165	严重失调	$f(x)>g(x)$	农地规模经营滞后型
江西	0.031	0.027	0.998	0.170	严重失调	$f(x)>g(x)$	农地规模经营滞后型
山东	0.024	0.021	0.998	0.149	严重失调	$f(x)>g(x)$	农地规模经营滞后型
河南	0.022	0.019	0.996	0.141	严重失调	$f(x)>g(x)$	农地规模经营滞后型
湖北	0.034	0.027	0.992	0.172	严重失调	$f(x)>g(x)$	农地规模经营滞后型
湖南	0.032	0.042	0.991	0.194	中度失调	$f(x)<g(x)$	农民职业分化滞后型
广东	0.028	0.035	0.994	0.179	严重失调	$f(x)<g(x)$	农民职业分化滞后型
广西	0.028	0.017	0.971	0.144	严重失调	$f(x)>g(x)$	农地规模经营滞后型
海南	0.038	0.020	0.946	0.160	严重失调	$f(x)>g(x)$	农地规模经营滞后型
重庆	0.029	0.038	0.991	0.185	严重失调	$f(x)<g(x)$	农民职业分化滞后型
四川	0.036	0.034	0.999	0.186	严重失调	$f(x)>g(x)$	农地规模经营滞后型
贵州	0.036	0.040	0.999	0.195	中度失调	$f(x)<g(x)$	农民职业分化滞后型
云南	0.041	0.033	0.995	0.190	严重失调	$f(x)>g(x)$	农地规模经营滞后型
西藏	0.010	0.035	0.823	0.142	严重失调	$f(x)<g(x)$	农民职业分化滞后型
陕西	0.038	0.029	0.991	0.179	严重失调	$f(x)>g(x)$	农地规模经营滞后型
甘肃	0.036	0.047	0.992	0.205	中度失调	$f(x)<g(x)$	农民职业分化滞后型
青海	0.022	0.040	0.955	0.177	严重失调	$f(x)<g(x)$	农民职业分化滞后型

省区市	$f(x)$	$g(x)$	C	D	耦合协调程度	$f(x)$ 与 $g(x)$ 大小比较	耦合类型
宁夏	0.035	0.030	0.997	0.178	严重失调	$f(x) > g(x)$	农地规模经营滞后型
新疆	0.064	0.041	0.976	0.222	中度失调	$f(x) > g(x)$	农地规模经营滞后型

（二）二者失调发展存在空间差异性

虽然各省区市农民职业分化和农地规模经营均处于失调水平，但失调程度和失调类型存在差异。

1. 中度失调的省区市农民职业分化和农地规模经营发展类型的差异

北京、上海、江苏、浙江、安徽、湖南、贵州、甘肃和新疆均处于中度失调水平，即与全国其他省区市相比，这几个省区市农民职业分化与农地规模经营的协调度相对较高。但其发展类型存在差异，北京、浙江、新疆是农地规模经营滞后于农民职业分化；上海、江苏、安徽、湖南、贵州和甘肃均是农民职业分化滞后于农地规模经营。

北京、浙江、新疆农地规模经营滞后于农民职业分化的原因也存在差异，北京和浙江农地规模经营发展滞后的原因是农户参与新型经营组织的比例较低，分别为 5.06% 和 4.86%，低于 8.82% 的全国平均水平。

新疆被测度出农地规模经营滞后较为意外，原因是其规模户和农业经营单位通过电子商务销售农产品的比重较低（0.39%），为全国最低水平，衡量农地规模经营的其他几个指标均处于全国较高水平，这说明新疆农地规模经营水平在全国范围内并不低，但其农民职业分化水平更高（见图 3 - 1）。

上海、江苏、安徽、湖南、贵州和甘肃均是农民职业分化滞后于农地规模经营，说明相对于农地规模经营的发展水平，这些省市的农民职业分化更加不合理。其中比较有代表性的是上海，其土地流转比例为 72.7%，远高于 19.5% 的全国平均水平，且流转土地中 90.5% 流入规模户和经营单位，但上海农业经营人员老龄化（55 岁及以上人口比例为 63%）和女性比例（50.2%）均高于全国平均水平，且受过专业培训的农业经营人员比例（8.4%）、非农就业稳定比例（16.2%）均低于全国平均水平。这说明农民职业分化滞后于农地规模经营是因为农民脱离农地后，并没有很好地向

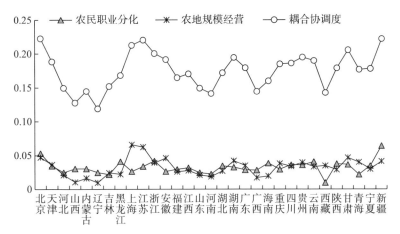

图 3-1 2016 年全国 31 个省区市农民职业分化与农地规模经营发展失调状况

职业农民和市民转化，其职业稳定性仍处于较低水平，即其职业分化广度（上海为 52.3%）处于较高水平，但其职业分化深度不够。

2. 严重失调的省区市农民职业分化和农地规模经营发展类型的差异

天津、吉林、广东、重庆、西藏、青海均是农民职业分化滞后于农地规模经营；河北、山西、内蒙古、辽宁、广西、黑龙江、福建、江西、山东、河南、湖北、海南、四川、云南、陕西、宁夏均是农地规模经营滞后于农民职业分化。

其中农民职业分化滞后于农地规模经营的省区市中比较典型的是西藏，其农民非农就业比例仅为 16.2%，农业经营人员中高中及以上受教育程度比例、受过专业培训的农业经营人员比例和非农就业稳定比例均处于全国最低水平，但其农户参与新型经营组织的比例、规模户和经营单位通过电子商务销售农产品的比重均超过全国平均水平。虽然二者耦合协调发展程度处于严重失调状态，但相对于农地规模经营，其农民职业分化的广度和深度更加不合理。

在严重失调省份中，黑龙江为农地规模经营滞后于农民职业分化，这与现实中的直观感受存在差异，但第三次全国农业普查数据能够解释这种结果。在农民职业分化方面，黑龙江农业经营人员 55 岁及以上的比例（26.9%）和女性比例（44.3%）均低于全国平均水平，农业经营人员接受高中及以上教育的比例（10%）和受过专业培训的人员比例（15.1%）均高于全国平均水平。虽然黑龙江土地流转比例较高，但流入普通农户的比重为25%；农户参与新型经营组织的比例仅为2.76%，远低于8.82%的全国平均水平；规模户和经营单位通过电子商务销售农产品的比重仅为0.39%，也远低于1.57%的全国平均水平。

第四节　农民职业分化与农地适度规模经营的现状

前面分析了农民职业分化与农地规模经营的耦合协调发展情况，结果显示全国所有省区市二者均处于失调状态。那么农民职业分化的广度和深度到底是什么状况？农地规模经营的状况及其适度性如何？本节重点讨论这两个问题，进一步分析农民职业分化与农地适度规模经营的空间异质性。

一　农民职业分化的状况及空间异质性

（一）农民职业分化广度

农民职业分化是农民由单纯的农业经营者分化为完全非农就业者、兼业者和新时代全职农民（职业农民），本书将研究对象确定为全职或兼营农地的农民，其职业分化的最终目标是逐渐向完全非农就业和职业农民过渡。所以，农民职业分化广度是指数量上农民非农就业的状况。

1. 农民非农就业总量逐年增加

由2013～2020年《农民工监测调查报告》数据可知，全国农民工就业总量在逐年增加（除2020年受疫情影响外），农民工非农就业比例每年均在99.5%以上，所以总体上农民非农就业总量也是在逐年增加，详见图3-2。其中农民非农就业在第二产业（制造业和建筑业）中的比重逐年下降，2020年占48.1%；在第三产业中的比重逐年上升，2020年占51.5%。

2. 非农就业比例存在较大的区域差异性

第三次全国农业普查数据显示，2016年全国农村劳动力非农就业比例为42.67%，但存在较大的区域差异性。其中农村劳动力非农就业比例最高的是浙江，达到60.53%；比例最低的是西藏，仅为16.25%（见图3-3）。低于全国平均水平的省区有河北、山西、内蒙古、辽宁、吉林、黑龙江、山东、河南、广西、海南、贵州、云南、西藏、陕西、甘肃、青海、宁夏、新疆，主要是中西部省份、东北三省和海南，这说明农民职业分化

图 3 - 2　2013~2020 年全国农民工就业总量

资料来源：2013~2020 年《农民工监测调查报告》。

的广度与区域经济发展水平呈现正相关关系。

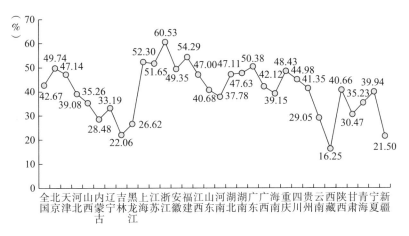

图 3 - 3　2016 年全国及 31 个省区市农村劳动力非农就业比例

资料来源：第三次全国农业普查数据。

（二）农民职业分化深度

农民职业分化的深度是指其非农就业的完全性、稳定性和全职经营农地的状况，用农民全职经营农地比例和非农就业稳定性衡量。

1. 农民非农就业稳定性整体水平不高，但其对城市归属感逐年增强

一般而言，以务工为主的农民非农就业形式相对于自营、公职就业形式稳定性较差，所以这里用农户非农就业中务工人员的比例表示其非农就业的稳定性。根据第三次全国农业普查数据，2016 年全国普通农户从事非

农职业的务工比例为 76.17%，规模经营农户从事非农职业的务工比例为 60.59%，这说明兼业农户非农就业的稳定性整体水平不高。无论是全国平均水平还是各个省区市的状况，与普通农户相比，规模经营农户非农就业的稳定性整体略高。各省区市农民非农就业稳定性也存在较大的差异，其中普通农户从事非农职业的务工比例在 65% 以下的只有海南、西藏和新疆，说明这三个地区兼业农户非农就业的稳定性水平相对较高；普通农户从事非农职业的务工比例在 80% 以上的有北京、上海、安徽、山东、重庆、甘肃、宁夏，说明这些地区兼业农户非农就业的稳定性水平相对较低，具体见图 3-4。

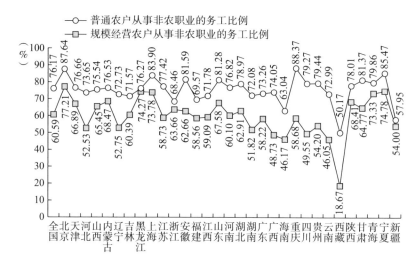

图 3-4　2016 年全国及 31 个省区市农户中从事非农职业的务工比例

资料来源：第三次全国农业普查数据。

另外，第三次全国农业普查数据显示，2016 年非农就业人员中离开本乡镇 6 个月以上的人员全国平均比例仅为 17.67%，最高的省份也仅有 33.10%，最低的为 3.95%。鉴于乡镇非农产业比重整体较低，就业机会相对较少，非农就业人员离开本乡镇 6 个月以上的比例偏低，说明非农就业稳定性整体不高，具体详见图 3-5。

非农就业农民对所在城市的归属感可以用其是否认为是居住地本地人和是否非常适应本地生活来衡量。2016～2020 年《农民工监测调查报告》显示，农民工认为是居住地本地人的比例由 2016 年的 35.6% 上升到 2020

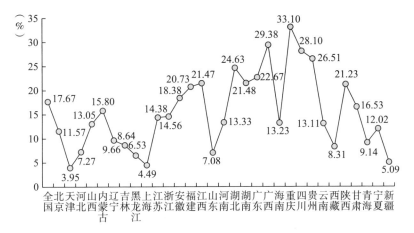

图 3 - 5　2016 年全国及 31 个省区市非农就业人员离开本乡镇 6 个月以上的比例

资料来源：第三次全国农业普查数据。

年的 41.4%；农民工认为非常适应本地生活的比例由 2016 年的 16.0% 上升到 2020 年的 23.8%。这两个指标数据均呈现逐年上升趋势，说明非农就业农民对所在城市的归属感逐年增强，有利于农民职业分化深度的增加，具体详见图 3 -6。

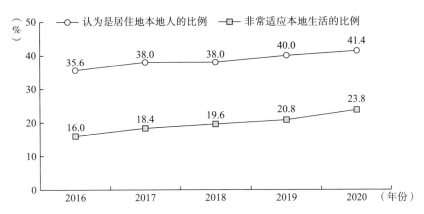

图 3 - 6　2016 ～ 2020 年非农就业农民对所在城市的归属感

资料来源：2016 ～ 2020 年《农民工监测调查报告》。

2. 农民全职经营农地的比例相对较低，农民经营农地专业性不足

农民职业分化深度的另外一个方面是农民经营农地的职业化程度，主要体现在农业经营者的全职程度、专业化程度和经营方式的市场化程度。第三次全国农业普查数据显示，2016 年全国普通农户中全职经营农地的比

例为 57.0%（见图 3 - 7），说明农业经营中兼业农户的比例依然较高，全职经营农地的农民比例偏低。其中普通农户全职经营农地的比例高于全国平均水平的主要有京津地区、东部地区（除山东外）、中部地区（除山西、河南外）、西部地区的四川和重庆。

全国规模经营农户全职经营农地的比例为 73.7%，相对高于普通农户全职经营农地的比例，但仍然存在超过 1/3 的农户兼业经营。其中规模经营农户全职经营农地的比例高于全国平均水平的省区有山西、内蒙古、辽宁、吉林、黑龙江、山东、云南、西藏、甘肃、青海和新疆；东部除山东外的省份、中部除山西外的省份、西部四川和重庆的规模经营农户全职经营农地的比例低于全国平均水平。

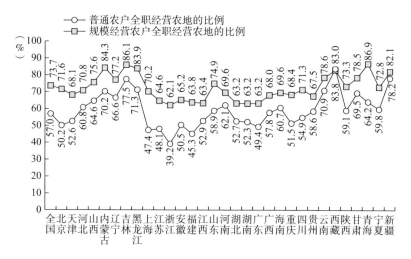

图 3 - 7　2016 年全国及 31 个省区市农户中全职经营农地的人员比例

资料来源：第三次全国农业普查数据。

无论是普通农户还是规模经营农户，经济发展水平较高的京津地区和东部地区，以及中部大部分农业大省和西部四川、重庆的农民全职经营农地的比例并不高，且低于全国平均水平。

农民经营农地的专业化是农民职业分化深度的另一体现。第三次全国农业普查数据显示，我国农业经营人员老龄群体比例和女性比例偏高，受教育程度和接受培训的比例偏低，参加新型经营组织的比重较低，说明我国农民经营农地的专业性整体不足。

其中，全国 55 岁及以上农业经营人员比重为 33.58%，农业经营人员中女性比例为 47.51%，这意味着我国农业经营人员中超过 1/3 是 55 岁及以上老人，且将近一半经营者是女性。55 岁及以上经营人员比重最高的是上海，为 62.97%；比重最低的是西藏，为 11.62%；比重超过 40% 的省市有北京、上海、江苏、浙江、湖北、重庆；比重低于 20% 的省区仅有西藏、青海、新疆。农业经营人员中女性比例只有浙江低于 40%，其他省份均在 45% 以上，说明农业经营人员老龄化和女性化特征突出，详见图 3－8。

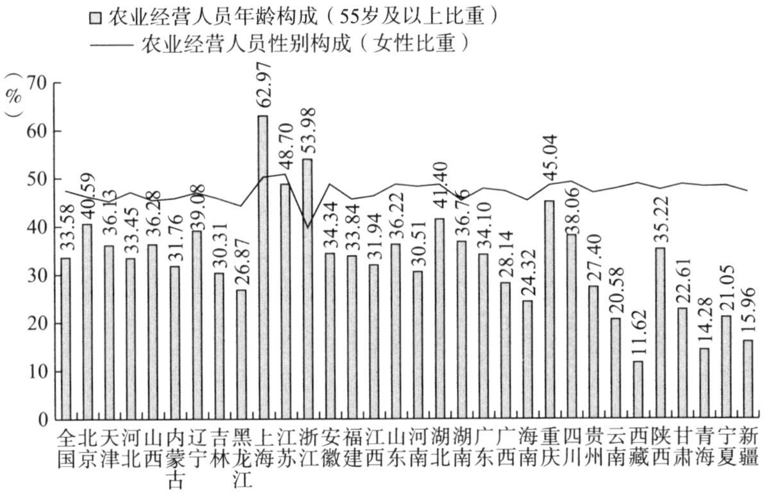

图 3－8　2016 年全国及 31 个省区市农业经营人员年龄及性别构成

资料来源：第三次全国农业普查数据。

　　全国农业经营人员中受过高中及以上教育的比例仅为 8.22%，接受过专业培训的比例为 11.03%（详见图 3－9），说明我国农业经营人员整体专业化水平较低。由不同经营主体参加新型农业经营组织数据可知，普通农户参加新型农业经营组织的比例为 8.64%，规模经营农户参加新型农业经营组织的比例为 19.09%（详见图 3－10），说明新型经营组织在我国农业经营中的带动作用有限。

　　从农业经营人员的全职化程度、老龄化和女性化水平、受教育程度和接受培训的比例、参加新型农业经营组织的比例可以看出，我国农民全职经营农地的比例相对较低，农民经营农地的专业性不足，农民职业分化深度不足。

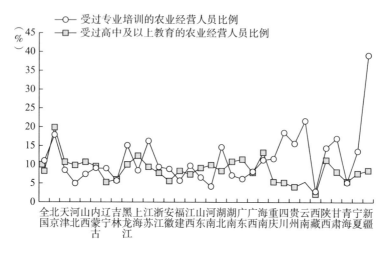

图3-9　2016年全国及31个省区市农业经营人员中受教育和接受培训状况

资料来源：第三次全国农业普查数据。

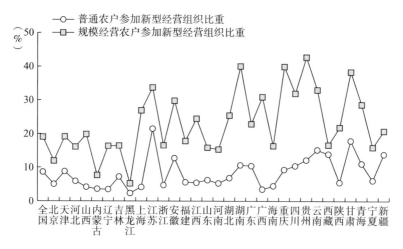

图3-10　2016年全国及31个省区市不同类型农业经营
主体参加新型经营组织的比重

资料来源：第三次全国农业普查数据。

二　农地适度规模经营的状况及空间异质性

农地适度规模经营是在规模经营的基础上提出的，是指在一定的适合环境和社会经济条件下，各生产要素（土地、劳动力、资金、设备、经营管理、信息等）的最优组合和有效运行，目的在于取得最佳的经济效益。

农地规模经营的"适度标准"是一个动态、多层次概念，空间异质性决定了其没有唯一的标准，只能利用要素的配置状态判断农地规模经营是否处于适度状态。所以，这里首先分析农地规模经营的状况，再进一步分析农地规模经营的适度性。

（一）我国农地规模经营的状况及区域差异性

1. 农地流转实现规模经营的比例较低，较高比例的农地仍由普通农户经营

第三次全国农业普查数据显示，2016 年全国农地流转比例平均为19.46%，但流转农地中有 27.86% 在普通农户间流转（见图 3 - 11 和图 3 - 12），农地流转后被规模经营户和经营单位进行规模经营的农地占比仅为14.04%（见图 3 - 13），说明通过农地流转实现农地规模经营的比例较低。其中农地流转比例较高的是北京和上海，分别为 52.09% 和 72.67%，但农地流转在农户间进行的比例较低，分别为 18.20% 和 9.52%，说明这两个地区通过农地流转较好地实现了农地规模经营，特别是上海有 65.76% 的农地实现了规模经营。

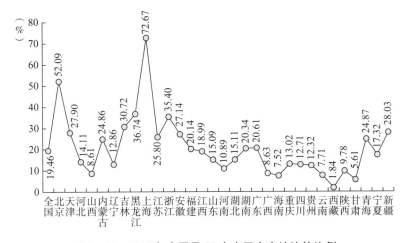

图 3 - 11　2016 年全国及 31 个省区市农地流转比例

资料来源：第三次全国农业普查数据。

全国除北京、上海外农地流转比例均不高，流转比例超过 30% 的省份只有吉林、黑龙江和浙江，而且东北三省中辽宁仅为 12.86%，河北、辽宁、吉林、江西、山东、湖北、广东、四川等农业大省的农地有较高比例

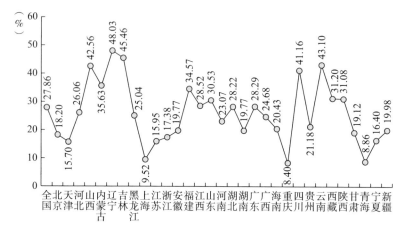

图3-12　2016年全国及31个省区市流转农地在普通农户间流转的比例

资料来源：第三次全国农业普查数据。

在普通农户间流转。农地流转在普通农户间流转的比例高于40%的省份有山西、辽宁、吉林、四川、云南。

结合农地流转比例和农地在普通农户间流转比例的情况，农地流入规模经营户和经营单位的面积占总耕地面积的比重整体并不高（详见图3-13），只有北京和上海超过了30%，其他省份均低于30%。这说明虽然经过多年农地流转，但全国农地规模经营整体水平并不高，仅通过农地流转实现农地规模经营的效果并不理想，需要寻求非农地流转视角下农地规

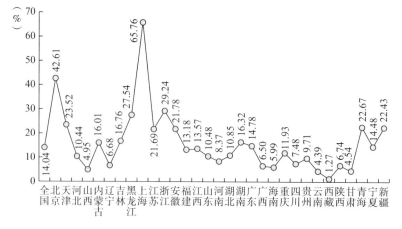

图3-13　2016年全国及31个省区市流入规模经营户和经营单位

农地面积占总耕地面积的比重

资料来源：第三次全国农业普查数据。

模经营的路径。

　　我国不仅农地规模经营整体水平较低，而且农地经营主体仍以普通农户为主，全国农业经营人员中普通农户所占比例为 92.42%，说明我国农地经营仍是以小农户为主的传统经营。全国各省区市经营人员中普通农户占比最低的是黑龙江，但比例也为 68.48%，北京、上海、新疆的比例在 80% 以下，其他省份的比例均在 80% 以上且大部分在 90% 以上（见图 3 – 14）。

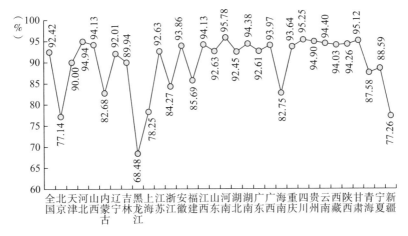

图 3 – 14　2016 年全国及 31 个省区市农业经营人员中普通农户所占比例
资料来源：第三次全国农业普查数据。

　　2. 农业大省（河南）农地规模经营的状况及农地异质性

　　根据河南省第三次全国农业普查数据可知，农业大省河南农业经营主体仍以传统经营农户（普通农户）为主，传统经营农户占比为 95%，规模经营户和经营单位占比仅为 5%。而且传统农户经营农地比例达到 86%，即被规模经营户和经营单位进行规模经营的农地比例仅为 14%。各地市农业经营主体中传统农户占比差异性不大，均在 90% 以上，比例最低的邓州市也有 91%。各地市普通农户经营农地比例虽然存在一定的差异性，但低于 80% 的地市仅有焦作市和漯河市两个，分别为 74% 和 78%，说明这两个地市农地被规模经营户和经营单位进行规模经营的比例较高（详见图 3 – 15）。

　　根据河南省粮食主产县市的数据，单位劳动力经营农地面积最大的新乡县为 22.64 亩，最小的禹州市为 5.22 亩，各县市之间存在较大的差异性（见图 3 – 16）。单位劳动力经营农地面积超过 20 亩的粮食主产县仅有西平县和新乡县，说明河南省粮食主产县市整体农地规模经营水平偏低。从农

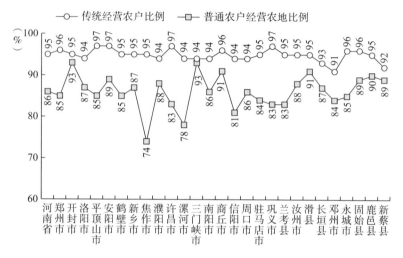

图 3-15　2016 年河南省传统经营农户比例和普通农户经营农地比例

资料来源：河南省第三次全国农业普查数据。

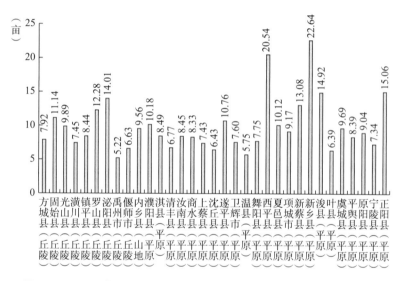

图 3-16　2016 年河南省粮食主产县市不同农地特征下劳均农地面积

资料来源：河南省第三次全国农业普查数据。

地特征（平原、丘陵和山地）看，并没有明显的差异，以丘陵为主的粮食主产县固始县、罗山县和泌阳县劳均经营农地面积超过 10 亩，以平原为主的粮食主产县清丰县、沈丘县、温县、叶县劳均经营农地面积低于 7 亩，说明农地特征并不是农地规模经营水平的绝对影响因素。但以劳均经营农地面积超过 10 亩为标准进行对比，以平原为主的粮食主产县市达到该标准的比例高于以丘陵和山地为主的粮食主产县市，说明农地特征以平原为主的地区进行规模经营的概率相对较高。另外，根据河南省 632 份调查数据，平原地区劳均农地面积为 4.46 亩，丘陵地区劳均农地面积为 3.57 亩，山地劳均农地面积为 3.68 亩。这说明从整体上看，以平原为主的地区农地规模经营水平相对较高，但也有少部分丘陵和山地农地规模经营水平较高。

（二）基于农民职业分化广度的农地适度规模经营测度

考虑当前农户兼业比重较高，无法测度服务型规模经营的状况，这里仅基于农户家庭收入最大化目标，测算单位劳动力应该拥有的经营农地面积，并与现状进行比较。

1. 农地适度规模经营测度方法

假设在农业技术水平保持不变的条件下，以单位农业劳动力为研究对象，农业产出与土地、资本要素投入有关，那么生产函数可以写为：

$$Q = F(K,N) \tag{3-9}$$

其中，Q 为单位劳动产出，K 为单位劳动资本投入，N 为单位劳动经营土地面积，引入柯布－道格拉斯生产函数，则：

$$Q = AK^{\alpha}N^{\beta}（其中 \alpha，\beta 均为大于零的常数） \tag{3-10}$$

假定农业劳动力经营粮食作物，以追求利润最大化为目标，其利润函数可以写为：

$$\pi = PQ + T_r N - (1 + P_K)K - P_N N - P_L \tag{3-11}$$

其中，P 为当年粮食平均价格；T_r 为单位土地国家补贴；P_K、P_N、P_L 分别为农业资本投入价格、土地租金（机会成本）、单位农业劳动工资率。根据多元函数极值条件，可得：

$$\frac{\partial \pi}{\partial K} = A\alpha K^{\alpha-1}N^{\beta} - (1 + P_K) = 0 \tag{3-12}$$

$$\frac{\partial \pi}{\partial N} = A\beta K^{\alpha}N^{\beta-1} + T_r - P_N = 0 \tag{3-13}$$

那么单位劳动力追求利润最大化目标下的农地适度规模应该为：

$$H_{\max} = \frac{\beta K(1 + P_K)}{\alpha(P_N - T_r)} \qquad (3-14)$$

对生产函数两边取自然对数，可以变换为：

$$\ln Q = \alpha \ln K + \beta \ln N \qquad (3-15)$$

通过估算 α 值和 β 值，再查找出式（3-14）中的相关数据，可以估算出单位农业劳动经营的适度农地规模，再与实际的单位劳动经营农地规模相比较，分析是否实现了农地适度规模经营。

2. 农地适度规模测算结果

选取 2001~2016 年全国 13 个主要产粮地区辽宁、河北、山东、吉林、内蒙古、江西、湖南、湖北、四川、河南、江苏、安徽和黑龙江的单位劳动力粮食产出、单位劳动力家庭农业生产性支出和单位劳动力农地面积的数据，采用固定效应模型估计出 α 值和 β 值，分别为 0.27 和 0.89。再根据式（3-14），利用 2016 年相关数据估算各省区的单位劳动力最适宜的农地规模，其中 2016 年农地流转租金取全国平均水平 600 元，粮食补贴取全国平均水平 200 元，资本投入价格取年利率 6%。估算主要产粮地区农地适度规模经营下的单位劳动力农地面积，详见表 3-6。

表 3-6　2016 年全国 13 个主要产粮地区单位劳动力适度
农地规模与实际比较

单位：亩

省区	辽宁	河北	山东	吉林	内蒙古	江西	湖南	四川	河南	湖北	江苏	安徽	黑龙江
N	9.03	4.93	4.14	16.90	23.90	4.14	3.61	4.16	3.74	5.80	5.40	5.65	34.60
H	49.9	31.7	36.3	56.3	35.5	25.1	17.3	19.3	18.5	41.5	32.6	17.8	64.9

注：N 为 2016 年的单位劳动力（经营人员）农地面积；H 为劳均适度农地规模。

由表 3-6 估算结果可知，单位劳动力追求农地收入最大化目标应该达到的适度农地规模与实际劳均农地面积相比，13 个主要产粮地区均未达到适度规模经营水平，只有内蒙古和黑龙江超过适度农地规模的 50%，吉林和安徽超过了 30%，湖南、四川、河南超过了 20%，其余各省均未超过 20%。所以，13 个主要产粮地区均没有达到基于单位劳动力收入最大化目标的适度农地规模，也证实了目前土地流转比例较低，农村仍然滞留了较多的劳动力，农民职业分化不合理，农地资源和劳动力资源没有得到最优配置。农地适度规模经营程度的估算结果进一步说明，需要推动我国农民职业合理分化，以及寻求多元化农地规模经营的路径。

第五节　本章小结

综合以上分析，本章可以得出以下结论。

第一，我国农民职业分化与农地规模经营存在耦合关系，需要二者耦合发展。我国农民职业分化与农地流转存在相互促进和相互制约的关系，农民职业分化在满足一定前提条件下才能推动农地规模经营。虽然农民职业分化推动了农地流转，但农地流转呈现滞后状态，导致我国农地并未实现高水平的规模化经营。我国农民职业分化与农地规模经营并不是简单的因果关系，并不是发展其中一个方面就可以推动另外一个方面。单纯推动劳动力向非农转移并不能实现农地规模化经营，因为存在劳动力个体差异和区域差异。大范围推动农地流转以实现规模经营也并不一定能够促使农民职业合理分化，因为违背农民意志的农地流转并不能彻底解决农民向稳定非农就业和职业农民转化的问题。

第二，我国农民职业分化与农地规模经营耦合发展处于失调水平。农民职业分化与农地规模经营并不是同步发展，二者发展失调，大部分地区处于严重失调状态，少数地区处于中度失调状态。根据全国各省区市数据估算，二者耦合发展不仅失调程度不同，而且失调类型也存在差异，具体有农民职业分化滞后型和农地规模经营滞后型。

第三，农民职业分化的广度逐年拓展，但农民职业分化的深度不足。农民职业分化的广度体现在非农就业数量上，本章发现其呈现逐年增加态势，且与区域经济发展水平呈现正向平行发展趋势。但农民非农就业稳定性不高，经营农地的职业化和专业化水平较低。无论是农民职业分化的广度还是深度，均存在空间异质性。

第四，农地规模经营水平较低，但适度性存在区域差异。通过农地流转实现规模经营的比例较低，较高比例的农地仍由普通农户经营。从整体上看，以平原为主的地区农地规模经营水平高于山地和丘陵地区，但也存在少部分丘陵和山地农地规模经营水平与平原地区相当。从农地流转的角度和农户收益最大化目标看，推行农地流转并不是实现农地规模经营的唯一途径。比如当前农地流转供给和需求均不足的区域，说明农户处置农地的状态已使其利益最大化，当前农地流转并不是持续扩大农地经营规模的最佳途径。但从提高农业生产效率的角度出发，这些区域可以选择农地规模经营的第二个路径，即统一服务下小农户经营，通过服务统一小农户经营行为，仍然可以实现农地经营规模化。

第四章

农民职业分化、农地规模经营与农业生态效率

　　1987 年挪威首相布伦特兰夫人在《我们共同的未来》报告中第一次提出"可持续发展"的概念，可持续发展的基本要求是在保证经济增长的同时保护资源和环境。农业可持续发展是在农业领域保护农业相关资源和农业生产环境，其中农地资源充分利用和农业生产环境保护至关重要，农业生态效率也是学术界一个重点研究的方向。第三次全国农业普查数据显示，2016 年小农户占所有农业经营主体的比例为 92.4%，且以兼业经营为主，经营耕地面积占总耕地面积的 70%。中国农民职业分化不彻底和小农户以兼业经营农地为主，使得大量农地抛荒、低效率经营和农业生态系统脆弱化等现象出现。根据《第一次全国污染源普查公报》，农业污染源已经成为中国第一大污染源。实现农业可持续发展需要提高农业生态效率和发展生态农业，然而农户兼业经营农地是否有利于提高农业生态效率？农民兼业程度和农地规模经营程度如何影响农业生态效率？这些问题亟须验证。所以，本章将分析农民职业分化、农地规模经营对农业生态效率的影响，从而验证二者耦合发展的必要性。

第一节　农业生态效率的测度与分析

一　考虑非期望产出 SBM 模型的农业生态效率测度方法

　　与传统的农业生态效率测度相比，农业生态效率的测度不仅要考虑期望产出，还要考虑非期望产出，主要包括化肥、农药、地膜等化学品的使用导致的农地环境污染。早期的数据包络分析（DEA）中的 SBM 模型无法

加入非期望产出，Tone（2001）对 SBM 模型进行了改进，综合衡量投入和产出（期望产出、非期望产出）的关系，提出了考虑非期望产出的 SBM 模型。

假定农业生产过程的决策单元（DMU）有 N 个，每一组决策单元由三组向量组成，分别为投入向量、期望产出向量和非期望产出向量。定义三组向量 $x \in R^d$、$y \in R^g$、$z \in R^b$ 分别表示每一决策单元中有 d 类投入要素、g 类期望产出、b 类非期望产出。将 X、Y、Z 三个矩阵分别定义为 $X = [x_1, x_2, x_3, \cdots, x_n] \in R^{d \times n}$，$Y = [y_1, y_2, y_3, \cdots, y_n] \in R^{g \times n}$，$Z = [z_1, z_2, z_3, \cdots, z_n] \in R^{b \times n}$，其中 X、Y、Z 均为正值。可以将包含非期望产出的生产可能集合表示为：

$$p = \{(x,y,z) \mid x \geq \gamma X, y \geq \gamma Y, z \geq \gamma Z, \gamma \geq 0\}$$

那么，基于变动规模报酬的情况，考虑非期望产出的 SBM 模型可以设定为：

$$\rho = \min \frac{1 - \dfrac{1}{q} \sum_{i=1}^{q} \dfrac{f_i^d}{x_{i0}}}{1 + \dfrac{1}{\alpha_1 + \alpha_2} \left(\sum_{m=1}^{\alpha_1} \dfrac{f_m^g}{y_{m0}} + \sum_{r=1}^{\alpha_2} \dfrac{f_r^b}{z_{r0}} \right)}$$

$$\text{s. t.} \ \ x_0 = X\mu + f^d, y_0 = Y\mu + f^g, z_0 = Z\mu + f^b$$

$$\sum_{i=1}^{n} \mu_1 = 1, f^d \geq 0, f^g \geq 0, f^b \geq 0$$

其中，f^d、f^g、f^b 分别为投入、期望产出和非期望产出的松弛变量，μ 为权重向量，模型中的下标 0 为评价单元。ρ 表示决策单元的生态效率，其数值介于 0 和 1 之间，当 $\rho = 1$，即 f^d、f^g、f^b 均为零时，决策单元是有效的；当 $\rho < 1$ 时，则意味着决策单元存在效率损失。

二　指标选取与数据来源

投入指标：基于生产函数中劳动力、土地、资本等主要投入要素，选择投入指标。劳动力投入用农林牧渔业从业人员数量表示；土地投入用农作物播种面积衡量；资本投入指标有农用机械总动力、化肥投入量、农药施用量和农用塑料薄膜使用量。

产出指标：期望产出用实际农业增加值表示，由于选择区域均为粮食主产县市，该指标与投入指标中农林牧渔业从业人员、农作物播种面积数据并不完全一致，但基本能够处于同一口径。非期望产出指标利用化肥、农药和塑料薄膜残留造成的环境代价表示，其中利用第一次全国污染源普查中的农药流失、农田地膜残留系数手册获得相应残留系数，然后乘以各县市农药、塑料薄膜的投入，得到其残留数值；采用赖斯芸等（2004）、田红宇和祝志勇（2018）的方法提取 TN（总氮）、TP（总磷）作为化肥残留数据。

数据来源：本章数据主要来源于《中国县域统计年鉴》、EPS 县市数据库、《河南统计年鉴》等。

三　农业生态效率比较与空间特征

本章基于产出角度，利用 DEA-SOLVER 软件对 2003～2016 年 33 个粮食主产县市的农业生态效率进行了测度。鉴于篇幅有限，本章只呈现按照年份和按照县市平均化处理后的农业生态效率值。

首先，将各县市 14 年的农业生态效率进行平均化处理，比较每个县市的农业生态效率水平（详见图 4-1）。其中农业生态效率较高的县有光山县、淇县和新乡县；而农业生态效率较低的县有宁陵县、汝南县、新蔡县。从 14 年的平均值看，农业生态效率在 0.6 以上的县市仅有 11 个，仅占 1/3，说明河南整体农业生态效率并不高。

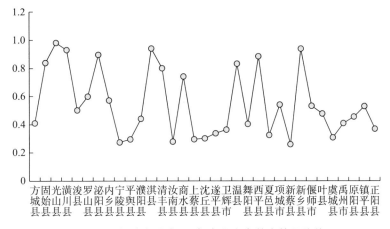

图 4-1　河南各县市 14 年农业生态效率的平均值

其次，农业生态效率明显低于传统农业生产效率，并且存在农地异质性（详见图 4-2）。从 2003～2016 年 33 个县市的平均值可以看出，农业生态效率与传统农业生产效率变化趋势基本一致，均呈现一定的递增趋势，但前者明显低于后者且差距未缩小；山地和丘陵地区生态效率高于平原地区的生态效率。如果利用传统农业生产效率进行测度和分析，明显会忽视农业生产中的环境代价，高估农业生产率。所以，本章后面将利用农业生态效率进行分析，并分析其农地异质性。

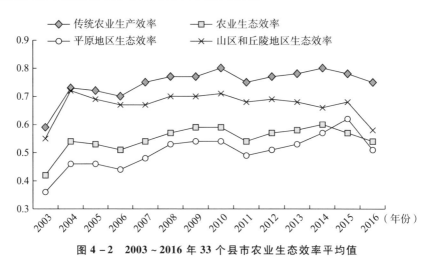

图 4-2　2003~2016 年 33 个县市农业生态效率平均值

第二节　农民职业分化、农地规模经营对农业生态效率影响的理论分析

学术界关于农业经营效率的研究主要从两个方面进行：一是农业生产效率；二是农业生态效率。前期研究主要以农业生产效率为主，包括单要素（劳动力、土地）产出效率和全要素生产率；后期研究主要以生态效率为主。本节主要规范分析农民职业分化、农地规模经营对农业生产效率和生态效率的影响，并选择其中之一为目标进一步验证农民职业分化和农地规模经营耦合发展的必要性。

一　农民职业分化、农地规模经营对农业生产效率的影响

（一）农民职业分化对农业生产效率的影响

农民职业分化起源于农村劳动力非农就业，前期文献针对农民职业分

化广度对农业生产效率影响的研究较多，但结论并不完全一致。秦立建等（2011）认为，农村劳动力非农就业会减少农业劳动投入量，特别是会造成农村青壮年劳动力流失。黄祖辉等（2014）认为，农村劳动力非农就业有利于调整农业产业结构，对提升农业生产效率有正向促进作用。李明艳（2012）认为，农民职业分化后在省内非农就业可以提升农业生产效率，在省外非农就业对提升农业生产效率反而有负向作用，即农民非农就业对农业生产效率的影响具有区域差异性。张海波（2016）利用省级面板数据检验分析发现，农民职业分化后非农就业能够显著提升农业全要素生产率。别朝霞和刘行（2017）利用省级面板数据分析发现，农村劳动力非农就业对农业生产效率的影响存在区域差异性，其作用效果大小按照西南地区、中南地区、东北地区、华北地区、华东地区以及西北地区顺序呈现递减规律。钟甫宁等（2016）利用调研数据从要素替代的角度分析了农民职业分化后非农就业对粮食生产的影响，农地地貌特征会影响农业生产效率，相对于山地、丘陵地区，平原地区农村劳动力非农就业对粮食生产的正向影响相对较大。

（二）农地规模经营对农业生产效率的影响

虽然针对农地流转后农地经营规模扩大对农业生产效率影响的研究颇多，但观点并不一致。张建和诸培新（2017）通过对江苏省调研数据的分析发现，农户之间自发流转土地并不能提高农业全要素生产率。王丽英等（2017）通过对农户调研数据的分析发现，在不改变农业经营方式的条件下，农地流转引起的农地经营规模扩大对提高农业生产效率并没有促进作用。许庆等（2011）通过调研个体农户并对调研数据进行实证分析发现，仅仅通过土地流转扩大农地经营规模并不能达到产生规模经济的目的，而且对单位土地粮食产量增加会产生负向作用，但可以提高劳动生产率和农民收入。鄢姣等（2018）利用中国家庭追踪调查数据实证分析发现，农户转入农地后扩大农业经营规模有利于提高劳动生产率和土地生产率。王亚辉等（2017）利用省级面板数据实证检验发现，扩大农地经营规模对劳动生产率的影响并非线性，前期对劳动生产率有显著提升作用，且存在区域差异性，但后期促进作用并不显著。

当前在以传统小农户分散经营农地为主的农业经营方式下，增加农民收入与提高农业生产效率两个目标并不能同步实现。在平原地区，农民职业分化后仍能采用传统经营方式经营较大面积的农地，在影响非农收入的情况下获得更高农业收入，但并不能明显提升农业生产效率；在山地和丘陵地区，农民要想扩大农地面积、获得更高收入，势必要放弃非农劳动时间，在农业生产中投入更多劳动力、采用更先进的经营方式、投入更多技术和资本，从而提高农业生产效率，但会降低农民非农收入。

二　农民职业分化、农地规模经营对农业生态效率的影响

理论上，农业生态效率的提升有外生和内生两条路径：一是外生技术推动下生产技术进步，农业投入要素基本不变，通过良种研发与推广使用、生产过程中的技术改进，实现农业污染面源减少；二是内生经营理念和经营方式的改变，通过农业产业化、市场化经营，提升农业投入要素配置效率和推进绿色化生产，减少农业生产的环境代价，实现农业生态效率提升。这两条路径都要基于农地经营规模的扩大或农户经营行为的统一，同时要脱离分散式家庭传统农业经营方式。农民职业分化包括农民非农就业及兼业状况，会影响农民对土地和劳动力要素的配置，决定了农户经营行为的统一程度。所以，有必要研究农民职业分化、农地规模经营对农业生态效率的影响。

农民职业分化分为广度与深度，广度是指农民非农就业比例，深度是指农民非农就业和经营农业的职业化程度。农民职业分化广度越大，非农就业比例就越大；农民职业分化深度越大，农民非农就业和全职经营农业越彻底，兼业程度越低。随着农民非农就业比例的增加，农业生态效率是否能够提升并不确定，它取决于农地经营规模状况和农民兼业程度。如果有较高比例的农民选择非农就业且兼营农业，农业经营规模偏小或土地流转仍在小农户中进行，那么农地经营可能处于被忽视状态，对农业生态效率提升反而不利。如果随着农民非农就业的职业化程度提升，农地经营规模扩大和经营方式改变，那么农业生态效率会提高。不同农地特征条件下，农地区位优势和自然禀赋存在差异，农民职业分化和农地规模经营状况均会影响农户对农业经营方式的选择，进而影响农业生态效率。

通过前面的分析可知，无论是以农业生产效率为目标，还是以农业生态效率为目标，农民职业分化和农地规模经营耦合发展均具有必要性，但

也存在诸多不确定的结论。本章以农业生态效率为目标进行研究，并基于前面规范分析提出以下假设。

假设1：农民职业分化广度拓展并不一定会提升农民职业分化深度，二者发展状况将会影响农业生态效率，且作用方向不确定。

假设2：农地经营规模扩大有利于改变传统农地经营方式，提高农业生态效率。

假设3：农民职业分化、农地规模经营对农业生态效率的影响存在区域分异性和农地异质性。

第三节　实证检验与结果分析

一　模型设定及变量说明

为了验证农民职业分化、农地规模经营对农业生态效率的影响，建立基本模型见式（4-1）。

$$Ec_i = \alpha_0 + \alpha_1 Fc + \alpha_2 Nc + \alpha_3 Aal + \sum \beta_i Controls_i + \varepsilon_i \qquad (4-1)$$

其中，Ec_i 为被解释变量农业生态效率，用前面测算出的2003~2016年33个县市农业生态效率值衡量；主要的被解释变量为 Nc、Fc 和 Aal，分别代表农民职业分化广度、深度和农地规模经营程度，分别选择农民非农就业比例、兼业程度和劳均农地经营面积衡量。控制变量基于柯布-道格拉斯生产函数，选择农地生产中可能投入的要素，其中用农业机械总动力（$Tpam$）表示农业生产中资本投入水平；用人均教育投入（Edu）代表农村教育状况，衡量人力资本水平；用人均GDP（$Pgdp$）衡量区域经济发展水平；用种植业作物结构（Asl）表示农业生产结构变化，衡量农地经营市场化程度；用化肥施用量（Fei）、复种指数（Mci）表示农业经营方式；用年末金融机构各项贷款余额（Loa）代表区域金融对农业发展的支持程度。

二　数据来源及描述性统计

利用河南省33个产粮县市2003~2016年的县级面板数据，数据来源于《中国县域统计年鉴》、河南省县市统计数据库、河南省各地市统计年鉴、EPS 数据平台等，通过剔除缺失数据获得平衡面板数据。

解释变量中农民职业分化广度（Nc）用非农就业比例衡量，用各区域第二、第三产业从业人员占三次产业总从业人员的比例表示；农民职业分化深度（Fc）用农民兼业程度反向衡量，采用各区域整体非农收入占家庭收入的比例表示；农地规模经营程度（Aal）用劳均经营农地面积（公顷）衡量，用农作物播种面积除以第一产业从业人员数量并取对数表示；农业机械总动力（$Tpam$）（万千瓦）、化肥施用量（Fei）（吨）和年末金融机构各项贷款余额（Loa）（万元）用原始数据并取对数表示；人均教育投入（Edu）和人均 GDP（$Pgdp$）基于区域年末总人口得到并取对数；种植业作物结构（Asl）用粮食作物播种面积与非粮食作物播种面积之比表示；复种指数（Mci）用农作物播种面积除以耕地面积表示。具体数据的描述性统计结果如表 4 − 1 所示。

表 4 − 1　数据描述性统计结果

变量	样本量	均值	标准差	最小值	最大值
Ec	462	0.548	0.267	0.160	1.000
Fc	462	0.482	0.157	0.072	0.841
Nc	462	0.486	0.142	0.080	0.909
$\ln Aal$	462	1.670	0.327	0.776	2.763
$\ln Tpam$	462	4.362	0.536	2.990	5.388
$\ln Edu$	462	5.836	0.779	4.224	7.158
$\ln Pgdp$	462	9.560	0.733	7.879	11.298
Asl	462	3.354	3.002	0.969	23.498
$\ln Fei$	462	10.921	0.677	8.542	13.183
$\ln Loa$	462	13.389	0.693	11.523	15.055
Mci	462	1.968	0.228	1.064	2.693

三　实证结果与分析

由于被解释变量为分布于（0，1］的农业生态效率值，明显具有截断特征，利用 OLS 估计是非一致且有偏的，故采用面板 Tobit 模型进行回归分析。由于固定效应的 Tobit 模型找不到个体异质性的充分统计量，无法进行条件最大似然估计，即便是直接在混合 Tobit 回归中加入面板单位的虚拟变量，所得的固定效应估计结果也是不一致的。所以，本章拟采用随机效应的 Tobit 模型，通过 LR 检验，结果显示存在个体效应，可以采用随机效应的面板 Tobit 回归。回归分析前进行方差膨胀因子（VIF）的共线性检验，对相应的变量取自然对数后，最大的 VIF 为 4.33，平均 VIF 的值为 2.42 < 10，表明各解释变量间不存在多重共线性问题。在回归分析过程中，采用总体样本回归、按照种植作物类型（小麦、水稻）不同分南北两个区域回归、按照农地特征分平原和非平原地区（山地、丘陵）回归，具体回归结果如表 4 - 2 所示。

表 4 - 2　农业生态效率随机效应的面板 Tobit 回归结果

变量	（1）	（2）	（3）	（4）	（5）
	总样本	南部	北部	平原	非平原
Fc	- 0.572 ***	- 0.700 ***	- 0.367 ***	- 0.455 ***	- 0.989 ***
	(0.0609)	(0.0835)	(0.0868)	(0.0756)	(0.101)
Nc	- 0.224 **	0.766 ***	- 0.580 ***	- 0.345 ***	0.835 ***
	(0.105)	(0.220)	(0.111)	(0.111)	(0.314)
$\ln Aal$	0.155 ***	- 0.296 **	0.240 ***	0.205 ***	- 0.286 **
	(0.0474)	(0.123)	(0.0466)	(0.0512)	(0.129)
$\ln Tpam$	- 0.123 ***	- 0.223 ***	- 0.0423	- 0.0832	- 0.0557
	(0.0330)	(0.0490)	(0.0555)	(0.0521)	(0.0437)
$\ln Edu$	- 0.00709	0.0583	- 0.0426	0.0259	0.00807
	(0.0295)	(0.0485)	(0.0382)	(0.0394)	(0.0429)
$\ln Pgdp$	0.143 ***	0.0414	0.235 ***	0.158 ***	- 0.0490
	(0.0330)	(0.0489)	(0.0485)	(0.0436)	(0.0508)
Asl	- 0.00939	0.00150	- 0.00747	- 0.0116 *	0.00905
	(0.00593)	(0.0185)	(0.00577)	(0.00634)	(0.0343)
$\ln Fei$	- 0.0402 ***	- 0.0159	- 0.0859 ***	- 0.0533 ***	- 0.0348 *
	(0.0145)	(0.0177)	(0.0243)	(0.0200)	(0.0188)
$\ln Loa$	- 0.000540	0.0450	- 0.0647 *	- 0.0487 *	0.0775 *
	(0.0247)	(0.0323)	(0.0366)	(0.0291)	(0.0438)

续表

变量	（1）	（2）	（3）	（4）	（5）
	总样本	南部	北部	平原	非平原
Mci	-0.00860	0.0988	-0.0451	-0.0861	0.105
	(0.0485)	(0.0831)	(0.0623)	(0.0868)	(0.0716)
常数项	0.381	0.614	0.685 *	0.695 *	0.946 **
	(0.270)	(0.384)	(0.401)	(0.367)	(0.439)
sigma_u	0.183 ***	0.190 ***	0.134 ***	0.182 ***	0.126 ***
	(0.0243)	(0.0354)	(0.0300)	(0.0312)	(0.0309)
sigma_e	0.105 ***	0.104 ***	0.0928 ***	0.104 ***	0.0907 ***
	(0.00360)	(0.00483)	(0.00477)	(0.00432)	(0.00565)
N	462	252	210	322	140
LR	401.8	194.78	128.53	234.65	67.53
	(0.00)	(0.00)	(0.00)	(0.00)	(0.00)

注：括号中数据为标准误；* 、** 和 *** 分别代表在 10% 、5% 和 1% 的水平下显著。

1. 较低的农业职业分化深度不利于农业生态效率提高

农民职业分化深度是利用农民兼业比例反向衡量的，农民兼业比例越高说明农民职业分化深度较低。回归结果显示，随着农民兼业比例的增加，农业生态效率降低的概率较显著，而且在分区域和分农地类型的分组回归结果也显著为负。这说明农民非农就业后兼营农业是农民职业分化深度较低的表现。在当前农民家庭收入以非农收入为主的状况下，兼业导致其忽视农业经营，固化其传统经营理念，不利于农业生态化经营。虽然分区域和分农地特征的回归结果均显示农民兼业对农业生态效率有负向作用，但这种负向作用的发生概率在南部小麦主要种植区高于北部水稻主要种植区，在非平原地区高于平原地区。第三次全国农业普查数据显示，从农业经营机械化程度（机耕、机播和机收比例）看，小麦种植区域高于水稻种植区域，这意味着小麦主要种植区农民投入农业劳动的时间更少，更易忽视农业经营，所以农民兼业经营小麦类作物时降低农业生态效率的概率更高。相对于平原地区，山地和丘陵地区农地经营难度较大，农业平均收益水平较低，导致农民兼业经营农地的重视程度较低，同时抛荒比例较高，所以该区域农民兼业程度增加导致农业生态效率降低的概率偏高。

2. 农民职业分化广度对农业生态效率的影响存在区域差异和农地异质性

总体上看，农民职业分化广度（农民非农就业比例）增加不利于农业生态效率提高，存在显著降低农业生态效率的概率。第三次全国农业普查数据显示，普通农业经营户中高中及以上学历的劳动力人数占比仅为 7.3%，55 岁以上的劳动力人数占比为 34.6%，女性劳动力人数占比为 47.8%，受过农业技术培训的劳动力人数占比为 9.9%，凸显了非农就业中高人力资本外流、农业经营劳动力老弱化、农业技能培训不足等特征。这些特征限制了农民进行传统农业的改造，从根本上造成了农民改变农业经营方式的动力不足，成为提高农业生态效率的瓶颈。

农民职业分化广度对农业生态效率的影响呈现区域差异性，且作用方向不同。在不考虑农民职业分化深度、农地规模经营水平和控制其他变量的情况下，农民非农就业比例增加对农业生态效率的影响在小麦主要种植区呈正向作用，但在水稻主要种植区呈负向作用。这可能是因为随着农民非农就业比例的增加，小麦主要种植区与水稻主要种植区相比，更易采用规模化、市场化经营，对农业生态效率提升有利。农民职业分化广度对农业生态效率的影响也因农地特征不同而存在差异，且作用方向不同。农地特征以平原为主的区域，农民非农就业比例增加造成农业生态效率的降低；农地特征以山地和丘陵为主的区域，农民非农就业比例增加可以促使农业生态效率提高。以山地和丘陵为主的地区农民非农就业后，选择农业经营的农户更多以非粮作物经营为主，更倾向于市场化和生态化经营方式，前文山地、丘陵地区的生态效率高于平原地区能够证实这种结果。

3. 扩大农地经营规模有利于提高农业生态效率

总体上看，扩大农地经营规模对提高农业生态效率的影响具有显著的正向作用，但按照区域和农地特征分组分析，组内影响方向并不一致。这说明总体上扩大农地经营规模，有利于改变传统农业经营方式，促进农业生态效率提升。然而在南部小麦主要种植区域，农地经营规模扩大对农业生态效率有显著的负向作用；在北部水稻主要种植区域，这种影响为正。这说明在当前以小农户为主的农地经营模式下，单位面积小麦种植相对于水稻等其他作物占用的非农时间更少，经营农地的机会成本较低，农民通过土地流转扩大农地经营规模对其非农收入的影响并不大，所以农民并不会考虑改变传统的经营方式。但经营水稻等其他作物所需劳动时间相对较多，经营农地的机会成本较高，农民扩大农地经营规模则会考虑增加农业劳动时间，为弥补农业劳动的机会成本将会改变传统农业经营方式，选择生态化和市场化经营模式。

平原地区农地经营规模扩大有利于提高农业生态效率，但山地、丘陵地区农地经营规模对农业生态效率的影响却呈现负向作用。第三次全国农业普查数据显示，普通农户占所有经营主体的比重为92.4%，即使通过土地流转转入农地，扩大经营规模，也主要是依靠农民家庭内部劳动力经营，平原地区单位劳动力能够耕作的农地规模要大于山地和丘陵地区，所以平原地区农民通过扩大农地经营规模获得的收益有可能大于其机会成本，其更倾向于市场化、生态化经营；而山地、丘陵地区农户扩大农地经营规模受到家庭劳动力数量限制，扩大农地经营规模有可能导致更加粗放经营，降低农业生态效率。

4. 控制变量对农业生态效率的影响

农业机械总动力和化肥施用量增加显著降低了农业生态效率，且不存在区域差异性和农地异质性。在以小农户经营为主的状况下，农业机械总动力和化肥施用量增加可以节约农业生产所需劳动力，降低农民兼业的机会成本，固化其采用传统经营模式兼业的思想，不利于提高农业生态效率。人均教育投入并没有显著影响农业生态效率，可能是教育投入的边际效应主要体现为高人力资本劳动力数量的增加，这部分劳动力几乎完全转移至非农领域就业，经营农业的劳动力人力资本水平并无太大变化。区域人均GDP总体上对农业生态效率有显著的正向影响，说明经济发展水平较高的区域无论是农产品需求还是供给均具有生态化倾向。复种指数和种植业作物结构对农业生态效率的影响均不显著，其中复种指数变化在经营方式不改变的前提下意义不大，其对农业生产效率有影响，但不一定影响生态效率；查看各县数据变化趋势，种植业作物结构即粮食作物与非粮作物播种面积之比变化并不大，说明农业生产市场化趋势不明显，所以其对农业生态效率的影响也不显著。

第四节 本章小结

基于前面分析可以得出以下主要结论。①农业生态效率整体低于传统农业生产效率，且存在农地异质性；②农民职业分化广度和深度并没有必然的联系，广度仅仅是深度的前置条件；③较低的农民职业分化深度，即较高的农民兼业程度不利于提高农业生态效率；④农民职业分化广度增加总体上会降低农业生态效率，但对小麦种植区域和山地、丘陵区域的农业生态效率有正向影响；⑤扩大农地经营规模总体上可以提高农业生态效率，但对小麦种植区域和山地、丘陵区域的农业生态效率有负向影响；⑥农业机械总动力和化肥施用量增加不利于农业生态效率提高，且不存在区域差异性和农地异质性；⑦单纯复种指数改变和种植业作物结构微小变动并不影响农业生态效率。

通过以上分析可知，增加农民职业分化的广度，提升农民职业分化深度和扩大农地经营规模，有利于提升农业生态效率，促使农民职业分化和农地规模经营耦合发展具有必要性。

| 第五章 |

农民职业分化与农地规模经营影响因素的
规范分析

前面分析了我国农民职业分化、农地规模经营对农业生态效率提升具有正向促进作用，接下来将分别分析农民职业分化和农地规模经营的影响因素。

农民选择非农就业是职业分化广度的表现，从理论上农民职业分化广度增加有利于农村劳动力转移，正向促进工业化、城镇化发展，提升农业生态效率。然而，从前面的章节分析可知，某个阶段农民职业分化广度对农业生态效率也存在阻碍作用，原因是农民职业分化深度不够。所以，不仅要重视农民职业分化的广度，而且要重视农民职业分化的深度，即农民完全非农就业和职业农民培育。

从提高农业生态效率、有利于技术投入和实现规模经营的目的出发，扩大农地经营规模有两条途径：一是通过农地流转集中土地经营，实现单个经营主体规模化经营；二是通过集中服务统一小农户经营行为，实现多个经营主体统一行为的服务型规模经营。

本章将对农民职业分化的广度（选择非农就业）、深度（选择完全非农就业、职业农民）以及农地规模经营（土地规模经营和服务型规模经营）的影响因素进行规范分析。

第一节　农民职业分化影响因素的规范分析

中国农民职业分化具有一定的独特性，其虽然伴随农村劳动力转移进行，但并不具有国外农村劳动力转移与城镇化同步发生的特征。中国农村劳动力候鸟式非农就业，意味着农民职业分化并不彻底，也导致了其职业分化的多重属性，所以存在广度和深度之分。

一　农民职业分化广度影响因素的规范分析

农民职业分化的广度是指农民由单纯经营农业向非农就业转变的数量或比例程度，职业分化群体呈现非农就业时间、稳定性、职业类型等多方面差异的特征。根据农村劳动力非农就业的目的不同，可以将其分为两类群体：一是传统模式下农村剩余劳动力转移群体；二是新形势下农村劳动力流动群体。

（一）传统模式下农村剩余劳动力转移

传统模式下农村剩余劳动力转移是指农村边际产出为零或很小的劳动力转移至非农领域就业，即这部分农村劳动力在不影响农业整体产出的情况下从事非农工作。20 世纪八九十年代，中国农村劳动力转移群体多是农业边际产出为零的劳动力，当前该群体依然具有相当大的规模（陈中伟，2018），比如相当一部分不影响农业产出的兼业者。

农村剩余劳动力转移是在农业生产效率的提升和非农部门技术进步引起的迅速扩张的背景下发生的，农业部门和非农部门收入差距不断扩大是直接原因。非农部门扩张引起收入快速扩张，相对于农业收入的比较利益差距越来越大，对农村劳动力转移产生巨大的拉力。农村内部也形成了强大的推力，推动农村劳动力转移至非农部门就业。这种推力包含两个方面，一是传统农业经营方式下土地零碎化经营限制农业现代化水平提升速度，导致农业生产要素的边际生产率极低，农业收入增长缓慢，推动劳动力转移至非农部门就业能提升家庭收入；二是农业机械技术和生物技术的广泛推广使用会不断替代劳动力，逐渐增加农村剩余劳动力数量。在这种拉力和推力双重作用下，农村剩余劳动力大量向非农部门转移（张培刚，2001）。

基于不影响农业产出条件下的农村劳动力转移主要受经济收入因素的影响，这部分劳动力在农村家庭的边际收入几乎为零，只要转移至非农部门获得的收入高于生活成本和转移成本，就能够增加家庭收入。增加家庭收入是我国早期农村劳动力转移的主要目的，非农部门就业概率、工资水平、转移成本、生活成本是最重要的影响因素。

（二）新形势下农村劳动力流动

新形势下农村劳动力流动是指农村劳动力在农村和非农就业城镇之间的流动，这种流动的目的除了追逐较高的经济收入外，还有一定的社会属性（获得尊重、社会地位）的目的，同时也增加了对农业损失成本、非农就业环境压力、精神层面满足感等物质和精神方面的考虑。

随着城乡信息流动速度的加快，社会各行业收入越来越透明，农村劳动力非农就业目的已经不是最初的"贴补家用"，他们追求与其他家庭和其他行业的收入保持同一水平。社会普遍追求高收入导致农村劳动力配置失衡（曹亚，2012），农业生产被忽视，他们成为"带有农业剩余产品的农村劳动力"，即这部分劳动力转移会导致农业损失。非农部门工资快速上涨加快了农村劳动力流出速度，导致"就业难"，与此同时，劳动力技能水平无法适应产业结构升级，形成了所谓的"民工荒"，就业概率和技能水平也成为影响农村劳动力非农就业的主要因素。

新生代（1980年后出生）农村劳动力逐渐成为城乡人口流动的主体，这里暂时不考虑他们是不是城市常住人口或市民，他们比上一代农村劳动力更加注重非农就业工作和生活环境，以及对下一代的培养。同时，收入水平的上升促使新生代农村劳动力提升消费水平，也缩小了与城镇居民在精神需求层面的差距。所以，工作环境、生活压力、获得尊重、精神层面需求满足程度也成为影响农村劳动力选择非农就业的关键因素。

（三）农民职业分化广度影响因素总结

前面以发展经济学刘易斯模型和托达罗人口流动模型为理论基础，结合我国农民职业分化特征，对农村劳动力非农就业的影响因素进行了分析，得出了以下结论：①城乡实际收入差距是影响农民职业分化广度的最主要因素，受就业概率、技能水平、非农收入水平、流动成本和生活成本等影响；②非农就业收入的机会成本（农业收入）也成为重要的影响因素；③非经济因素成为多数农村劳动力非农就业重点考虑的因素，包括工作环境、生活压力、精神层面需求满足程度等。

二　农民职业分化深度影响因素的规范分析

农民职业分化深度要从两方面理解：一是越来越多的农村劳动力完全

非农就业，放弃农村土地经营权，即兼业劳动力减少，释放更多农村剩余劳动力，这是促使其市民化和规模经营农地的基础，有利于城镇化和农业现代化统筹发展；二是越来越多的农民选择以经营农业为职业，由传统农业经营方式转向专业化、规模化的现代化农业经营方式。

（一）选择完全非农就业的影响因素

这里讨论的农村劳动力选择完全非农就业是针对农户家庭决策而言的，本书将其界定为农户家庭中主要劳动力完全非农就业且不自营承包农地，其处置农地的方式有流转土地和闲置土地（抛荒）。虽然农村劳动力完全非农就业后可能长期居住在城市，但其进一步市民化问题不是本书研究的范畴。

农户家庭劳动力是否选择完全非农就业不仅取决于城乡预期收入差距和城镇就业概率，还取决于城乡物质和精神层面的预期生活差距，即取决于农户家庭选择的效用差异。假定农村劳动力职业选择是完全理性的，那么其所在家庭选择完全非农就业的效用就取决于其家庭的预期收入 y、预期生活成本 c 和其他决定性因素 δ。效用函数可以写成 $u = f(y, c, \delta)$，用 u_u 表示完全非农就业的效用，u_r 表示非农就业后兼营承包农地的效用。在以农村劳动力为主的农户家庭追求效用最大化的条件下，其选择行为取决于 u_u 和 u_r 的大小。若 $u_u > u_r$，劳动力会选择完全非农就业；若 $u_u < u_r$，劳动力会选择兼营承包农地。劳动力选择完全非农就业行为可以表示为下面的联立方程：

$$\begin{cases} U = U_{\max}(u_u, u_r) \\ u_u = u_u(y'_r, y_u, c_u, \delta_u) \\ u_r = u_r(y_r, c_r, \delta_r) \end{cases}$$

农户家庭劳动力选择完全非农就业的效用 u_u 取决于以下因素：流转农地收入 y'_r、非农就业预期收入 y_u、城市预期生活成本 c_u 和城市拉力因素 δ_u。其中流转农地收入主要指完全非农就业后的流转土地获得的转包收入，非农就业预期收入主要取决于预期收入与就业概率，城市预期生活成本主要指日常消费、住房、交通等成本，城市拉力因素主要指对劳动力转移存在吸引力的良好的工作环境、城市的公共设施、子女接受的城镇教育等。

农户家庭劳动力选择兼业的效用 u_t 取决于以下因素：预期农业收入 y_t、兼业成本 c_t 和农村推力因素 δ_t。其中预期农业收入主要指自营土地收入，兼业成本主要指农业经营成本、经营农业所占劳动时间的机会成本、交通成本等，农村推力因素主要指劳动力闲暇机会成本、交通不便和落后的基础设施等负效用。

（二）选择职业农民的影响因素

本书职业农民的概念包含两层含义：一是农民职业改变的过程，在劳动力非农就业背景下由传统全职农民到兼业农民，再到全职农民；二是农业经营方式的升级，当前需要的职业农民与传统全职农民在农业经营方式上有本质的区别，他们以农业为主要职业并采用专业化、规模化、市场化的农业经营方式，与现代化农业相衔接。

当前需要的职业农民以全职农民为主，但其经营农地的目的不再是传统的自给自足，而是满足市场需求，追求农地收益最大化。是否选择职业农民是家庭主要劳动力做出的以农户为单位的决策行为，他们将会比较几种农民职业分化形式（完全非农就业、兼业和职业农民）的预期收益，然后做出最佳选择。所以，农村劳动力是否选择职业农民要综合考虑农民职业分化几种形式的影响因素。

从单纯经济利益最大化的角度出发，农村劳动力选择职业农民的目的就是通过配置家庭土地和劳动力要素获取最大收入。农户利用家庭土地和劳动力要素可能获得的收入主要包括自营农地收入、流转土地租金、非农就业收入、被雇用经营农业收入等。一般来说，只有农村劳动力预期全职经营一定规模农地获得的农业收入大于预期兼业收入或完全非农就业收入时，才会做出全职经营农地的决策。农村劳动力非农就业已经证实了传统全职农民不是最佳选择，家庭承包耕地规模和传统经营方式是限制传统全职农民提高农业收入的主要因素，改变这两个因素是农民重新选择职业化经营农地的关键。

所以，农民选择职业化经营农地意愿的影响因素主要包含三个方面：一是农户家庭特征，其直接影响农户的决策，比如家庭主要劳动力性别、年龄、受教育程度、家庭抚养人口等；二是与土地、劳动力要素收入相关的因素，比如自营农地收入、流转土地租金、作物类型、经营方式、非农就业概率、非农收入；三是职业化经营农地的支持环境，比如土地流转情况、新型农业经营主体的影响和提供的服务、政策支持等。

第二节　农地规模经营影响因素的规范分析

为了提高农业生产效率，需要扩大农地经营规模，但要考虑农地经营规模的适度性。所谓的适度性是要基于农民意愿和根据农民职业分化的状况，选择不同扩大农地经营规模的途径。从提高农业生产效率、有利于技术投入和实现规模经营的目的出发，扩大农地经营规模有两条途径。一是通过农地流转集中土地经营，实现单个经营主体规模化经营；二是通过集中服务统一小农户经营行为，实现多个经营主体统一行为的服务型规模经营。这两个途径均要基于农户意愿，在多数地区这两种途径要结合实施，本节将从这两个角度重点分析农地规模经营的影响因素：一是对农地流转供给和需求因素的分析；二是对小农户参与服务型规模经营影响因素的分析。

一　农地流转供给与需求的影响因素及决策模型

农户选择流转农地不仅与非农转移后转出农地供给有关，也与农地流转市场中转入需求有关，只有供求双方力量达到均衡，才能促使真正的农地流转。

（一）农地流转供给决策模型

农村劳动力非农就业后对农地的选择有两种：一是自营农地（兼业经营农地）；二是转出农地。农村劳动力自营农地可以获得农业收入，但由于劳动力和农地等资源存在其他用途，所以自营农地具有一定的机会成本。劳动力选择转出农地，在农地转入需求的情况下，可以得到地租收入。

假设在追求家庭收入最大化目标下，以农户为决策单位选择是否转出（供给）农地；假设农户家庭其他收入来源固定不变，农户转出农地收益与其他收入状况无关；假设单个农户承包农地面积为 N，且家庭承包农地转出不可分；假设农户家庭年总劳动时间为 T，亩均农地经营年收益为 R，劳动力非农就业工资率为 w；假设农户自营农地时间占家庭总劳动时间的比例为 α，农忙时自营农地占用非农劳动时间的概率为 β（农忙时节家庭有闲置劳动力时，$\beta = 0$）；假定农村劳动力非农就业的概率为 P，亩均流转农地的转包租金为 r。

若农户选择转出农地，即选择完全非农就业，则农户家庭总收入可以表示为：

$$y_1 = PTw + Nr$$

其中，Tw 为家庭获取的全部非农收入，Nr 为转出农地获取的租金收入。

若农户选择自营农地，即兼业，那么农户家庭总收入可以表示为：

$$y_2 = Pw(T - \alpha\beta T) + NR$$

农户兼业下的家庭收入包括非农收入和经营农地收入，其中 $Pw(T - \alpha\beta T)$ 为农户非农收入，NR 为兼营农地收入。

在农地承包权长期不变的条件下，不考虑农地对农户的依赖属性，在追求家庭收入最大化目标下，分析农户选择兼业还是完全非农就业。如果农户选择完全非农就业，意味着要转出农地，就必须满足其完全非农就业收入高于兼业收入，即 $y_1 > y_2$ 的要求，通过对不等式的整理，可以得出：

$$Nr + P\alpha\beta wT > NR \qquad\qquad (5-1)$$

式（5-1）左边为农户选择兼营农地的机会成本，即因兼营农地而需要放弃农地流转租金和占用非农劳动时间损失的收入；右边为农户经营农地的收入。这说明农户选择流转供给农地，需要满足经营农地的机会成本大于经营农地收入。

经营农地机会成本大小与农户兼营农地面积、当地农地流转亩均租金、非农就业概率、农业现代化水平（农忙时间长短）、家庭闲置劳动力数量、农村劳动力非农工资率、农户家庭总劳动时间等因素相关。经营农地收入与农户经营农地面积和农地亩均收益有关。

（二）农地流转需求决策模型

农地流转市场中需求主体主要有普通农户和经营大户，经营大户包括规模户和经营单位（企业），本节不考虑普通农户转入农地后仍然兼业的状况。

1. 普通农户转入农地并全职经营的需求决策分析

普通农户以全职经营农地为目的选择转入农地需要满足以下 3 个条件：

一是农户转入农地后能够达到必要经营农地面积，即全职经营转入后的农地收入不低于兼业收入；二是必要经营农地不能超过农户家庭劳动能力，即农户依靠家庭劳动力有能力自营转入后的农地；三是必要经营农地面积大于农户家庭承包的农地面积，即农户只有通过转入农地才能达到必要经营农地面积。总之，在不超过农户家庭劳动负荷的情况下，农户通过转入农地达到必要经营农地面积，获得的收入不低于兼业收入，在这样的情况下农户才具有转入农地需求。这将受当地农户家庭收入水平、区域外出务工收入水平、农地经营收益、家庭劳动力数量、农地特征、作物类型、农业经营方式等因素影响。

2. 经营单位（企业）转入农地的需求决策分析

经营单位转入农地后的经营并非像普通农户一样自营，而是靠雇用劳动力经营，采用企业化经营方式。经营单位转入农地需求取决于农业资本投入收益率，当农业资本投入收益率高于非农领域资本收益率时，就会有资本流入农地流转市场，才会有需求主体——经营单位。

经营单位是采取企业化方式经营农地，其资本投入收益率与转入农地规模和集中度、亩均农地收益、亩均投入成本、亩均管理成本等因素有关。其中农地规模关系到经营单位的农地经营平均成本以及获得的规模经济；亩均农地收益与其经营农产品种类、农产品市场供求状况等有关；亩均投入成本主要指所投入的劳动力、资本和技术等要素成本，要想降低亩均投入成本需要农地集中经营，可以进行规模化、专业化经营，降低亩均投入成本；亩均管理成本与农地经营规模、管理人员素质和管理制度等因素有关。

假如经营单位（或企业）转入农地的既定量为 E，预期亩均农地收益为 A_t，预期亩均投入成本为 C_t，预期亩均管理成本为 Q_t，t 为其认为的一个收益回报周期，i 为收益贴现率，则一个周期净收益 π 可以表述为：

$$\pi = \int_0^t e^{-it} E(A_t - C_t - Q_t)\,dt$$

经营单位追求一个收益周期内净收益 π 大于零，且越大越好。追求一个农地经营周期净收益最大化，需要提高亩均农地收益、降低亩均投入成本与亩均管理成本。提高亩均农地收益需要改良作物种类、种植模式和投入新生物技术，前提需要农地集中和规模化，这样有利于农业产业化经营。降低亩均投入成本主要是减少要素投入成本，通过机械化和自动化降低劳动力成本和其他生产过程的投入成本，降低成本的多少与农地集中程度和规模化程度有关。降低亩均管理成本的多少与是否获得规模经济有关，农地规模和集中程度决定了亩均管理成本的大小。

虽然经营单位经营农地的资本收益率与很多因素有关，但农地规模与集中程度是影响其收益与成本的主要因素之一，所以能否转入较集中和较大规模的农地是专业经营大户转入农地要考虑的前提与主要因素。

二 小农户参与服务型规模经营的影响因素

通过服务组织或中介组织统一服务小农户经营农地，实现规模经济，解决由农户行为不一致导致具有不可分性的技术无法投入问题，节省农业经营劳动时间，提高劳动生产率。这种服务型规模经营模式是在农户对农地流转的供给和需求均不充分的条件下，依靠农地流转实现规模经营效果不佳情况下的另一选择，农户不改变农地经营权，在接受服务时统一经营行为。所以，小农户参与服务型规模经营的影响因素分为两个方面：一是服务型组织能够提供的服务内容和成本；二是小农户自身意愿，主要与农户禀赋、非农就业状况、农地要素等有关。

前期学者也多是从这两个方面研究小农户与现代农业的衔接。小农户与现代农业衔接的症结是农业现代化的迫切需求和小农户自身改造意愿、能力不足的矛盾，应充分发挥新型农业经营主体的带动作用，提高小农户生产经营的组织化水平（郭瑞萍、李丹丹，2020）。有效地动员小农户参与集体组织统一行动，是我国小农户与现代农业衔接的重要途径（罗必良，2020）。小农户购买熟人服务成为其长期的理性决策，政府应该因地制宜地培育和支持本土农业生产服务主体（李虹韦、钟涨宝，2020）。新型农业经营主体应该充分发挥其带动作用，增强小农户对其的信任，提升小农户参与规模经营的积极性（徐晓鹏，2020；李耀锋、张余慧，2020）。小农户参与规模经营的意愿受家庭禀赋影响，家庭人口数量、耕地面积具有正向影响，外出劳动力数量和非农收入占比具有负向影响（李存贵，2020）。小农户自主联合生产、参与集体或合作社等组织的意愿除了受非农收入影响外，还受农业服务水平和支出水平的影响（杜涛等，2019）。相对于龙头企业提供的服务，农民合作社和农业全产业链提供的利益联结机制、补贴政策、技术和信息服务能够提高小农户参与积极性，但小农户的参与选择因兼业程度和非农收入水平而存在异质性偏好（韩喜艳等，2020）。村社统筹发挥村社组织的根植性，既可以保护农户利益，又能提升农村基本经营制度的活力（韩庆龄，2020）。在小农户与新型服务组织衔接中需要关注农户的利益，政府应该针对小农户参与情况给予政策扶持（韩春虹、张德元，2020）。小农户对政府政策和服务组织方案的认知度会影响其参与意愿，应该多对农户进行宣传教育（吕晓等，2020）。除了小农户主观意愿外，其参与新型农业规模经营还受相关经营制度的制约，需要产权制度、生产耕作制度、交易制度和收入分配制度的创新（阮文彪，2019）。

服务型规模经营模式的关键是服务组织是否能够有效地将小农户组织起来，并参与到统一经营行动中，只有统一小农户经营行为才能真正实现提高农业生产效率的目的。所以，在当前农业服务型合作社、服务型企业服务内容和成本一定的条件下，有必要分析小农户参与这种新型服务组织的意愿，而影响小农户意愿的主要是农户禀赋、非农就业收入、农地面积及特征等。

第三节　本章小结

通过规范分析，本章得出以下结论。

农民职业分化广度的影响因素：城乡实际收入差距是影响农民职业分化广度的最主要因素，受就业概率、技能水平、非农收入水平、流动成本和生活成本等影响；非农就业收入的机会成本（农业收入）也成为重要的影响因素；非经济因素成为多数农村劳动力非农就业重点考虑的因素，包括工作环境、生活压力、精神层面需求满足程度等。

农民职业分化深度的影响因素：第一，农村劳动力完全非农就业的影响因素有流转农地收入、非农就业预期收入、城市预期生活成本和城市拉力因素。其中流转农地收入主要指完全非农就业后的流转土地获得的转包收入，非农就业预期收入主要取决于预期收入与就业概率，城市预期生活成本主要指日常消费、住房、交通等成本，城市拉力因素主要指对劳动力转移存在吸引力的良好的工作环境、城市的公共设施、子女接受的城镇教育等。第二，农民选择职业化经营农地意愿的影响因素主要包含三个方面。一是农户家庭特征，其直接影响农户的决策，比如家庭主要劳动力性别、年龄、受教育程度、家庭抚养人口等；二是与土地、劳动力要素收入相关的因素，比如自营农地收入、流转土地租金、作物类型、经营方式、非农就业概率、非农收入；三是职业化经营农地的支持环境，比如土地流转情况、新型农业经营主体的影响和提供的服务、政策支持等。

农地流转供给与需求影响因素：第一，农地流转供给是指农户选择转出农地，需要其完全非农就业比兼业获得更高的收益。主要影响因素有农户家庭承包农地面积、亩均农地租金、非农就业概率、农业现代化水平（农忙时间长短）、农忙时家庭有闲置劳动力概率、非农就业工资率、家庭总劳动时间、农地亩均收入（农业经营类型）等。第二，农地流转需求主体主要有普通农户和资本化经营的规模户或企业（经营单位）。其中普通农户转入农地需求需要满足其全职经营农地达到或超过兼业收入水平，同时不超过其家庭劳动负荷能力，主要影响因素有农户兼业收入或非农收入水平、农地经营收入、农地特征、作物类型（只考虑种植业）、气候、家庭劳动力数量和农业经营方式等。资本经营的规模户或企业转入农地需求取决于农地的资本收益率，主要影响因素有转入农地规模和集中度、亩均农地收益、亩均投入成本、亩均管理成本等因素。

小农户参与服务型规模经营的影响因素：服务型规模经营模式的关键是服务组织是否能够有效地将小农户组织起来，并参与到统一经营行动中，只有统一小农户经营行为才能真正实现提高农业生产效率的目的。所以，在当前农业服务型合作社、服务型企业服务内容和成本一定的条件下，有必要分析小农户参与这种新型服务组织的意愿，而影响小农户意愿的主要是农户禀赋、非农就业收入、农地面积及特征等。

第六章

农民职业分化广度和农地流转影响因素的
实证分析

我国农民职业分化和农地经营具有独有的特征。随着农村劳动力非农就业，我国并没有同步完成农地流转和规模经营。农地流转滞后于农村劳动力非农就业，导致当前我国农业经营仍以小农户兼业为主，通过农地流转实现规模经营并没有取得普遍成效。那么，为什么随着农民职业分化广度的拓展，农地流转和规模经营效果不佳呢？也即农村劳动力非农就业与农地流转为什么没有同步发生？

根据上一章规范分析的影响因素，本章从总体上以农村劳动力非农就业比例和农地流转比例为被解释变量，对农民职业分化广度和农地流转影响因素进行实证检验。

第一节　农村劳动力非农就业和农地流转的
影响因素分析

一　模型构建

为了分析农村劳动力转移和农地流转不同步的原因，本章从总体上检验农民职业分化广度和农地流转的各影响因素，借鉴学者们的研究成果，构建如下两个检验模型。模型（6-1）用来检验各因素对农民职业分化广度的影响，模型（6-2）用来检验各因素对农地流转的影响。为了验证二者相同和不同的影响因素，根据规范分析结果，两个模型选择相同的解释变量。

$$NFemp_i = \alpha_0 + \sum \alpha_i X_i + \varepsilon_i \qquad (6-1)$$

$$Subland_i = \beta_0 + \sum \beta_i X_i + \varepsilon_i \qquad (6-2)$$

其中，被解释变量 $NFemp$、$Subland$ 分别表示非农就业和农地流转的总体状况；解释变量 X_i 表示需求方各影响因素，包括亩均农地收益（$Fearn$）、农业劳动效率即单位土地所需劳动力（$Labor$）、土地零碎化程度（$Fragm$）、非农收入水平（$NFearn$）、亩均农地转出租金（$Frent$）、农业现代化水平（$Ftime$）、户均农地面积（$Larea$）、户均劳动力数量（$Worker$）、户均高中程度劳动力数量（$Hslabor$）、户均技术特长劳动力数量（$Telabor$）、户均接受培训劳动力数量（$Trlabor$）、制度变迁指数（$SYCI$）。

二 变量选择与说明

由于本书主要利用全国农村固定观察点数据，所以本章变量主要基于已有的指标进行选择。

（一）被解释变量选择及说明

1. 被解释变量：农民职业分化广度

农民职业分化广度是指农民由经营农业转向非农就业在数量上的体现，本章用农村劳动力非农就业比例表示。非农就业比例等于非农就业劳动力与农村劳动力数量的比值，用户均非农就业劳动力表示。这里没有体现农村劳动力非农就业稳定性、兼业程度等，只是从总量上考虑哪些因素影响农村劳动力非农就业。

2. 被解释变量：农地流转比例

为了分析通过土地流转实现农地规模经营的影响因素，本章选择农地流转比例作为被解释变量。本部分并没有选择使用转包田面积作为流转视角下农地规模经营的代理变量，是因为户均经营耕地面积存在较大差异，选取户均转包田面积这一绝对量来衡量农地规模经营状况存在较大差异。因此，本部分选取年末转包田面积占年末经营耕地面积的比例来衡量农地规模经营状况。在农地流转过程中，转出农地所形成的农地供给与转入农地所形成的农地需求是农地规模经营形成的两个决定因素。农地规模经营的形成不是由农地供给与农地需求中的较大者决定的，而是由二者中的较小者决定的。全国农地转包田占全部经营耕地面积的比例能够反映农地规模经营的真实状况，因此年末转包田面积占年末经营耕地面积的比例能够有效揭示农地规模经营状况。

（二）解释变量选择及说明

依据上一章规范分析结果，本部分选取影响农村劳动力非农就业和农地流转的因素主要包括农业相关因素、非农就业相关因素和外部制度因素，具体变量及说明如下。

1. 农业相关的变量选择及说明

亩均农地收益，等于农户家庭农作物收入与年末经营耕地面积的比值。亩均农地收益既影响着农地转入意愿，也影响着农地转出意愿。亩均农地带来的农业收入越高，短期内农户转入农地的意愿越强烈。亩均农地收益越高，农村劳动力转入农地的必要面积就越少，转入较少农地就可以达到理想的收入水平，从而增强农户转入农地的意愿。亩均农地收益越高，农地转入意愿越强，但亩均农地带来的农业收入越高，农户转出农地的意愿却越弱。亩均农地收益越高，农民对土地的依赖程度越大，在其他条件不变的情况下，越不愿意转出农地。亩均农地收益越高，越会弱化农村劳动力非农就业的选择，农户家庭会保留较多的劳动力经营农地，也会导致农村劳动力非农就业后不转出农地，继续兼营农地。实证中采用自然对数的形式表示。

农业劳动效率，用单位土地所需劳动力的倒数表示。单位土地所需劳动力等于从事农业家庭经营劳动力数量与年末经营耕地面积的比值。农业劳动效率影响劳动力非农转移，也会影响农地流转的选择。农业生产效率越低，农地经营所需劳动力越多，释放的剩余劳动力越少，对非农就业比例有负向影响效应；同时农户家庭转入农地的意愿就越弱，但农地转出意愿越强。农业生产效率越高，单位土地所需劳动力越少，释放的剩余劳动力越多，家庭闲置劳动力就越多，劳动力留守农业的机会成本增加，会促进劳动力向非农产业转移。随着机械化程度的提高和生物化学技术的进步，农村劳动力经营农地所需劳动力数量和劳动时间均减少，单位土地所需劳动力会减少，农业劳动效率增加，降低劳动力自营农地的机会成本，会负向影响农地流转供给，但会正向影响农地流转需求，其对农地流转的影响不能确定。

土地零碎化程度，用年末经营耕地的块数代替。农户家庭经营耕地的块数越多，农地的零碎化程度越高，使用大型农业机械耕作的概率越低，农村劳动力经营农地的机会成本增加，选择非农就业的概率就会增加，农户越愿意选择转出农地，但农地转入需求偏低，最终农地流转受限制，抑制了农地规模经营。

亩均农地转出租金，等于农村耕地转包收入与农村人口数量的乘积，然后除以年末转包田面积。亩均农地转出租金越高，农村非农就业的"推力"越强，同时有利于农村劳动力非农转移后选择转出农地。农村劳动力非农转移后是否流转农地与农地是否能够带来长期保障性收入有关。如果农地转出后能够给劳动力带来较高且稳定的收入，那么可以增加劳动力自营农地的机会成本，增强其转出农地的意愿。实证过程中采用自然对数的形式表示。

农业现代化水平，用年末固定资产原值除以年末经营耕地面积表示，单位为元/亩。农业现代化水平与农忙时间负相关，较高的农业现代化水平减少了农忙时间，而较低的农业现代化水平则拉长了农忙时间。农业现代化水平越低，花费在农忙时节的耕作时间越长，在非农就业工资率较高和稳定性相对较强的情况下，从事农业生产的机会成本较高，农地转出意愿增强。然而，较高的农业现代化水平缩短了农忙时间，对农村劳动力从事非农就业和非农收入的影响并不大，农地转出意愿反而较弱。实证中采用自然对数的形式表示。

户均农地面积，指农村每户平均拥有的经营耕地面积。农户家庭拥有的经营耕地面积越多，农业经营收入就越高。若农户家庭劳动力非农就业不影响家庭农业经营，或者兼业成本较低，该变量对非农就业的影响并不确定。但户均农地面积越大，农户流转农地的机会成本就越高，其流转意愿就越弱。

户均劳动力数量。在农村家庭经营耕地面积既定的情况下，家庭劳动力数量越多，意味着闲置劳动力数量越多，非农就业的概率就越高，同时也可能更加渴望拥有更多的农地面积，对农地转入的需求较高，转出农地意愿偏弱。所以，户均劳动力数量与农地流转比例的关系并不能确定。

2. 非农就业相关的变量选择及说明

非农收入水平，等于外出从业工资性收入占家庭全年总收入的比重。非农收入水平影响农村劳动力非农就业的选择，也影响农户流转农地的选择。农村劳动力非农就业工资率和就业概率深刻影响着非农收入水平。非农收入水平越高，农村劳动力非农就业的意愿越强，数量越多，转出农地的意愿也越强烈。因此，非农就业工资率和非农就业稳定性既影响着农村劳动力非农就业选择，也是影响农地流转选择的关键因素。非农收入水平越高，所占家庭收入的比重也就越大，越有利于促进农村劳动力非农就业选择和农地流转选择的行为一致性。

农村家庭劳动力特征在受教育程度、技术特长和培训等方面存在差异，农村家庭劳动力特征方面的差异会对农地转出产生一定的影响。理论分析表明，农村家庭户均高中及以上受教育程度劳动力越多、拥有技术特长的劳动力越多、受过专门培训的劳动力越多，其在城镇就业成功的概率越高，也越有利于提高家庭非农收入水平。拥有较高受教育程度和技术特长、受过专门培训的劳动力家庭选择继续从事农业生产的意愿越弱，越愿意选择向非农转移获取更多的非农收入，提高家庭收入水平，选择转出农村土地的意愿也越强烈。但是具有较高受教育程度、技术特长和接受过培训的劳动力对转入农地需求的意愿并不确定。因此，本部分在检验供给方面影响农地规模经营的因素时，把户均高中程度劳动力数量、户均技术特长劳动力数量和户均接受培训劳动力数量等农村家庭劳动力特征考虑在内。

3. 外部制度因素的变量选择及说明

制度变迁指数由城镇化率、社保覆盖率和非国有部门就业率三项指标综合计算所得。具体方法为，通过主成分分析法计算三项指标的权重，依据权重综合计算得出制度变迁指数。制度变迁指数能够体现城乡户籍制度、劳动力市场分割制度和城乡社会保障制度等城乡二元制度的改善状况，制度变迁是农村劳动力非农就业工作环境、生活环境、福利待遇的重要影响因素，对农村劳动力非农就业有促进作用。制度变迁不仅能够促进劳动力非农就业，进一步会影响劳动力非农就业稳定性或者市民化，促进农地流转。因此，本部分选取城镇化率、社保覆盖率和非国有部门就业率指标作为衡量制度变迁的依据，通过主成分分析法和矩阵旋转法计算三项指标的权重，并通过赋权综合计算出我国制度变迁的年度指数。制度变迁指数用于衡量劳动力流动自由度、社会保障覆盖率和农村劳动力市场开放性。

以上各变量的具体定义及说明见表6-1。

表 6-1　主要变量的定义及说明

变量类型	变量符号	变量名称	变量的计算与说明
被解释变量	*NFemp*	非农就业比例	非农就业比例＝非农就业劳动力数量/农村劳动力数量，衡量农村劳动力转移数量的变化趋势
	Subland	农地流转比例	年末转包田占比＝年末转包田面积/年末经营耕地面积，衡量农地流转数量的变化趋势
解释变量	*Fearn*	亩均农地收益	亩均农地收益＝农作物收入/年末经营耕地面积，采用自然对数形式表示
	Labor	农业劳动效率	单位土地所需劳动力＝农业经营劳动力/年末经营耕地面积，其值越小表示农业劳动效率越高。农业劳动效率用单位土地所需劳动力的倒数表示
	Fragm	土地零碎化程度	土地零碎化程度＝年末经营耕地块数
	NFearn	非农收入水平	非农收入水平＝外出从业工资性收入/家庭全年总收入，衡量农村劳动力城市就业收入水平及稳定性
	Frent	亩均农地转出租金	亩均农地转出租金＝（耕地转包收入×农村人口数量）/年末转包田面积，采用自然对数形式表示
	Ftime	农业现代化水平	农业现代化水平＝年末固定资产原值/年末经营耕地面积，采用自然对数形式表示
	Larea	户均农地面积	年末每户拥有的经营耕地面积，单位为亩
	Worker	户均劳动力数量	有劳动能力的人数/家庭总人数，单位为人
	Hslabor	户均高中程度劳动力数量	高中及以上受教育程度劳动力人数/家庭劳动力总人数，单位为人
	Telabor	户均技术特长劳动力数量	拥有技术特长的劳动力人数/家庭劳动力总人数，单位为人
	Trlabor	户均接受培训劳动力数量	受过专门培训的劳动力人数/家庭劳动力总人数，单位为人
	SYCI	制度变迁指数	选取城镇化率、社保覆盖率和非国有部门就业率三项指标，通过主成分分析法计算指标权重，综合计算出制度变迁指数

三　数据来源

为了检验农民职业分化广度和农地流转的影响因素，需要确切的非农就业数据和农地流转数据，由于省级、县域数据中替代变量不够准确，以及国内现有可用的微观数据库数据的不可得性，本章所用数据主要来源于1986～2015年全国农村固定观察点数据，选取了全国、东部、中部和西部地区的数据。农村劳动力非农就业和农地流转的影响因素相关数据主要来源于全国农村固定观察点数据；用来计算制度变迁指数的城镇化率、社保覆盖率和非国有部门就业率三项指标数据来自1987～2016年《中国统计年鉴》。由于不同年份数据观测样本有所差别，本章所选变量多以比例或均值的相对数据表示。

四　描述性统计分析

根据统计数据和表6-2可知，非农就业比例（NFemp）逐年提升，农村劳动力非农就业数量占农村劳动力总数的比例最高达57%，且我国农村劳动力非农就业逐年递增趋势明显。我国农地流转比例，即农村转包田面积占经营耕地面积的比重（Subland）平均为10%，最小值为3%（1993年），最大值为21%（2015年）。结合我国年末转包田占比的年度变化趋势可知，虽然我国农地转包田占比呈现明显的时间趋势，但6%的标准误表明我国农地转包田占比在各年份间存在较大差异。亩均农地收益（Fearn）的平均值为566.81元，最大值和最小值分别为1552.38元和152.84元，中位数为595.86元，亩均农地收益呈现逐年增加的趋势。从农业劳动效率（Labor）的数值变化上来看，虽然年份间存在差异，但是我国的农业劳动效率在逐年提升。土地零碎化程度（Fragm）的均值为5.76块，意味着全国农村家庭户均经营土地将近6块，而最大值甚至高达8.43块，表明我国农村土地零碎化程度较高。从全国情况来看，农村家庭的非农收入水平（NFearn），即外出从业工资性收入占家庭全年总收入的比例最高为近1/4，非农收入水平逐年提升。亩均农地转出租金（Frent）的全国平均水平为148.57元，但不同年份间差异明显，最高时达到387.56元。随着农业现代化水平（Ftime）的逐年提升，农忙时间逐年缩短，更有利于释放剩余劳动力。从时间趋势上看，我国的户均农地面积（Larea）逐年减少，而户均劳动力数量（Worker）几乎没有太大的变动，户均劳动力数量平均为2.57人，最大值为2.90人，标准误仅为0.23人，结果是人均耕地面积呈逐年缩小趋势。人均耕地面积的持续缩小势必会造成粮食危机和生存危机，在守住农地面积红线的条件下，推动农地规模化经营具有重大意义。从农村家庭劳动力特征上来看，户均高中程度劳动力数量（*Hslabor*）和户均接受培训劳动力数量（*Trlabor*）的均值分别为 0.24 人和 0.17 人，虽然整体上呈现增长趋势，但农村劳动力受教育程度普遍偏低，接受专门培训的劳动力数量普遍较少，而户均技术特长劳动力数量（*Telabor*）整体呈下降趋势且年度波动较大。另外，制度变迁指数（*SYCI*）在 30 年间的均值为 4.52，最小值为 4.11，最大值为 4.91，标准误仅为 0.25，表明我国农村相关经济制度逐步完善，但制度变迁过程相对缓慢。

表 6 − 2　主要变量描述性统计

变量	样本量	均值	标准误	最小值	中位数	最大值
NFemp	30	0.34	0.13	0.18	0.31	0.57
Subland	30	0.10	0.06	0.03	0.08	0.21
Fearn	30	6.34	0.68	5.03	6.39	7.35
Labor	30	0.21	0.04	0.12	0.23	0.27
Fragm	30	5.76	1.67	3.27	5.83	8.43
NFearn	30	0.15	0.07	0.05	0.15	0.24
Frent	30	5.00	0.74	3.31	5.24	5.96
Ftime	30	6.47	0.92	4.63	6.67	7.68
Larea	30	7.72	0.69	6.83	7.60	9.32
Worker	30	2.57	0.23	2.07	2.58	2.90
Hslabor	30	0.24	0.09	0.15	0.19	0.41
Telabor	30	0.15	0.08	0.06	0.12	0.29
Trlabor	30	0.17	0.08	0.08	0.13	0.32
SYCI	30	4.52	0.25	4.11	4.55	4.91

五　检验过程

由于本部分所使用的全国固定观察点数据为时间序列数据，所以，为选取恰当的估计模型，需要对各序列数据进行平稳性和协整检验。

首先，对各原始序列数据的平稳性进行检验。为了较为稳健地检验各序列变量的平稳性，本部分通过 ADF、PP、DF-GLS 和 KPSS 四种方式进行序列数据的单位根检验，检验结果如表6－3所示。由检验结果可知，各原始序列数据存在单位根，属于非平稳时间序列，但一阶差分后平稳，表明原始数据为一阶平稳时间序列。

表6－3　各序列变量差分前后的平稳性检验对比及结果

变量	差分前检验				差分后再检验				结果
	ADF	PP	DF－GLS	KPSS	ADF	PP	DF－GLS	KPSS	
Subland	0.784	0.997	Yes	No	0.556	0.001	No	Yes	一阶平稳
NFemp	0.998	0.997	Yes	No	0.771	0.003	No	Yes	一阶平稳
Fearn	0.964	0.554	Yes	No	0.034	0.013	No	Yes	一阶平稳
Labor	0.988	0.989	Yes	No	0.670	0.000	No	Yes	一阶平稳
Fragm	0.378	0.873	Yes	No	0.108	0.000	No	Yes	一阶平稳
NFearn	0.746	0.695	Yes	No	0.683	0.003	No	Yes	一阶平稳
Frent	0.187	0.096	Yes	No	0.296	0.003	No	Yes	一阶平稳
Ftime	0.776	0.017	Yes	No	0.226	0.000	No	Yes	一阶平稳
Larea	0.597	0.171	Yes	No	0.037	0.000	No	Yes	一阶平稳
Worker	0.673	0.827	Yes	No	0.139	0.002	No	Yes	一阶平稳
Hslabor	0.991	0.857	Yes	No	0.539	0.000	No	Yes	一阶平稳
Telabor	0.000	0.484	Yes	No	0.000	0.038	No	Yes	一阶平稳
Trlabor	0.987	0.976	Yes	No	0.819	0.008	No	Yes	一阶平稳
SYCI	0.241	0.899	Yes	No	0.609	0.000	No	Yes	一阶平稳

注：表中数字是ADF和PP检验的统计量Z（t）的值，Z（t）表示麦金农近似p值（MacKinnon approximate p-value）。Yes和No分别表示接受和拒绝原始假设。

其次，先通过Engle-Granger两步协整检验法对任意两变量进行协整关系检验，接着通过极大似然估计（MLE）方法对多变量协整关系进行Johansen检验。两种检验方法的检验结果表明，无论时间序列变量是否存在漂移项或者时间趋势，各时间序列变量间均存在协整关系。

通过上述对时间序列数据的平稳性检验和协整检验可知，各序列变量在一阶差分下平稳，而且各解释变量与农村劳动力非农就业比例、农地流转比例之间都存在显著的协整关系，即上述非平稳时间序列变量经过一阶差分后可转化为平稳序列,可以建立一阶自回归模型进行估计。然而,一阶差分后的残差项可能存在序列相关问题,因此,一阶自回归模型只能够表达各影响因素对两个被解释变量的短期影响,从而可能忽略各影响因素对农地规模经营存在的长期均衡影响。综上,本章使用带有常数项和趋势项的向量误差修正模型(VECM)进行实证检验。

六 结果分析

(一) 各影响因素的验证

1. 亩均农地收益递增不利于非农就业比例提升,但能够提升农地流转比例

从表 6 - 4 各因素对非农就业比例和农地流转比例影响的回归结果可以看出,亩均农地收益(*Fearn*)对非农就业比例(*NFemp*)呈现负向影响,亩均农地收益每下降 1%,非农就业比例就提升 0.15%。这说明农户经营农地收益越高,越不利于农村劳动力非农就业,农地收益的下降会促使农村劳动力非农就业,这符合规范分析中农村劳动力非农就业受城乡收入差距影响的结论。

表 6 - 4 各影响因素对非农就业和农地流转影响的回归结果

变量	非农就业比例	农地流转比例
Fearn	- 0.148 *** (0.000)	0.086 * (0.084)
Labor	11.243 *** (0.000)	6.312 *** (0.000)
Fragm	- 0.159 *** (0.000)	- 0.202 *** (0.000)
NFearn	2.137 *** (0.000)	5.256 *** (0.000)
Frent	0.253 *** (0.000)	0.303 *** (0.000)
Ftime	0.120 *** (0.000)	- 0.210 *** (0.000)

续表

变量	非农就业比例	农地流转比例
Larea	—	—
Worker	—	− 1.08 *** （0.000）
Hslabor	—	—
Telabor	—	—
Trlabor	2.38 *** （0.000）	—
SYCI	0.182 *** （0.000）	0.352 ** （0.005）
常数项	− 2.482	2.453
趋势项	0.313	− 0.050

注：括号内数值为 p 值，＊、＊＊、＊＊＊分别表示在10%、5%、1%的水平下显著，"—"表示变量不显著。

实证结果显示，亩均农地收益对农地流转比例（*Subland*）有正向促进作用，亩均农地收益每提高1%，农地流转比例上升0.09%。由于验证时被解释变量是已经发生流转的农地比例，其受农地流转供给和需求两个方面影响。亩均农地收益提高，更多影响农地流转需求，增加农地转入需求。在农地流转供给意愿充足的区域，农地转入需求是最终实现农地流转的关键因素。

所以，剔除物价变动的因素，农地实际收益是在递减的，其正向促进了农村劳动力非农就业，但限制了农地转入需求。在农地流转供给意愿充足时，应当通过提高亩均农地收益来增加农地转入需求，从而提高农地流转比例。

2. 提高非农收入水平和农业劳动效率能够促使二者同步发展

从实证结果可以看出，非农收入水平（*NFearn*）提高能够正向提高非农就业比例和农地流转比例，非农收入水平每提高1%，能够分别提升非农就业比例2.14%和农地流转比例5.26%。提升非农收入水平能够有效地促进农村劳动力非农就业，并能够提高农地流转比例，与前面规范分析的结果一致。

农业劳动效率（*Labor*）对非农就业比例和农地流转比例均有正向影响效应，该因素每增长 1% 会分别引起非农就业比例上升 11.24% 和农地流转比例上升 6.31%。农业劳动效率越高，越能够促进农村劳动力转移和农地流转。

所以，通过增加农村劳动力非农就业机会，提高家庭非农收入占比，提高农业经营效率，可以同时提高非农就业比例和农地流转比例。

3. 家庭经营农地难易程度对非农就业和农地流转的影响

土地零碎化程度（*Fragm*）、农业现代化水平（*Ftime*）代表着家庭经营农地的难易程度。土地零碎化程度对农村劳动力非农就业比例、农地流转比例均呈现负向影响。土地零碎化用户均农地块数表示，户均每减少 1 块土地，非农就业比例提升 15.9%，农地流转比例提升 20.2%。我国土地零碎化程度在逐年好转，即户均土地块数在减少，其成为提升非农就业比例和农地流转比例的关键影响因素。

农业现代化水平用亩均年末固定资产替代，其对农村劳动力非农就业比例有正向促进作用，但对农地流转比例有负向抑制作用。农业现代化水平的提升能够释放更多农村剩余劳动力向非农领域转移，但会使农户自营农地变得容易，自营农地时间变短和机会成本变小，抑制农户转出农地的意愿。

4. 农户家庭禀赋对非农就业和农地流转的影响

户均农地面积（*Larea*）、户均高中程度劳动力数量（*Hslabor*）、户均技术特长劳动力数量（*Telabor*）对两个被解释变量的影响均不显著。户均劳动力数量（*Worker*）对农地流转比例具有负向影响，户均劳动力数量越多，在农忙时家庭闲置劳动力越多，或者农民经营农业的机会成本越低，越多农户倾向于选择兼业，总体上抑制土地转出供给。户均接受培训劳动力数量（*Trlabor*）只对非农就业比例的影响显著，对农地流转比例的影响不显著，其对非农就业比例具有正向影响，说明扩大农村劳动力技术培训规模，有利于提升非农就业比例。

5. 农地转出租金上升能够提升非农就业比例和农地流转比例

亩均农地转出租金（*Frent*）代表整体的农地流转市场租金水平，租金越高，农户越倾向于选择完全非农就业，即非农就业后流转农地。当前农地流转滞后于劳动力非农就业的其中一个原因就是农地转出租金较低，导致较大比例农户选择兼业，甚至部分农户宁愿选择抛荒也不愿意转出农地。本书在安徽丘陵山区调研时发现，有较大比例的农户非农就业后选择农地抛荒，原因是转出农地租金太低，转入土地需求方多是外部资本，农户间流转比例非常低，农户担心转出后土地土质被破坏进而影响将来自己经营。

6. 外部制度变迁对非农就业比例和农地流转比例有正向影响

外部制度变迁实质上是城乡二元制度的改善，主要是户籍制度、社保制度和劳动力市场制度的改善。验证结果显示，制度变迁正向促进了农村劳动力非农就业和农地流转，有利于农民职业分化和农地规模经营。

（二）估计模型的检验

上述估计结果只有在 VECM 模型满足残差无自相关性、残差正态性和过程平稳性等各项假设的前提下才是可信和有效的，因此需要对上述估计模型的三项假设进行全面检验，所使用的检验方法分别为 Lagrange Multiplier 检验、Jarque-Bera 检验和特征值稳定性分析。表 6 - 5 列示了上述 VECM 估计模型的残差自相关性、残差正态性和过程平稳性的假设检验结果。

表 6 - 5　估计模型的假设检验结果

检验项目	残差自相关性			残差正态性			过程平稳性
非农就业	L. 1	chi2 = 52. 41	p = 0. 34	ALL	chi2 = 6. 41	p = 0. 78	特征值均小于 1
	L. 2	chi2 = 40. 31	p = 0. 81				
农地流转	L. 1	chi2 = 61. 96	p = 0. 54	ALL	chi2 = 31. 13	p = 0. 69	特征值均小于 1
	L. 2	chi2 = 257. 05	p = 0. 72				

注：表中 L. 1 和 L. 2 分别表示滞后 1 阶和滞后 2 阶。

由表 6 - 5 的结果可知，Lagrange Multiplier 检验对残差自相关性的检验表明，可以接受无自相关性的原始假设；Jarque-Bera 检验对残差正态性的检验表明，总体上不拒绝残差服从正态分布的原始假设；特征值稳定性分析对过程平稳性的检验结果显示，所有特征值均落在了单位圆内（特征值小于 1），过程是平稳的。表 6 - 5 的结果显示，上述 VECM 估计模型的三项假设均通过了检验，表明使用 VECM 模型估计非农就业和农地流转的影响因素是可信和有效的。

（三）估计结果的稳健性检验

使用上述 VECM 模型对各因素与农地规模经营进行协整回归时，通过判断采用了具有常数项和趋势项的模型进行分析。为了检验各影响因素对农地规模经营的作用效应是否具有稳定性特征，本章继续采用不包括常数项和趋势项以及只包括常数项的 VECM 模型重新估计各因素对被解释变量的影响。估计结果显示，各变量对被解释变量的影响方向并未发生变化，说明前面的估计结果相对稳健，对被解释变量的解释具有一定的可信性。

七　空间异质性分析

各区域在经济发展、人文习俗、生活习惯、地理位置、农地特征等多方面存在显著差异，这种差异可能会导致亩均农地收益、农村劳动力转移、农地租金、农业现代化水平和制度变迁指数存在差异，进而影响到农地流转规模，导致各区域农地规模经营状况产生较大差异。因此，有必要进一步研究供求双方各因素对农地规模经营的影响在不同区域间的差异。同样利用 VECM 模型对各区域数据进行协整回归，表 6 - 6 列示了供求双方各因素影响农地规模经营的区域差异。

表 6 - 6　各因素影响非农就业和农地流转的区域差异

变量	非农就业比例			农地流转比例		
	东部	中部	西部	东部	中部	西部
$Fearn$	- 0. 019 (0. 170)	- 0. 060 ** (0. 015)	- 0. 033 (0. 313)	0. 238 *** (0. 000)	19. 22 *** (0. 000)	- 0. 014 (0. 726)
$Labor$	3. 832 *** (0. 000)	5. 395 *** (0. 000)	1. 903 *** (0. 000)	1. 518 *** (0. 000)	- 106. 427 *** (0. 000)	- 1. 373 * (0. 076)
$Fragm$	0. 041 *** (0. 000)	- 0. 042 * (0. 034)	0. 010 * (0. 090)	0. 086 *** (0. 000)	3. 823 ** (0. 008)	0. 051 *** (0. 000)
$NFearn$	1. 591 *** (0. 000)	0. 799 ** (0. 001)	0. 009 (0. 970)	0. 593 *** (0. 000)	16. 479 *** (0. 000)	1. 582 *** (0. 000)
$Frent$	0. 006 *** (0. 000)	0. 012 ** (0. 022)	0. 021 ** (0. 004)	- 0. 005 ** (0. 044)	- 3. 011 *** (0. 000)	0. 017 * (0. 051)

续表

变量	非农就业比例			农地流转比例		
	东部	中部	西部	东部	中部	西部
Ftime	0.001 (0.955)	0.072 ** (0.025)	0.030 (0.400)	− 0.131 *** (0.002)	− 21.465 *** (0.000)	0.135 *** (0.000)
Larea	—	—	—	− 0.095 *** (0.000)	− 13.513 *** (0.000)	− 0.039 * (0.061)
Worker	—	—	—	− 0.329 *** (0.000)	− 5.062 * (0.067)	− 0.000 (0.999)
Hslabor	—	—	—	—	—	—
Telabor	—	—	—	—	—	—
Trlabor	0.836 *** (0.000)	0.115 (0.173)	0.225 *** (0.046)	—	—	—
SYCI	0.104 * (0.050)	− 0.014 (0.868)	− 0.063 (0.518)	0.465 ** (0.010)	12.057 (0.146)	− 0.284 (0.111)
常数项	− 1.784	− 0.361	− 0.492	− 1.773	198.162	1.699
趋势项	0.002	− 0.013	0.001	− 0.015	− 1.432	− 0.014

注：括号内数值为 p 值，*、** 和 *** 分别表示在 10%、5% 和 1% 的水平下显著，"—"表示变量不显著。

1. 亩均农地收益对非农就业比例和农地流转比例影响的空间异质性

亩均农地收益（*Fearn*）对东中西部地区非农就业比例的影响存在区域差异性，对东部、西部地区的影响不显著，对中部地区有负向影响。对于中部地区而言，亩均农地收益越高，农村劳动力选择非农就业的比例越低，但实际农地收益下降能够正向提升非农就业比例。亩均农地收益每降低 1%，中部地区非农就业比例提升 0.06%，说明中部地区非农就业比例受亩均农地收益的负向影响较大，对东部、西部地区的影响较小，亩均农地收益是农村劳动力非农就业的重要影响因素。

亩均农地收益对农地流转比例的影响也存在东中西部的区域差异，对东部、中部地区有正向影响，但对西部地区的影响不显著。对于东部地区的农户来说，亩均农地收益上升对农村劳动力非农就业影响并不显著，但会引起农地流转比例的增加。对于中部地区的农户来说，亩均农地收益增加会抑制农村劳动力非农就业意愿，但会增强农地转入意愿，在农地转出供给充足时能够提高农地流转比例。对于西部地区的农户而言，亩均农地收益变化并不是非农就业和农地流转的主要影响因素。

2. 农业劳动效率对非农就业比例和农地流转比例影响的空间异质性

由检验结果可以看出，农业劳动效率（Labor）对东部、中部、西部地区非农就业比例有正向促进作用，中部地区影响效应最大，东部地区次之，西部地区最小。然而，该解释变量对农地流转比例的影响在东部地区是正向的，在中部、西部地区是负向的。这说明随着农业劳动效率的提高，农地经营更加节省劳动力，东部地区农地流转需求较为充足，释放出的劳动力非农就业也带动了农地转出供给，从而对农地流转比例提升有正向促进作用，东部地区农地规模经营发展相对较好也证实了这种状况。但在中部、西部地区，农业劳动效率的提高节省了农业经营时间，也降低了非农就业劳动力兼营农地的机会成本，导致农村劳动力非农就业后流转农地的意愿不足，存在较大比例的兼业现象。

3. 土地零碎化程度对非农就业比例和农地流转比例影响的空间异质性

土地零碎化程度（Fragm）与非农就业比例仅在中部地区呈负向影响，随着土地零碎化程度的降低，非农就业比例上升。户均土地块数越多意味着土地越零碎，经营农地也越占用家庭劳动力，不利于释放劳动力非农就业。在东部、中部地区的影响要大于西部地区，因为西部地区土地零碎化程度相对较低。

土地零碎化对农地流转有正向影响，零碎化程度越高，农户转出农地意愿越强，有利于促进农地在农户间流转，提高农地流转比例。从东中西部地区的影响效应看，中部地区的影响最大，东部地区的影响次之，西部地区的影响最小。原因是西部地区户均土地块数变化跨度较大，从12.49块减少到4.34块，但农地流转比例整体偏低，且逐年变化幅度较小；东部地区和中部地区户均土地块数减少幅度相近，均减少了4.5块左右，但中部地区的农地流转比例变化要大于东部地区。

4. 非农收入水平对非农就业比例和农地流转比例影响的空间异质性

东部、中部地区的验证结果和全国的检验结果一致，家庭非农收入水平（NFearn）对两个被解释变量均有正向影响。家庭非农收入水平每提高10%对非农就业比例的影响结果是，东部地区提升15.9%，中部地区提升8.0%；但对农地流转比例的影响结果是，东部地区提升5.9%，中部地区提升 164.8%，西部地区提升 15.8%。验证结果说明，提高非农收入水平能够促使农民职业分化广度与农地规模经营耦合发展，但也说明其对非农就业和农地流转的影响效应并不一致。

5. 亩均农地转出租金和农业现代化水平影响效应的空间异质性

东部、中部地区较高的亩均农地转出租金（Frent）并不一定能够导致农村劳动力非农就业后流转农地，从验证结果可以看出，它是导致非农就业和农地流转不一致的因素之一。在东部、中部地区，较高的租金水平能够促进农村劳动力非农就业比例上升，但也限制了农地转入需求，最终在某种程度上抑制了农地流转比例上升。西部地区农地转出租金水平提高能够正向促进非农就业比例和农地流转比例的同步提升。

农业现代化水平（Ftime）提高对西部地区非农就业和农地流转均具有正向促进作用，可以促使二者同步发展。但对于东部、中部地区而言，农业现代化水平提高是导致农村劳动力非农就业后并不流转农地的原因。随着农业现代化水平的提升，单位农地经营所需时间减少，能够释放更多劳动力非农就业。验证结果显示，东中西地区均符合这个结论。对于东部、中部地区的农村劳动力而言，单位农地经营所需时间减少意味着兼业更加容易，兼业机会成本也更低，会抑制农户转出农地意愿；而西部地区农村劳动力可能没有过多考虑农地经营时间减少，导致兼业机会成本下降，因为相对于东部、中部地区，该地区农村劳动力非农就业距离较远。

6. 户均农地面积和户均劳动力数量对农地流转影响的区域差异

户均农地面积（Larea）和户均劳动力数量（Worker）对东中西部地区的非农就业影响均不显著，对农地流转均呈现负向影响，且中部地区的影响效应最大。户均农地面积每下降 1 亩，中部地区农地流转比例上升 1351.3%，东部地区农地流转比例上升 9.5%，西部地区农地流转比例上升 3.9%。户均劳动力数量每减少 1 人，中部地区农地流转比例上升 506.2%，东部地区农地流转比例上升 32.9%，对西部地区农地流转比例的影响不显著。从验证结果可以看出，这两个解释变量对农地流转的影响效应均是中部地区最大。

7. 制度变迁只对东部地区非农就业和农地流转影响显著

制度变迁指数（SYCI）只对东部地区非农就业比例和农地流转比例提升具有正向促进作用，对中部、西部地区的影响不显著。主要原因在于东部地区城乡二元制度改善状况总体好于中部、西部地区，在城镇化率、社保覆盖率和非国有部门就业率方面东部地区均高于中部、西部地区。

为检验各因素对非农就业和农地流转影响的区域差异的稳健性，使用不包括常数项和趋势项以及只包括常数项的 VECM 模型重新以各区域为分样本估计各影响因素的作用效应。从稳健性检验结果来看，采用新的估计方法后，除了各变量对非农就业和农地流转的作用效应大小发生变化和部分变量的显著性有所改变外，结果与前述包含常数项和趋势项的 VECM 模型对各区域样本的估计结果是完全一致的，这也充分表明各影响因素对农地流转供求的估计结果具有较强的稳健性。

第二节　农地流转滞后的原因分析

——以河南省为例

由上文分析结果可知，影响非农就业和农地流转的因素并不完全相同。劳动力非农就业不一定会导致农地流转的发生，劳动力非农就业后，农地转出供给不足和农地转入需求不足均是农地流转滞后的原因。基于当前土地承包权政策，不考虑农户农地保障心理，本节以河南省各县市为样本，以保障农地收益为前提，从供需角度分析农地流转滞后的原因。

一　河南省农地流转滞后的区域差异性

从图 6-1 可知，河南省各区域农村劳动力非农就业比例高于农地流转比例，且非农就业比例最低的地区高于农地流转最高地区 10 个百分点以上，二者差距较大。

1. 农地流转与农村劳动力非农就业发展不协调

农村劳动力在向非农就业转移过程中，农民职业由最初的完全经营农业逐渐分化，大量农户采取低效率、兼业经营农业方式，甚至部分农户非农就业后将农地抛荒。如何提升农业生产效率成为研究的热点问题。农村土地流转滞后于劳动力非农就业成为农业发展缓慢的重要原因。由图 6-1 可知，河南省各区域非农就业比例均大于农地流转比例，尤其是长垣县二者比例差值高达 67 个百分点。

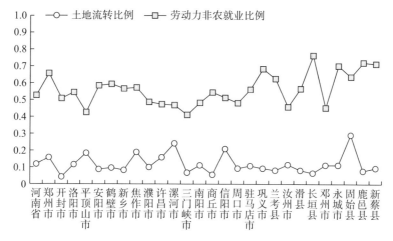

图 6 - 1　河南省农地流转滞后于农村劳动力非农就业状况

2. 农地流转滞后的区域异质性

从整体上看，河南省各区域农地流转均滞后于农村劳动力非农就业。但不同行政区域滞后情况有所不同，如各地市与省直管县（市）就存在异质性，其中平顶山市、漯河市、固始县的农地流转滞后程度明显小于郑州市、安阳市、鹤壁市、新乡市、巩义市、兰考县、长垣县、永城市、鹿邑县等地区。

二　河南省农地流转供给和需求状况测算

农地流转供给和需求状况依据第五章第二节农地流转供给与需求的影响因素及决策模型测算。

（一）农地流转供给状况测算

根据前文分析可得，自营农地机会成本和自营农地收入的大小决定了农户非农就业后是否流转农地。当机会成本大于收入，即满足前文不等式（5－1）后，农户才会选择转出农地资源。首先通过式（5－1）计算农户愿意出让土地的临界面积，即经营土地面积处于临界值以下的农户选择转出土地。整理可得 $N < \dfrac{P\alpha\beta wT}{R - r}$，其中，$N$ 为计算所得的临界值。

本节所选择的样本为非农就业农村劳动力，因此，式中就业概率 P 为 1。式中 α 为劳动力自营农地时间占家庭总劳动时间的比重，通过《全国农村固定观察点调查数据汇编（2010—2015 年）》测算得到 α 为 0.41，用农林牧渔业的户均劳动力人数比上户均家庭劳动力总人数表示；β 表示农忙占用非农时间概率，设定为 0.42，以全家外出从业劳动力人数比上家庭劳动力总人数表示，其值越大表示农忙占用非农劳动时间概率越大；wT 为户均非农收入，以外出劳动力平均收入和户均家庭外出从业劳动力的乘积表示，其值根据各地区具体数据计算得出；$R - r$ 表示农地亩均收入减去亩均农地流转租金，根据第三次全国农业普查相关数据，可设定农地亩均收入 R 为 1073 元，亩均农地流转租金 r 为 174 元。据此可计算得出农地面积临界值。通过比较河南省各县市农户实际承包农地面积与临界值的大小关系，可以详细了解各县市农地流转有效供给的情况（见图 6 - 2）。

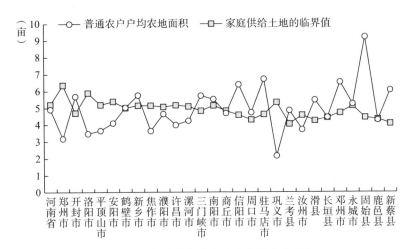

图 6 - 2　河南省各县市农户供给农地状况

从图 6 - 2 可知，从整体上看，河南省家庭供给土地临界值高于普通农户户均农地面积，这表示在全省农地流转市场中，农地供给较为充足。在各个地级市中，与整体情况一致的地区有郑州市、洛阳市、平顶山市、安阳市、焦作市、濮阳市、许昌市、漯河市，省直管县（市）有巩义市、汝州市，说明这些地级市和省直管县（市）整体上呈现农地供给充足的态势。鹤壁市、商丘市、长垣县、永城市和鹿邑县的普通农户户均农地面积与临界值接近，说明这些地区农地供给虽不是十分充足，但农地供给比例并不低。除上述地级市和直管县（市），其余地区的临界值均低于户均农

地面积，表示这些地区农地流转供给不足，抑制了整体农地流转市场中的
农地供给。

（二）农地流转需求状况测算

首先，计算普通农户农地转入需求情况。在劳动力未满负荷时，普通
农户劳动力在非农就业时会选择兼营农地。当农户转入农地成为全职农民
时，需要计算其经营土地收入与兼业收入相当的土地面积和不超过劳动力
满负荷时所能经营土地面积的最大值。

全职农民单个劳动力所需土地用农户家庭单个劳动力期望收入除以农
地亩均年收入表示，其中农户家庭单个劳动力期望收入用农村居民人均可
支配收入表示。河南省为粮食种植大省，根据 2015 年全国农村固定观察点
数据，可设定农地亩均收入为 1013 元。另外，家庭劳均满负荷经营土地面
积的选取，参照现实中农业经营单位（或企业）的劳均土地面积。通过对
相关数据的计算，可以得出农户全职经营粮食作物的土地必要面积和家庭
劳均满负荷经营土地面积（详见图 6－3）。

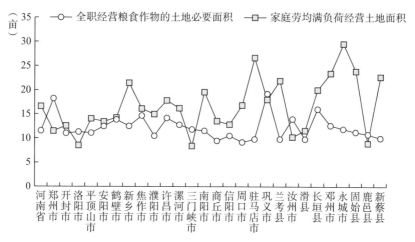

图 6－3　河南省各县市普通农户农地流转需求状况

从图 6－3 可知，从整体上看，河南省家庭劳均满负荷经营土地面积大
于全职经营粮食作物的土地必要面积，这表示全省范围内普通农户转入农
地需求较大。分地区来看，郑州市、洛阳市、三门峡市、巩义市、汝州市
和鹿邑县等地区与整体情况相反，表明这些地区农地流转需求不足。除去
上述几个地区，剩余的各地市和省直管县（市）与整体情况一致，普通农

户农地流转需求较为充足。此外，忽视经营和销售等影响因素，仅考虑亩均收入情况，普通农户对蔬菜和水果等经济作物的农地转入需求较为充足。

其次，计算企业或经营大户农地需求情况。企业或经营大户通常以利润最大化为经营目的，利用自身优势投入资本要素，并通过雇用劳动力扩大农地经营规模，以此获得规模经济，提高资本收益率。这些经营主体通常采用企业化的经营方式，组织化程度较高，其专业化、市场化、现代化水平要高于普通农户。所以，农业资本的配置情况决定了企业或经营大户转入土地的意愿。外部资本倾向于选择农业资本配置效率高、资本回报率高的地区，这些地区经营大户或企业转入农地的需求相对偏高。农业资本配置效率用单位农业机械总动力产生的农业产值代替，即用河南省各县市农业总产值除以其农业机械总动力，可得每万千瓦总动力的农业产值（详见图6－4）。

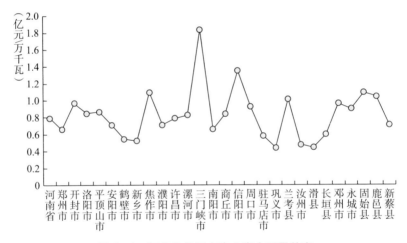

图6－4 河南省各县市农业资本配置效率

从图6－4可知，河南省平均农业资本配置效率为0.79亿元/万千瓦，但不同区域呈现明显的异质性。其中位于全省平均值以下的有郑州市、安阳市、鹤壁市、新乡市、濮阳市、许昌市、南阳市、驻马店市、巩义市、滑县、汝州市、长垣县、新蔡县等地区，表示这些地区农业资本配置效率不高，这会降低企业或经营大户的农地转入需求。位于全省平均水平以上的有开封市、洛阳市、平顶山市、焦作市、漯河市、三门峡市、商丘市、信阳市、周口市、兰考县、邓州市、永城市、固始县、鹿邑县等地区，意味着这些地区资本回报率高，企业或经营大户的农地需求充足。

三　河南省农地流转滞后的原因与农地规模经营主体选择

将农地适度规模经营主体分为三类：①经营大户，由家庭劳动力组成；②农户间合作经营主体，由农户合作组成；③经营企业，由雇用劳动力组成。由前文分析可知河南省各地市和省直管县（市）农地流转供需不足的原因，根据各区域原因分析，将各地区聚合分类并对应各自经营主体选择（详见表6-7）。

表6-7　河南省各区域农地流转滞后的原因及经营主体选择

各地市及省直管县（市）	农地流转滞后的直接原因	农地适度规模经营主体选择
郑州市、巩义市、汝州市	农户供给充足，但农户需求不足，经营企业需求相对不足	培育经营大户；引导资本性经营企业进入
平顶山市、焦作市、漯河市	供给与需求均较为充足	多种经营主体并存
洛阳市	农户供给充足，但农户需求不足，经营企业需求相对充足	应选择资本经营性企业
安阳市、濮阳市、许昌市、长垣县	农户供给充足，农户需求充足，但经营企业需求不足	宜选择经营大户
商丘市、鹿邑县、永城市、开封市、固始县、信阳市、周口市、驻马店市、兰考县、邓州市	供给不充足，但农户需求和经营企业需求充足	基于农户意愿选择农户间合作经营主体
鹤壁市、新乡市、新蔡县、南阳市、滑县	供给不充足，经营企业需求也不足，但农户需求充足	选择少数经营大户带动下的农户间合作经营主体
三门峡市	供给不充足，农户需求也不足，但经营企业需求充足	选择资本经营性企业带动下的农户间合作经营主体

郑州市、巩义市、汝州市适合吸引经营企业入驻、培养以家庭劳动力为主的经营大户。巩义市、汝州市多为山地、丘陵地区，且非农产业发展相对较好，故农户供给充足，但农户需求和经营单位需求不足。郑州市则因为农户非农就业机会较多，非农收入相对稳定，过高的自营土地机会成本导致农户农地供给充足，需求不足。郑州市位于省会地区，农地性质易

变，资本投资土地风险较高。此外，在郑州市区附近，投资非农领域项目比较容易获得高资本收益。上述两点原因导致郑州市经营单位需求不足。

平顶山市、焦作市、漯河市农地流转供需均充足，可选择三种经营主体协同发展，同时从侧面印证了在全省范围内这些地区农地流转比例相对较高的情况。

洛阳市适合发展资本经营性企业。洛阳市农地特征以山地和丘陵为主，农户多愿意转出农地，农户需求不足。洛阳市根据不同农地特征发展特种农业，经营企业农地需求充足，经营主体适合选择资本经营性企业。

安阳市、濮阳市、许昌市、长垣县适合培育经营大户。原因是这些地区非农产业发展较好，农村劳动力向非农领域转移。平原地区以粮食种植为主，土地耕作容易。因此，农村劳动力逐渐分化，农户农地供需均充足。但以粮食作物为主的种植地区难以满足企业经营主体的要求，所以这四个地区经营企业需求不足。

商丘市、鹿邑县、永城市、开封市、固始县、信阳市、周口市、驻马店市、兰考县、邓州市应在考虑农户意愿情况下，引导农户发展农户间合作经营主体。这些地区农村劳动力非农就业不稳定且非农就业收入不高，导致农地供给不足。这些地区应在考虑农户意愿的基础上，引导农户发展农户间合作经营。数据显示，固始县农地流转比例偏高，不符合农户农地供给不足这一现象。整合分析固始县数据发现，在固始政府的主持下该地区进行了 46 个村的整体土地流转，其中不全是基于农户意愿。

鹤壁市、新乡市、新蔡县、南阳市、滑县应发展少数经营大户，并引导少数经营大户组成合作经营主体。这些地区土地易耕种，农户非农就业水平低且不稳定，农户对农地需求充足，转出农地意愿较弱。经营企业在这些地区难以实现规模化经营以获得规模经济，这降低了经营企业的农地需求。这些区域应发展经营大户，并引导经营大户组成合作经营主体。

三门峡市适合发展经营企业带动下的农户合作主体。三门峡市多为丘陵、山地，地形特征抑制了农户转入农地的意愿；农村劳动力非农就业收入得不到保障，自营农地机会成本小，导致该区域农地供给不足。但三门峡市地形多样、气候适宜，适合因地制宜发展特色农业，对经营企业的吸引力较强，经营企业农地需求充足。在考虑农户意愿的基础上，三门峡市适合发展经营企业带动下的农户合作主体。

第三节　本章小结

首先，利用宏观统计数据实证分析了农村劳动力非农就业和农地流转的影响因素，得到以下结论：①农村劳动力非农就业和农地流转的影响因素并不完全一样，二者影响因素不一致印证了农地流转滞后于劳动力转移的现象；②我国农地流转比例不仅取决于农村劳动力非农就业后转出农地供给情况，也取决于农地流转市场需求状况；③提高非农收入水平和农业劳动效率均能够促使二者正向发展，它们是促使二者同步发展的关键因素；④农业现代化水平提高能够提高农村劳动力非农就业比例，但抑制了农地流转，因为其降低了农户兼业的机会成本；⑤土地零碎化程度对二者发展均具有负向影响，外部制度变迁对二者发展均具有正向影响。

其次，针对农地流转滞后于农村劳动力非农就业状况，选择河南省第三次全国农业普查数据对农地流转供给和需求状况进行了测度，并针对区域差异、农地异质等空间异质性进行了分析，得出了河南省各地市及省直管县（市）农地流转滞后的原因各有差异，有农地流转供给不足、需求不足和供求均不足三种情况，并针对各区域农地流转状况，提出了选择农地适度规模经营主体的建议。

第七章

农民职业分化深度与服务型规模经营的
影响因素分析

前面分析了农民职业分化广度和农地流转的影响因素，但增加非农就业比例和推动农地流转并不是解决农村人地矛盾的唯一途径。针对小农户兼业仍占农地经营主体较大比重的情况，需要强化农民职业分化深度和寻求服务型规模经营路径。本章将基于农户意愿进一步分析农民职业分化深度与服务型规模经营的影响因素。

第一节　农民职业分化深度的农户意愿分析

农民职业分化深度主要从两个方面考虑：一是农民非农就业后向完全非农就业深化；二是农民由传统经营农地向职业化经营农地转化。本节将从这两个方面进一步分析农民职业分化深度的影响因素，分析的角度是以农民家庭为决策单元，调查样本分城镇非农就业群体和农村务农群体。基于城镇非农就业群体样本，研究农民是否完全非农就业的影响因素。基于农村务农群体样本，研究其转向职业农民意愿的影响因素。

一　农民完全非农就业的影响因素分析

（一）数据来源与说明

通过比较学术界已经公布的关于农村居民的微观数据，根据数据的可得性和可用性，最终选择了中国家庭收入调查数据（CHIP 2013）。该数据样本来源于国家统计局 2013 年城乡一体化常规住户调查大样本库，CHIP

项目组按照东部、中部、西部地区并分层抽样获得该样本。该样本覆盖 15 个省份 234 个县区 64777 个个体样本，其中包括城镇住户样本 7175 个、农村住户样本 11013 个和外来务工住户样本 760 个。根据分析目的，需要具有农村承包耕地且非农就业的个体样本，所以选择 11013 个农村住户样本，共有个体样本 39065 个。

为了满足分析的目的，依据问卷内容，对样本数据进行筛选和整理。第一，每个住户样本只保留户主一个样本。对农村住户样本进行处理，剔除每户中非户主个体样本。因为农民完全非农就业的选择是基于农户家庭对劳动力和土地要素的配置结果，这种选择是以农户为单位进行的，若一户保留多个样本则会导致选择行为的重复。第二，保留仍有承包耕地的个体样本。部分具有农业户口的样本由于存在农地征收、农地被集体收回等情况，已不再有承包农地，需要将这部分样本剔除。第三，保留当年非农就业的个体样本。通过筛选，只保留本地非农就业和外地非农就业个体样本。第四，筛选出完全非农就业和兼业样本。农民非农就业后不再经营承包农地，即完全非农就业，其处置承包耕地的方式有完全流转土地、闲置土地、自营土地三种；农民兼业是指既非农就业又自营承包耕地。

（二）模型设定

在农民非农就业状况下，对家庭劳动力、土地要素进行选择处置，选择的结果分继续经营耕地和不经营耕地（包含土地流转、土地闲置和土地托管等），这种选择的结果有兼业和完全非农就业两种。基于此，可以研究农民非农就业后是否完全非农就业的选择行为。兼业即不选择完全非农就业。针对农民非农就业样本，这两种选择是一个典型的二元决策，故需要选用 Probit 模型或 Logit 模型，回归模型的函数形式如式（7-1）所示。

$$p = F(y = 1 \mid X_i) = \varphi(\beta X_i) \qquad (7-1)$$

式（7-1）中，因变量 y 是自变量 X_i 的线性组合，其中，y 表示二值形式的被解释变量，$y=1$ 表示选择完全非农就业；p 表示在 X 影响下 $y=1$ 的条件概率；φ 是标准正态分布函数；$\beta(\beta_0, \beta_1, \cdots, \beta_n)$ 为待估参数；X_i 代表影响被解释变量 y 的各种主要因素组成的解释变量。

基于上述模型，为探讨农民非农就业后选择完全非农就业的影响因素，构建如下农民完全非农就业意愿的 Probit 和 Logit 线性回归模型：

$$DIFF = \alpha_0 + \alpha_1 SEX + \alpha_2 AGE + \alpha_3 EDU + \alpha_4 MARR +$$
$$\alpha_5 WAGE + \alpha_6 LAND + \alpha_7 ZBF + \alpha_8 JOB + \alpha_9 FYRK + \varepsilon \qquad (7-2)$$

在模型（7-2）中，被解释变量 $DIFF$ 表示农民是否完全非农就业，分为"是"和"否"，并分别用 1 和 0 表示。其余变量均为解释变量，具体变量说明见表 7-1。$\alpha_i (i = 1, 2, \cdots, 9)$ 为相应的待估系数，α_0 为截距，ε 为随机误差项。

（三）变量选取与描述性统计

被解释变量为已经非农就业的农民选择完全非农就业的意愿，用于反映农民职业分化深度的其中一个方面，即非农就业的彻底性，用虚拟变量表示（完全非农就业 =1，未完全非农就业 =0）。

解释变量主要从三方面选取：①农民个体及家庭因素，包括农民性别、年龄、受教育程度、婚姻状况、家庭抚养人口数；②农业相关因素，包括家庭承包耕地面积、亩均土地转包收入；③非农就业相关因素，包括非农就业年收入、是否外地就业。具体变量说明详见表 7-1。

表 7-1 变量的选取与说明

变量	取值范围	说明
农民完全非农就业（$DIFF$）	0、1	未完全非农就业 =0；完全非农就业 =1
性别（SEX）	0、1	女 =0；男 =1
年龄（AGE）	20~65	剔除年龄小于 20 岁和大于 65 岁的样本
受教育程度（EDU）	0、1	高中以下受教育程度 =0；高中及以上受教育程度 =1
婚姻状况（$MARR$）	0、1	单身 =0；已婚 =1
非农就业收入（$WAGE$）	按实际值	利用非农月收入乘以工作月份得到
家庭承包耕地面积（$LAND$）	按实际值	单个样本的自营、闲置和转出耕地面积之和
亩均土地转包收入（ZBF）	按实际值	问卷中的亩均转包费，未转出样本赋值为 0
是否外地就业（JOB）	0、1	本地非农就业 =0；外地非农就业 =1
家庭抚养人口数（$FYRK$）	按实际值	个体样本所在家庭老人和孩子的数量

各变量的描述性统计结果详见表 7-2。

表 7 - 2 主要变量描述性统计

变量	样本量	均值	标准差	最小值	最大值
DIFF	1006	0.32	0.47	0	1
SEX	1006	0.97	0.18	0	1
AGE	1006	44.57	8.26	20	65
MARR	1006	0.94	0.23	0	1
EDU	1006	0.14	0.34	0	1
WAGE	1006	34585	26103	600	350000
LAND	1006	4.70	5.38	0.10	45.40
ZBF	1006	134.90	389.03	0	2500
FYRK	1006	0.90	0.84	0	3
JOB	1006	0.27	0.45	0	1

通过剔除未非农就业个体样本，处理或剔除异常值，最后保留农民非农就业样本 1006 个。样本中男性比例较大，这也符合农民家庭以男性非农就业为主的实际状况，同时也因为筛选样本时只保留户主，绝大多数户主是男性。样本年龄以中青年为主，平均年龄为 44.57 岁，中青年户主能够做出家庭土地和劳动力如何配置的选择。从婚姻状况可以看出，较大比例的样本是已婚状态。从受教育程度可以看出，高中以下受教育程度的样本比例为 86%，农村非农就业者的学历水平仍然偏低。非农就业收入的均值为 34585 元，由于样本中非农就业者平均工作月份只有 9.79 个月，这一数值具有较强的可信性，而且存在部分样本工作月份在 6 个月以下的情况。家庭承包耕地面积平均为 4.70 亩，最多为 45.40 亩，最少为 0.10 亩。亩均土地转包收入均值为 134.90 元，最小为 0 元，存在无偿转出土地的情况；最大为 2500 元，在外部资本转入土地和集体经营情况下确实存在较高转包费。家庭抚养人口数最大值为 3 人，因为剔除了少量数值为 4 人的样本。从是否外地就业可以看出，本地非农就业比例为 73%，外地非农就业比例为 27%。

（四）回归结果与分析

为了验证农民家庭完全非农就业的影响因素，基于模型（7-2）进行多元线性回归分析。考虑到被解释变量农民是否完全非农就业（DIFF）的二值属性以及模型的稳健性，对模型同时采用 Probit 回归和 Logit 回归。具体回归结果详见表 7 - 3。

表 7 - 3　农民完全非农就业影响因素的回归结果

变量	（1） Logit 模型（Odds）	（2） Logit 模型	（3） Probit 模型
SEX	0.513 * （- 1.69）	- 0.668 * （- 1.69）	- 0.428 * （- 1.85）
MARR	0.553 * （- 1.91）	- 0.592 * （- 1.91）	- 0.359 * （- 1.94）
AGE	1.014 （0.19）	0.014 （0.19）	0.011 （0.25）
AGE^2	0.999 （- 0.11）	- 0.000 （- 0.11）	- 0.000 （- 0.18）
EDU	1.492 * （1.93）	0.400 * （1.93）	0.244 ** （1.99）
WAGE	1.001 * （1.96）	0.000 * （1.96）	0.000 ** （2.17）
LAND	1.241 ** （2.46）	0.216 ** （2.46）	0.139 *** （2.77）
ZBF	1.001 *** （4.52）	0.004 *** （4.52）	0.002 *** （5.60）
JOB	0.725 * （- 1.82）	- 0.322 * （- 1.82）	- 0.218 ** （- 2.08）
FYRK	1.066 （0.63）	0.064 （0.63）	0.040 （0.69）
常数项	0.457 （- 0.48）	- 0.782 （- 0.48）	- 0.478 （- 0.50）
N	1006	1006	1006
chi2	52.408	52.408	67.288
Pseudo R^2	0.174	0.174	0.162

注：*** 、** 、* 分别表示1%、5%、10%的显著性水平，括号中是双侧检验的 z 值。

表 7 - 3 模型（1）Logit 模型回归显示的是概率比（Odds Ratio），模型（2）Logit 模型和模型（3）Probit 模型回归显示的是系数。两个模型回归结果显示，各变量的显著性和对被解释变量的影响方向一致，其中年龄和家庭抚养人口数回归结果均不显著。

1. 农民完全非农就业影响因素的回归结果分析

（1）个体特征对农民完全非农就业的影响

性别对农民完全非农就业的影响系数为负，已经非农就业的男性户主选择完全非农就业的概率低于女性户主，男性发生概率低于女性发生概率 48.7%。这说明男性户主与女性户主相比，在非农就业后更有能力和更倾向于兼营家庭承包耕地。年龄在回归结果中不显著，笔者尝试将年龄按照 30 岁以下、30~45 岁和 45 岁及以上分组回归，结果也不显著，但系数存在正负差异。再次回归时将年龄的平方引入模型，发现结果不显著，但平方项系数为负，说明年龄对农民完全非农就业的影响可能呈倒"U"形，即中青年农民选择完全非农就业的概率较高。受教育程度对农民完全非农就业呈现正向影响，高中及以上学历的户主选择完全非农就业的概率比是高中以下学历户主的 1.49 倍。家庭抚养人口数的影响不显著，但回归系数为正，说明家庭抚养人口数对农户选择完全非农就业具有促进作用。

（2）农业和非农就业相关因素的影响

非农就业收入水平对农民完全非农就业具有正向促进作用，每增加 1000 元，发生概率比就增加 1%。家庭承包耕地面积的回归系数为正，这与理论分析中家庭土地面积越多农民兼业的可能性越大不一致，这个结果可能是因为样本中家庭农业收入占比较低，耕地越多导致农民兼营耕地的机会成本越高。外地非农就业的农户选择完全非农就业的概率比是本地非农就业农户的 0.73 倍，说明越是外地非农就业的农户选择兼业的概率越高。样本数据显示，本地非农就业平均工作月数是 10.13 个月，外地非农就业平均工作月数是 9.63 个月，外地非农就业更加不稳定。

2. 内生性检验

解释变量非农就业收入（WAGE）可能存在内生性，因为完全非农就业会因为工作时间的增加对非农就业收入有正向促进的可能。所以，本部分对解释变量非农就业收入进行内生性检验，采用 Probit 模型的两步法进行。选取工具变量为非农就业月收入（A_WAGE），月收入会直接影响总收入，但月收入并不是完全非农就业的直接影响因素，因为工作月数才与完全非农就业直接相关，月收入较高者工作月数不一定大。首先，采用 Stata 16 软件中的 ivprobit 命令进行两步法回归，回归结果详见表 7 - 4。

表 7 - 4   Probit 模型两步法内生性检验

变量	(4) WAGE	(5) DIFF
A_WAGE	6. 893 *** (45. 91)	
SEX	2052. 53 (0. 79)	- 0. 435 * (- 1. 86)
MARR	862. 36 (0. 42)	- 0. 359 * (- 1. 89)
AGE	- 132. 73 ** (- 2. 19)	0. 004 (0. 63)
EDU	3401. 95 ** (2. 52)	0. 239 * (1. 90)
WAGE		4. 344 ** (1. 98)
LAND	- 260. 01 (- 0. 51)	0. 139 ** (2. 84)
ZBF	- 2. 49 *** (- 3. 12)	0. 002 *** (11. 04)
JOB	- 1026. 94 (- 0. 92)	- 0. 217 ** (- 2. 04)
FYRK	- 1039. 57 * (- 1. 73)	0. 419 (0. 73)
常数项	14535. 26 *** (3. 56)	- 0. 343 (- 0. 88)
N	1006	1006
Wald 检验		chi2 = 0. 13 p = 0. 717

注：*** 、** 、* 分别表示 1% 、5% 、10% 的显著性水平，模型（4）括号内是 t 值，模型（5）括号内是双侧检验的 z 值。

从第一步模型（4）的回归结果看，非农就业月收入能够在1%的显著性水平下正向促进非农就业收入，且具有较强的解释力。同时将第二步模型（5）回归结果与模型（3）进行对比发现，各解释变量的显著性、系数符号均无变化，系数大小差别非常微小。对于变量非农就业收入（$WAGE$）是外生性原假设"$H_0:\rho = 0$"的 Wald 检验结果，其 p 值为 0.717，并没有拒绝原假设，故该变量并不是内生变量。

由于怀疑内生解释变量个数等于工具变量个数，本部分不再进行过度识别检验。直接进行弱工具识别检验，即进一步检验内生变量与工具变量的相关性。弱工具变量检验的原假设为"H_0:内生变量与工具变量不相关"，表 7–5 中 AR 和 Wald 检验结果显示，其 p 值均在 10% 的水平下显著，应拒绝原假设，说明工具变量不是弱工具变量。

表 7–5　弱工具识别检验结果

检验	统计量	p 值
AR	chi2 = 3.80	0.051
Wald	chi2 = 3.79	0.052

二　农民职业化意愿的影响因素分析

本部分是针对仍然在经营农村承包耕地的农民群体，研究其是否有意愿进行职业化、规模化经营耕地。所以，调查研究对象选择农村家庭劳动力，且当前仍在经营农村承包耕地。

（一）数据来源与说明

采用课题组调查方法进行数据搜集，考虑到传统农民向职业农民转化受土地流转和规模经营状况的影响。由于土地流转比例高的区域农地规模经营状况相对较好，农民职业化程度也相对较高，所以调查对象确定为土地流转比例较低、以小农户兼业为主的农村家庭。

调查在河南省 18 个地市和安徽省肥东县进行，河南省利用大学生假期采用采访询问调查的方式进行，安徽省肥东县利用课题组成员出差专访的形式进行，共成功采访询问 853 个农村家庭，完成问卷 853 份，剔除无效问卷 82 份，有效问卷共计 771 份，问卷有效率为 90.4%。按照样本量从高到低排列后的柱状图可知，安徽省肥东县有 18 个样本（见图 7－1），其余样本数量与 18 个地级市的人口数量排序保持一致，具有较强的代表性。

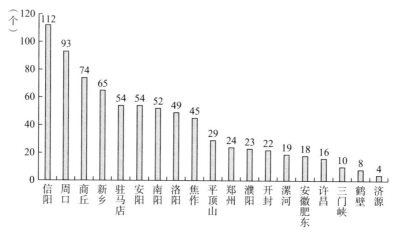

图 7－1　调查问卷样本的区域分布状况

调查数据显示，771 个受访家庭中有 504 个家庭的农地地貌特征以平原为主（占比 65.4%），以丘陵或山地为主的有 267 个家庭（占比 34.6%），具体详见图 7－2。

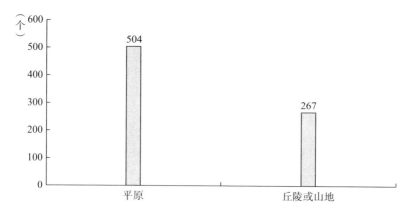

图 7－2　调查问卷样本的农地地貌特征分布状况

（二）模型构建、变量说明与描述性统计

1. 模型构建

在基于土地流转或接受统一农业服务情况下，本部分分析普通农户是

否有意愿职业化、规模化经营农地，所以将农户意愿分为不愿意和愿意。针对农户转向职业农民意愿的影响因素分析，是一个典型的二元决策，故需要选用 Probit 模型或 Logit 模型，回归模型的函数形式如式（7－3）所示。

$$p = F(y = 1 \mid X_i) = \varphi(\beta X_i) \tag{7-3}$$

式（7－3）中，因变量 y 是自变量 X_i 的线性组合，其中，y 表示二值形式的被解释变量，$y = 1$ 表示选择职业农民；p 表示在 X 影响下 $y = 1$ 的条件概率；φ 是标准正态分布函数；$\beta(\beta_0, \beta_1, \cdots, \beta_n)$ 为待估参数；X_i 代表影响被解释变量 y 的各种主要因素组成的解释变量。

基于上述模型，为探讨传统农民向职业农民转化意愿的影响因素，构建如下农民职业化转化意愿的 Probit 和 Logit 线性回归模型：

$$PROF = \beta_0 + \beta_1 SEX + \beta_2 AGE + \beta_3 EDU + \beta_4 SFJY + \beta_5 FNSR + \beta_6 LDSL +$$
$$\beta_7 GDMJ + \beta_8 FYRK + \beta_9 JCJL + \beta_{10} ZWLX + \beta_{11} ZBFS + \beta_{12} DMTZ + \varepsilon$$
$$\tag{7-4}$$

在模型（7－4）中，被解释变量 $PROF$ 表示农民职业化意愿，分为"愿意"和"不愿意"，并分别用 1 和 0 表示。其余变量均为解释变量，具体变量含义如表 7－6 所示。$\beta_i (i = 1, 2, \cdots, 12)$ 为相应的待估系数，β_0 为截距，ε 为随机误差项。

2. 变量说明

被解释变量为普通农户职业化、规模化经营农地的意愿，用于反映农民职业分化深度的其中一个方面，即农民职业化意愿，用虚拟变量表示（愿意向职业农民转化 =1，不愿意向职业农民转化 =0）。

解释变量主要从三方面选取：①农户个体特征，包括性别、年龄、受教育程度、家庭劳动力数量、家庭抚养人口数；②农业经营和非农就业的相关因素，包括家庭耕地面积、作物类型、是否兼业、非农收入水平；③环境因素，包括家庭城市距离、农地地貌特征、周边是否有新型经营主体。

为便于回归分析，依据变量性质并结合实际分析逻辑，对调查问卷的相关变量进行了重新编码和赋值处理。具体变量情况详见表 7－6。

表7-6 基于调查问卷的具体变量处理与赋值结果

变量名称	代码	选项	赋值	变量名称	代码	选项	赋值
性别	SEX	男	1	农民职业化意愿	PROF	愿意	1
		女	0			不愿意	0
年龄	AGE	30岁以下	1	农地地貌特征	DMTZ	平原	1
		30~50岁	2			非平原	0
		50岁及以上	3	家庭非农收入	FNSR	3000元以下	1
受教育程度	EDU	初中	1			3000~6000元	2
		高中	2			6000元及以上	3
		大专	3	作物类型	ZWLX	粮食	1
		本科及以上	4			非粮食	0
是否兼业	SFJY	否	0	周边是否有新型经营主体	ZBFS	有	1
		是	1			无	0
抚养人口数	FYRK	老人和儿童数量之和		劳动力数量	LDSL	按实际值	
耕地面积	GDMJ	计算出实际值		家庭城市距离	JCJL		

3. 描述性统计

各变量的描述性统计结果详见表7-7。

表7-7 主要变量描述性统计

变量	样本量	均值	标准差	最小值	最大值
PROF	771	0.831	0.375	0.000	1.000
AGE	771	2.154	0.476	1.000	3.000
EDU	771	1.613	0.932	1.000	4.000
SFJY	771	0.359	0.480	0.000	1.000
FNSR	771	1.497	0.516	1.000	3.000
GDMJ	771	3.971	3.919	3.000	30.000
ZBFS	771	0.690	0.463	0.000	1.000
lnJCJL	771	3.049	0.794	0.000	6.215
DMTZ	771	0.654	0.476	0.000	1.000
LDSL	771	2.099	0.718	2.000	6.000
FYRK	771	2.857	1.521	0.000	8.000

续表

变量	样本量	均值	标准差	最小值	最大值
ZWLX	771	0.957	0.202	0.000	1.000

由各变量描述性统计结果可知，在扩大农地经营规模和增加农业服务的基础上，当前经营耕地的普通农户有意愿向职业农民转化的比例达到83.1%，说明将小农户培育成职业农民有足够的意愿支撑。年龄的均值是2.154，意味着样本中30～50岁的询问对象占较大比重，对样本进行进一步统计发现该年龄段占比为74.97%，该年龄段劳动力一般具有家庭决策权。受教育程度的均值为1.613，说明调查对象总体学历偏低，以高中及以下学历为主。是否兼业的均值为0.359，说明调查询问对象多以全职务农为主，这个结果可能是因为调查选择在农村进行且侧重于仍经营耕地的对象。家庭非农收入指询问当事人或家庭其他成员非农就业获得的收入，其均值为1.497，进一步统计发现月收入低于6000元占较大比例。周边是否有新型经营主体的均值为0.690，说明69.0%的调查对象所在农村周围有新型农业经营主体，对普通农户经营思想具有一定的影响。由于家庭城市距离数值差距比较大，进行了取自然对数处理。农地地貌特征均值为0.654，说明农地地貌特征以平原为主的样本占65.4%。家庭劳动力数量的均值为2.099，平均每个家庭有2个以上的劳动力，符合现实情况。家庭抚养人口数最大值为8人，最小值为0，均值为2.857人，调查中发现新婚夫妇新组建家庭抚养人口为0，也有兄弟几人暂未分家的人口较多家庭。作物类型均值是0.957，说明普通农户仍然以种植粮食作物为主，经营非粮作物的比例仅为4.3%。

（三）结果与分析

为了验证普通农户向职业农民转化意愿的影响因素，基于模型（7-4）进行多元线性回归分析。考虑到被解释变量农民职业化意愿（*PROF*）的二值属性以及模型的稳健性，对模型同时采用 Probit 回归和 Logit 回归。具体回归结果详见表7-8。

其中模型（1）Probit 模型和模型（2）Logit 模型回归显示的是系数，模型（3）Logit 模型回归显示的是概率比（Odds Ratio）。两个模型回归结果显示，各变量的显著性和对被解释变量的影响方向一致，其中作物类型和家庭抚养人口数回归结果不显著，对这两个变量进行剔除。回归过程经过了多重共线性的验证和内生性的判断，模型回归拟合度较好，结果具有较强的解释力。

表 7 - 8　基于 Probit 和 Logit 模型下职业农民意愿影响因素的分析结果

变量	（1） Probit 模型	（2） Logit 模型	（3） Logit 模型（Odds）
AGE	- 0.53 *** （- 3.57）	- 1.01 *** （- 3.55）	0.366 *** （- 3.55）
EDU	- 0.81 *** （- 10.70）	- 1.42 *** （- 9.45）	0.243 *** （- 9.45）
SFJY	- 0.81 *** （- 5.39）	- 1.50 *** （- 5.30）	0.223 *** （- 5.30）
FNSR	- 0.35 ** （- 2.37）	- 0.65 ** （- 2.33）	0.522 ** （- 2.33）
GDMJ	- 0.04 ** （- 2.20）	- 0.06 ** （- 1.99）	0.941 ** （- 1.99）
ZBFS	0.48 *** （3.13）	0.91 *** （3.16）	2.488 *** （3.16）
lnJCJL	0.46 *** （5.01）	0.82 *** （4.82）	2.280 *** （4.82）
DMTZ	0.56 *** （3.72）	1.03 *** （3.61）	2.794 *** （3.61）
LDSL	0.38 *** （3.76）	0.70 *** （3.66）	2.012 *** （3.66）
常数项	2.10 *** （3.82）	3.77 *** （3.67）	43.240 *** （3.67）
N	771	771	771
chi2	225.99	179.14	179.14
Pseudo R^2	0.49	0.49	0.49

注：***、** 分别表示 1%、5% 的显著性水平，括号中是双侧检验的 z 值。

1. 普通农户选择职业农民意愿的负向影响因素

调查对象的年龄、受教育程度、家庭非农收入水平、兼业对职业农民意愿有负向影响。对于三个年龄段而言，农村劳动力上升 1 个年龄段，其有意愿成为职业农民的概率比下降 63.4%，说明职业农民的培育对象应该多在年轻人当中选择。受教育程度的四个分类中，初中及以下学历的样本个体有意成为职业农民的概率比最高，高中、大专、本科及以上的概率依次降低。家庭非农收入水平越高，家庭主要劳动力成为职业农民意愿的发生概率越低，说明当前农村家庭以非农收入为主会阻碍农户改变传统农业经营方式。相对于完全务农农户，兼业农户成为职业农民意愿的概率比下降 77.7%，说明兼业农户成为职业农民的意愿偏低。

2. 普通农户选择职业农民意愿的正向影响因素

周边有新型农业经营主体、与城市或县城距离较远、农地地貌特征为平原、较多家庭劳动力数量对农户选择成为职业农民的概率有正向提升作用。周边是否有新型农业经营主体直接影响农户经营农地的理念，同时能够为农户改变传统经营方式提供相应服务。与城市或县城的距离越近，农户成为职业农民的发生率越低，主要原因是该因素具有两面性，距离越近越容易获得非农就业机会，承包耕地经营农业的机会成本也会增加，但农产品越容易进入市场带动农户专业化经营农地，可能农户考虑更多的是非农就业机会和改变耕地用途。相对于山地和丘陵地貌特征，在平原地貌特征区域的农户规模化经营农地更易实现，现代化技术投入受限因素少，所以平原区域农户更愿意成为职业农民。家庭拥有较多劳动力的农户选择成为职业农民的概率偏高，因为这样的农户更容易向规模经营农户转变，在不雇用劳动力的情况下可以经营更多面积的耕地。

第二节　参与服务型规模经营的农户意愿分析

农地适度规模经营要考虑农民职业分化的程度和经营农地的意愿，前面一节分析验证了农地流转视角下规模经营的影响因素，本节将分析在农户流转农地意愿较低、兼业经营为主的环境下发展服务型规模经营的影响因素。发展服务型规模经营，重点考虑农民选择接受代耕代种或土地托管的意愿，本节将选择农地流转供给和需求意愿不充足（易抛荒）区域的经营农地农户作为调查对象，进一步分析其加入服务型规模经营意愿的影响因素。

一　调查问卷基本情况与样本分析

（一）调查问卷基本情况

1. 调查问卷设计

河南是我国农业大省，是主要的粮食生产基地，地域广阔，涵盖了平原、丘陵和山地三大农地类型，包括了中国农地状况的绝大多数特征，具有典型性。基于河南农村土地的实际状况以及考虑到问卷调查的便利性，选择河南农村家庭作为调查对象，通过在河南各高等院校内采取随机抽样的方法发放调查问卷。

调查问卷内容主要包括两个板块。农户基本情况板块设计为 18 个选项，主要涉及农村劳动力性别、年龄、学历、兼业状况以及家庭人口数量、收入状况等内容。考虑到本次调查问卷主要是探讨农户经营农地情况下参与服务型规模经营的影响因素，因此，规模经营板块仅限没有进行农地流转、仍然经营土地的农户填写，主要涉及是否考虑加入服务型规模经营组织等内容。

2. 调查问卷的发放与回收

本次调查问卷主要投放于郑州大学、河南大学、河南工业大学、河南理工大学、河南财经政法大学、郑州轻工业大学、郑州航空工业管理学院、中原工学院、郑州工业应用技术学院、郑州升达经贸管理学院共 10 所大学，其中公办大学 8 所、民办大学 2 所，共随机发放调查问卷 1000 份，回收问卷 801 份，无效问卷共 169 份，有效问卷共计 632 份。问卷回收率为 80.1%，其中有效问卷率为 78.9%。

3. 调查问卷的处理

为便于回归分析，依据变量性质并结合实际分析逻辑，对调查问卷的相关变量进行了重新编码和赋值处理。具体赋值情况见表 7 – 9。

表 7 - 9　主要变量的重新编码赋值情况汇总

变量名称	符号	选项	赋值	变量名称	符号	选项	赋值
性别	SEX	男	1	家庭年净收入	SR	1.5 万元以下	1
		女	0			1.5 万 ~ 2 万元	2
年龄	AGE	30 岁以下	1			2 万 ~ 3 万元	3
		30 ~ 50 岁	2			3 万元及以上	4
		50 岁及以上	3	月均非农收入	FR	3000 元以下	1
受教育程度	EDU	初中	1			3000 ~ 6000 元	2
		高中	2			6000 元及以上	3
		大专	3	有无闲置劳动力	XL	有	1
		本科及以上	4			没有	0
是否兼业	JY	全职农民	0	服务型规模经营意愿	YY	有	1
		兼业农民	1			无	0
家庭人口数	POP			劳动力数量	LL		
老人数量	LR	按实际值		家庭耕地面积	MJ	按实际值	
儿童数量	ET			家庭城市距离	JL		

（二）样本分析

1. 区域分析

由图 7 - 3 可知，632 份调查问卷涵盖了河南全省 18 个地级市，按照样本量从高到低排列后的柱状图可知，其与各地级市的人口数量排序基本保持一致，具有较好的代表性。

2. 农地特征分析

调查问卷汇总后的结果显示，河南农村土地包括平原、丘陵和山地三种类型，平原型农地占据河南农村土地的绝大多数比重，632 个受访家庭中有 524 个家庭的农地处于平原地带（占比 82.91%），丘陵型农地有 45 个家庭（占比 7.12%），山地型农地有 63 个家庭（占比 9.97%）（见图 7 - 4）。本次调查问卷农地类型的分布状况与河南地理类型保持一致，也表明了调查结果具有一定的代表性。

3. 综合分析

调查问卷的结果显示，在 632 份调查问卷中，有 457 个家庭考虑过新

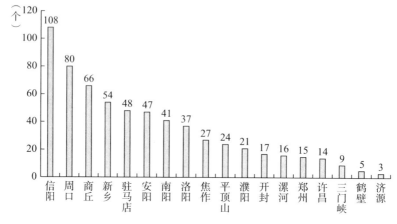

图7-3　调查问卷样本的区域分布状况

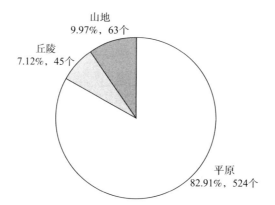

图7-4　调查问卷样本的农地类型分布状况

型经营方式，占比高达72.31%，而仅有175个家庭出于各种原因没有考虑过新型经营方式（即服务型规模经营），表明河南现有农村家庭在保持土地非流转的情况下更愿意进行规模经营，采用新型经营方式的意愿较为强烈。在有新型规模经营意愿的受访家庭中，绝大多数家庭（433家，占比94.75%）认同通过土地入股和土地出租的方式参与集体经营或者企业经营的规模经营方式，其中认同以土地入股方式参与规模经营的家庭（243家）占有新型规模经营意愿受访家庭的53.17%。但是，在考虑新型经营方式的家庭中，农户对农地规模经营的收益、风险承担和承包权益等方面存在顾虑。受访家庭以4口和5口之家居多，分别占35.44%和29.43%，占样本总量的64.87%。家庭劳动力数量普遍为2人，占57.44%，且劳动力闲置比例高达 67.72%。家庭劳动力仍以男性为主，有 582 家，占比 92.09%，在农村家庭中女性劳动力仍然处于次要地位。农村家庭劳动力以中年为主，年龄主要为 30~50 岁，占比 74.53%；主要劳动力年龄在 30 岁以下的占 3.96%；而 50 岁及以上的占比达到 21.52%，这也表明了农村劳动力有逐步老龄化的趋势。41.77% 的兼业农民和 77.53% 的家庭有 1~2 个老人在一定程度上解释了农村劳动力老龄化的原因。在城镇化和人口快速流动的时代背景下，农民职业分化加速，兼业农民"农闲外出打工，农忙返乡种田"，这种候鸟式的、季节性的城乡短暂流动，导致日常的田间管理大多由留守老人来承担。从主要劳动力的受教育水平来看，学历水平普遍较低，59.65% 的农村主要劳动力只有初中水平，高中学历占 25.32%，大专及以上学历仅为 15.03%。在受访家庭中，年净收入在 1.5 万元以下的家庭达到 335 家（占比 53.01%），年净收入在 2 万元以下的高达 94.47%，年净收入在 2 万~3 万元以及 3 万元及以上的家庭数量极少，占比分别为 3.16% 和 2.37%，反映出河南农村家庭纯收入普遍较低。非农收入是农村家庭收入的重要组成部分，问卷结果显示，月均非农收入水平在 3000 元以下和 3000~6000 元的占比分别为 50.16% 和 47.78%。近年来，随着劳动力成本的提高，农村家庭以兼业形式取得的非农收入已成为家庭收入的主要来源。

二 调查问卷的信度和效度检验

为了保证实证结果的可靠性和有效性，首先需要对调查问卷的信度和效度进行检验。只有通过信度检验和效度检验的调查问卷，才能保证问卷的内在一致性和效标关联效度，也才能在此基础上保证实证研究结果的可靠性与有效性。

（一）信度检验

信度（Reliability）指测量数据的可靠性程度和一致性程度，反映数据的稳定性和集中度。对调查问卷的信度进行检验就是检验调查问卷能否稳定地测量所测的事物或变量，信度越高说明调查问卷的结果越具有稳定性和一致性。Alpha 信度系数，又称 Cronbach's α 系数，是最常用的测量内部一致性信度的方法。本节采用 Alpha 系数来对调查问卷进行信度检验，结果如表 7 - 10 所示。

表 7 - 10   调查问卷的 Alpha 信度检验结果

变量	符号	Alpha 系数	变量	符号	Alpha 系数
服务型规模经营意愿	YY	0.7416	月均非农收入	FR	0.7974
家庭人口数	POP	0.7963	劳动力数量	LL	0.8132
性别	SEX	0.8313	有无闲置劳动力	XL	0.8123
年龄	AGE	0.8101	家庭耕地面积	MJ	0.8269
受教育程度	EDU	0.7698	家庭城市距离	JL	0.8217
是否兼业	JY	0.8096	老人数量	LR	0.8079
家庭年净收入	SR	0.7889	儿童数量	ET	0.8175
总量表 Alpha 信度系数			0.8226		

通常认为，Alpha 信度系数在 0 和 1 之间。量表的 Alpha 信度系数在 0.8 以上表示信度较好，0.7~0.8 表示信度可以接受，在 0.7 以下，表示量表的有些变量需要抛弃。从表 7 - 10 调查问卷的 Alpha 信度检验结果可知，本次调查问卷的大多数指标的 Alpha 信度系数在 0.8 以上，只有参与服务型规模经营意愿（YY）、家庭人口数（POP）、受教育程度（EDU）、家庭年净收入（SR）和月均非农收入（FR）的信度系数稍低一些，但均在 0.7 和 0.8 之间，而且总体量表的 Alpha 信度系数为 0.8226。表 7 - 10 对调查问卷的 Alpha 信度系数的检验结果表明，本次调查问卷的数据存在良好的内部一致性，信度较好，可靠性较高。

（二）效度检验

效度（Validity）指测量工具或手段能够准确测出所需测量事物的程度，是科学的测量工具必须具备的重要条件。对调查问卷的效度进行检验就是为了检验其准确反映事物真实情况的能力，衡量调查问卷的综合评价体系能否准确地反映评价目的和要求。效度越高表示测量真实性越高，越能显示所要测量指标的特征。对调查问卷的效度分析主要是对结构效度进行检验，常采用的方法为因子分析法。本部分也采用因子分析法对调查问卷进行结构效度检验，结果如表 7 - 11 所示。

表 7－11　调查问卷结构效度检验的 KMO 值

变量	符号	KMO 值	变量	符号	KMO 值
服务型规模经营意愿	YY	0.804	月均非农收入	FR	0.906
家庭人口数	POP	0.710	劳动力数量	LL	0.793
性别	SEX	0.707	有无闲置劳动力	XL	0.956
年龄	AGE	0.777	家庭耕地面积	MJ	0.652
受教育程度	EDU	0.827	家庭城市距离	JL	0.950
是否兼业	JY	0.781	老人数量	LR	0.821
家庭年净收入	SR	0.850	儿童数量	ET	0.715
总量表 KMO 效度值			0.799		

表 7－11 调查问卷结构效度检验的结果显示，除了家庭耕地面积（MJ）的 KMO 值小于 0.7 外，其他指标的 KMO 值均大于 0.7，且总体量表的 KMO 值为 0.799，说明调查问卷的结构效度良好。此外，本部分还分别使用 Spearman 秩相关系数和 Kendall T 相关系数检验了调查问卷的效标关联效度，结果仍然显示，各影响因素与服务型规模经营意愿的相关性较为显著，表明调查问卷数据可以有效反映预测结果。

上述对调查问卷数据信度和效度的检验，表明调查问卷数据具有较为良好的内部一致性和效标关联效度，数据的可靠性和有效性均较强，可以进一步展开实证研究。

三　模型构建、变量说明与描述性统计

（一）模型构建与变量说明

在非农地流转视角下，单个农户会在理性分析各种影响因素的基础上做出愿意还是不愿意参与服务型农业规模经营的选择，因此这是一个典型的二元决策，故需要选用 Probit 回归模型或者 Logit 回归模型。Probit 回归模型和 Logit 回归模型的函数形式如式（7－5）所示。

$$p = F(y = 1 \mid X_i) \tag{7-5}$$

式（7－5）中，因变量 y 是自变量 X_i 的线性组合，其中，y 表示二值形式的被解释变量，p 表示在 X 影响下 $y = 1$ 的条件概率，X_i 代表影响被解

释变量 y 的各种因素。基于上述模型，为探讨小农户参与服务型农业规模经营的影响因素，构建如下农村家庭新型规模经营意愿的 Probit 和 Logit 线性回归模型：

$$YY = \alpha_0 + \alpha_1 POP + \alpha_2 SEX + \alpha_3 AGE + \alpha_4 EDU + \alpha_5 JY + \alpha_6 SR + \alpha_7 FR +$$
$$\alpha_8 LL + \alpha_9 XL + \alpha_{10} MJ + \alpha_{11} JL + \alpha_{12} LR + \alpha_{13} ET + \sum City + \varepsilon \qquad (7-6)$$

在模型（7-6）中，被解释变量 YY 表示农户参与服务型农业规模经营意愿，分为"愿意"和"不愿意"，并分别用 1 和 0 表示。其余变量均为解释变量，具体为家庭人口数 POP、主要劳动力性别 SEX、主要劳动力年龄 AGE、主要劳动力受教育程度 EDU、是否兼业 JY、家庭年净收入 SR、月均非农收入 FR、劳动力数量 LL、有无闲置劳动力 XL、家庭耕地面积 MJ、家庭城市距离 JL、老人数量 LR、儿童数量 ET，$\alpha_i (i = 1, 2, \cdots, 13)$ 为相应的待估系数，α_0 为截距，ε 为随机误差项。由于区域间可能存在的经济、文化和地方政策等差异会对农村家庭新型经营产生影响，所以模型中控制了区域个体效应（$City$）。上述模型（7-6）中被解释变量为小农户参与服务型农业规模经营意愿（YY），表示小农户不放弃农地经营权情况下参与农民专业合作社、龙头企业生产基地、村社组织、全农业产业链等组织，接受统一生产服务的意愿。解释变量借鉴张忠明和钱文荣（2014）、凌莎（2014）、赵金国和岳书铭（2017）的变量选取方法，并结合问卷的实际调查数据，选取农户家庭人力资本特征和其他特征两类影响因素作为解释变量。其中，农户家庭禀赋具体指标包括家庭人口数、主要劳动力性别、主要劳动力年龄、主要劳动力受教育程度、老人数量、儿童数量、劳动力数量、有无闲置劳动力，农户家庭其他特征的具体指标包括是否兼业、家庭年净收入、月均非农收入、家庭耕地面积、家庭城市距离。

（二）数据来源及描述性统计

表 7-12 显示了总体观测样本的描述性统计结果。在受访的 632 个农户家庭中，有 457 个农户家庭有新型规模经营意愿，仅有 175 个农户没有考虑过新型经营方式，72.3% 的农户家庭愿意通过新型经营方式扩大农地生产规模。调查对象中男性劳动力占到 92.1%，农户家庭平均人口为 4.7 人，劳动力数量平均数量为 2.1 人，67.7% 的农户家庭存在闲

置劳动力，需要抚养的老年人口和儿童人口平均为 2.8 人，这与我国农村实际生产情况相符。农户家庭劳动力仍然以 30～50 岁的中青年为主，且受教育水平普遍较低，受教育程度均值为 1.636，表明农村劳动力普遍为高中以下学历。

从农户家庭其他特征来看，农户家庭平均耕地面积为 4.3 亩，按照平均农户家庭人口规模 4.7 人计算，人均耕地面积不足 1 亩，证实了我国农村人均耕地面积较少的现实。从农户家庭收入来看，年净收入的均值为 1.55 万元，表明农户家庭普遍收入较低，大多数农户家庭年净收入处于 2 万元以下，由于平均 41.8% 的农户家庭劳动力外出从事兼业性质的非农劳动，月均非农收入达到 5000 元左右，有少量农户家庭的月均非农收入达到 6000 元以上，占家庭年净收入的较高比例。另外，受访农户家庭与城市的平均距离为 27.66 公里，但 21.895 的标准差表明家庭城市距离表现出较大的差异，最近的为 0.3 公里，而最远的高达 200 公里。

表 7 - 12　总体样本主要变量描述性统计

变量	样本量	均值	标准差	最小值	中位数	最大值
YY	632	0.723	0.448	0.000	1.000	1.000
POP	632	4.712	1.215	2.000	5.000	9.000
SEX	632	0.921	0.270	0.000	1.000	1.000
AGE	632	2.176	0.474	1.000	2.000	3.000
EDU	632	1.636	0.929	1.000	1.000	4.000
JY	632	0.418	0.494	0.000	0.000	1.000
SR	632	1.549	0.674	1.000	1.000	4.000
FR	632	1.519	0.540	1.000	1.000	3.000
LL	632	2.097	0.646	1.000	2.000	3.000
XL	632	0.677	0.468	0.000	1.000	1.000
MJ	632	4.323	3.592	0.200	3.000	30.000
JL	632	27.664	21.895	0.300	20.000	200.000
LR	632	1.460	0.924	0.000	1.000	6.000
ET	632	1.356	1.064	0.000	1.000	6.000

四　结果与分析

为了实证检验农户家庭特征等各因素对服务型农业规模经营意愿的影响，基于模型（7-6）进行多元线性回归分析。考虑到被解释变量服务型农业规模经营意愿（*YY*）的二值属性以及模型的稳健性，对模型同时采用 Probit 回归和 Logit 回归。由于各农村所属区域间可能存在的经济、文化和地方政策等差异，这会对农村家庭新型规模经营意愿产生影响，回归中对区域效应进行了控制。为了便于比较分析，回归结果中也列示了未控制区域效应的结果。

（一）服务型农业规模经营意愿的影响因素分析

表7-13 报告了服务型农业规模经营意愿对农户家庭特征各因素的回归结果，其中第（1）列和第（2）列是 Probit 模型的回归结果，第（3）列和第（4）列是 Logit 模型的回归结果。无论是采用 Probit 模型还是 Logit 模型进行线性回归，无论是否控制区域效应，各影响因素的系数符号与显著性水平基本是一致的。回归结果显示，显著影响农户家庭新型规模经营意愿的主要因素包括劳动力数量（*LL*）、闲置劳动力（*XL*）、劳动力受教育程度（*EDU*）、是否兼业（*JY*）、家庭年净收入（*SR*）、月均非农收入（*FR*）以及家庭城市距离（*JL*）。

表 7-13　农户家庭特征各因素对服务型农业规模经营意愿的影响

变量	Probit 模型		Logit 模型	
	（1）	（2）	（3）	（4）
POP	0.008	0.012	0.021	0.018
	(0.13)	(0.19)	(0.19)	(0.15)
SEX	-0.176	-0.198	-0.358	-0.340
	(-0.64)	(-0.72)	(-0.72)	(-0.64)
AGE	-0.047	-0.059	-0.072	-0.072
	(-0.31)	(-0.39)	(-0.26)	(-0.25)
EDU	-0.740 ***	-0.780 ***	-1.299 ***	-1.376 ***
	(-8.84)	(-8.96)	(-8.13)	(-7.91)

续表

变量	Probit 模型		Logit 模型	
	（1）	（2）	（3）	（4）
JY	− 1.103 *** （− 7.76）	− 1.172 *** （− 7.99）	− 1.986 *** （− 7.32）	− 2.108 *** （− 7.39）
SR	− 0.472 *** （− 4.67）	− 0.508 *** （− 4.91）	− 0.843 *** （− 4.42）	− 0.905 *** （− 4.53）
FR	− 0.301 ** （− 2.21）	− 0.317 ** （− 2.37）	− 0.466 * （− 1.86）	− 0.547 ** （− 2.18）
LL	0.367 *** （3.30）	0.376 *** （3.30）	0.683 *** （3.35）	0.696 *** （3.28）
XL	0.353 ** （2.47）	0.387 *** （2.61）	0.661 ** （2.56）	0.732 *** （2.68）
MJ	0.002 （0.12）	− 0.001 （− 0.06）	0.001 （0.02）	0.001 （0.01）
JL	0.016 *** （3.80）	0.017 *** （3.74）	0.028 *** （3.60）	0.030 *** （3.62）
LR	0.008 （0.11）	0.018 （0.26）	0.019 （0.15）	0.028 （0.22）
ET	− 0.074 （− 1.13）	− 0.086 （− 1.22）	− 0.134 （− 1.10）	− 0.159 （− 1.23）
常数项	2.629 *** （4.15）	2.369 *** （3.20）	4.457 *** （3.93）	3.977 *** （2.91）
区域效应	No	Yes	No	Yes
N	632	627	632	627
chi2	189.311	216.070	158.395	170.460
r2_p	0.428	0.450	0.427	0.449

注： *** 、 ** 、 * 分别表示1%、5%、10%的显著性水平，括号中是双侧检验的 z 值。

1. 劳动力数量对农户意愿的影响

理论上讲，农户家庭人口越多，在农业生产经营过程中利用劳动代替资本的能力越强，越有可能扩大经营规模（张合林、王飞，2013），家庭人口数（POP）的系数为正也说明了这一点。然而，农地承包权长期不变导致新生家庭的土地面积较少，即便是同样人口数量的家庭，其对农业经营的认知也存在偏差，造成其意愿偏好存在异质性，进而导致农户家庭人口数量对新型规模经营意愿的影响为正值但并不显著的结果，这与周敏等（2018）的研究结论是一致的。

农户家庭劳动力数量（LL）和有无闲置劳动力（XL）对新型规模经营意愿的影响系数显著为正，表明劳动力数量越多和有闲置劳动力的农户家庭新型规模经营意愿越强烈。家庭劳动力数量越多和有闲置劳动力分别代表农户具备自营较大农地的能力和较低的自营机会成本，劳动力数量越多和有闲置劳动力的农户家庭渴望农地规模经营的意愿较强烈。

2. 劳动力年龄、性别、受教育程度、是否兼业对农户意愿的影响

农户家庭劳动力的性别（SEX）和年龄（AGE）对服务型农业规模经营意愿的影响不显著。这可能是因为河南省农业生产经营的机械化程度较高，对男性青壮年劳动力依赖性不强，对性别和年龄要求没有明显界限，调查问卷显示，当前在家务农的确实以女性和老年人为主。

劳动力的受教育程度（EDU）对服务型农业规模经营意愿具有显著的负向影响作用。受教育程度较高的劳动力获得非农就业的机会较多，非农收入水平较高，其自营农地机会成本较高，高人力资本劳动力流出农村依然是当前社会主导趋势。

劳动力兼业（JY）显著增强了其参与服务型农业规模经营的意愿。与全职经营农地的农户相比，兼业农户在非农就业后兼营承包农地。当前我国农户兼业较多处于第二阶段，即以非农就业为主兼营农业，这部分农户并不重视农地经营，参与服务型农业规模经营意愿自然不强。

3. 家庭收入状况对农户意愿的影响

农户家庭年净收入（SR）和月均非农收入（FR）越高，其参与服务型农业规模经营的意愿越弱。在各农户农地面积和经营方式差别不大的情况下，农户家庭收入的差异主要是由劳动力非农就业的异质性导致的，家庭收入和非农收入较高的农户家庭劳动力在非农领域就业能力较强，非农就业意愿强于经营农业意愿，所以其参与服务型农业规模经营意愿较弱。

4. 家庭区位对农户意愿的影响

家庭城市距离（JL）即家庭区位对服务型农业规模经营意愿有显著的

正向影响。农户家庭所在地与城市之间的距离影响着农业生产资料、农产品信息获取，同时也影响着农业资源的空间分布。离城市较远的家庭，单个农户获取和利用农业资源的能力不足，农产品参与市场交易的难度相对较高，农户更希望借助新型经营主体或组织的力量弥补自己的不足，参与服务型农业规模经营的意愿较强。

（二）考虑农地异质的进一步分析

样本选择并不在同一区域，农户也处于不同的地理位置，农地特征存在较大差异，异质性的农地类型在一定程度上影响着小农户参与服务型农业规模经营意愿。根据农地特征类型将总样本分为平原、丘陵＋山地、山地三个分样本进行研究，进一步分析上述各因素在不同农地类型下对服务型农业规模经营意愿的差异化影响。回归结果详见表7－14。

表7－14　不同农地类型下各因素对新型规模经营意愿的影响

变量	Probit 模型			Logit 模型		
	（1）	（2）	（3）	（4）	（5）	（6）
	平原	丘陵＋山地	山地	平原	丘陵＋山地	山地
POP	－ 0.019 （－ 0.28）	0.300 （1.39）	0.395 （0.74）	－ 0.027 （－ 0.21）	0.570 （1.41）	0.787 （0.88）
SEX	－ 0.166 （－ 0.58）	－ 1.873 *** （－ 3.19）	－ 1.311 （－ 0.61）	－ 0.255 （－ 0.49）	－ 3.596 ** （－ 2.52）	－ 4.099 ** （－ 2.40）
AGE	0.056 （0.31）	－ 0.928 ** （－ 2.39）	－ 1.113 （－ 1.58）	0.136 （0.41）	－ 1.642 ** （－ 2.30）	－ 1.977 （－ 1.51）
EDU	－ 0.817 *** （－ 7.70）	－ 1.365 *** （－ 4.23）	－ 2.284 *** （－ 3.99）	－ 1.460 *** （－ 6.62）	－ 2.439 *** （－ 3.42）	－ 4.025 *** （－ 3.16）
JY	－ 1.153 *** （－ 7.18）	－ 2.400 *** （－ 4.42）	－ 3.086 *** （－ 3.12）	－ 2.064 *** （－ 6.52）	－ 4.328 *** （－ 3.59）	－ 5.355 *** （－ 2.60）
SR	－ 0.434 *** （－ 3.94）	－ 1.582 *** （－ 3.06）	－ 4.395 *** （－ 3.17）	－ 0.765 *** （－ 3.60）	－ 2.789 ** （－ 2.34）	－ 7.728 *** （－ 3.03）
FR	－ 0.224 （－ 1.54）	－ 0.959 * （－ 1.88）	－ 0.593 （－ 0.67）	－ 0.386 （－ 1.48）	－ 1.719 （－ 1.55）	－ 0.889 （－ 0.43）

续表

变量	Probit 模型			Logit 模型		
	（1）	（2）	（3）	（4）	（5）	（6）
	平原	丘陵 + 山地	山地	平原	丘陵 + 山地	山地
LL	0.365 *** （2.96）	1.746 *** （3.56）	4.601 *** （3.13）	0.656 *** （2.85）	3.094 *** （3.38）	8.037 ** （2.49）
XL	0.214 （1.31）	2.527 *** （4.66）	4.970 *** （2.86）	0.412 （1.38）	4.395 *** （4.29）	8.793 *** （2.83）
MJ	0.001 （0.03）	− 0.088 * （− 1.67）	− 0.243 ** （− 2.57）	0.001 （0.03）	− 0.175 （− 1.37）	− 0.428 *** （− 2.65）
JL	0.022 *** （3.74）	0.010 （0.70）	0.014 （0.75）	0.040 *** （3.62）	0.016 （0.63）	0.024 （0.79）
LR	0.019 （0.23）	− 0.213 （− 0.85）	1.758 *** （2.88）	0.028 （0.19）	− 0.307 （− 0.62）	3.070 *** （3.00）
ET	− 0.100 （− 1.28）	− 0.182 （− 1.02）	− 1.190 * （− 1.67）	− 0.187 （− 1.30）	− 0.305 （− 0.98）	− 2.058 （− 1.17）
常数项	1.376 * （1.76）	6.894 *** （3.12）	2.520 （0.58）	2.198 （1.60）	12.313 *** （2.82）	10.257 （1.50）
区域效应	Yes	Yes	Yes	Yes	Yes	Yes
N	519	108	63	519	108	63
chi2	183.093	51.575	453.962	139.291	45.163	34.596
r2_p	0.458	0.685	0.760	0.458	0.685	0.756

注：*** 、** 、* 分别表示1%、5%、10%的显著性水平，括号中是双侧检验的 z 值。

比较表 7 - 13 与表 7 - 14 的回归结果，依据农地类型进行分样本前后，各因素对农户参与服务型农业规模经营意愿影响的系数符号没有发生变化，只是影响效应和显著性水平发生一些变化。

农户家庭劳动力数量（LL）和有无闲置劳动力（XL）对参与服务型农业规模经营意愿（YY）的影响系数在不同农地类型下表现出显著差异。针对 Probit 模型和 Logit 模型回归结果，农地特征为平原的农户家庭劳动力数量对参与服务型农业规模经营意愿的影响系数分别为 0.365 和 0.656；

农地特征为非平原（即丘陵＋山地）情况下其影响系数分别为 1.746 和
3.094；农地特征为山地的情况下其影响系数分别为 4.601 和 8.037，且均
在 1% 或 5% 的水平下显著。有无闲置劳动力在平原类型的农地中对农户参
与服务型农业规模经营意愿的影响系数不再显著；但在非平原类型的农地
中影响系数分别为 2.527 和 4.395；在山地类型的农地中影响系数分别为
4.970 和 8.793，且均在 1% 的水平下显著。与平原类型农地相比，农户家
庭劳动力数量和有无闲置劳动力在非平原类型农地中对其参与服务型农
业规模经营意愿的正向作用较大，特别是在山地类型的农地中这一正向
影响效应最大。这说明，农地为非平原类型的农户家庭在劳动力数量较
多和有闲置劳动力时，更加渴望扩大农地生产规模，特别是拥有山地类
型农地的农户家庭，其新型规模经营意愿最为强烈。原因在于，相对于
平原类型的农地，非平原类型农地在地理特征上具有天然的劣势，自营
农地难度较大，农业收益相对较低，农户更希望在新型农业经营主体的
带动下改变传统农业经营方式和扩大农业经营规模，提高劳动效率和农
业收益水平。

平原类型农地下农户家庭劳动力的性别（SEX）和年龄（AGE）对其
参与服务型农业规模经营意愿的影响不显著，但在非平原类型农地下其影
响系数分别为 −1.873 和 −0.928（Probit 模型）、−3.596 和 −1.642
（Logit 模型），然而性别和年龄在山地类型的农地中对新型规模经营意愿的
影响大多又变为不显著。从经济学角度来看，相对于平原类型的农地，现
代化农业生产方式无法在非平原类型的农地进行大范围推广和使用，使得
农业生产效率低下。在此种情境下，非平原类型农地的农户家庭年轻男性
劳动力和部分女性劳动力从事农业生产的机会成本更高，男性劳动力不愿
意从事农业生产，而是选择去城市就业或兼营非农生产，其参与服务型农
业规模经营意愿低下。

不同类型农地中主要劳动力的受教育程度（EDU）对农户参与服务型
农业规模经营意愿均具有显著的负向影响作用，这与整体样本回归结果是
一致的。但相比较而言，非平原农地类型下主要劳动力受教育程度对参与
服务型农业规模经营意愿的负向作用效应（−1.365 和 −2.439）高于平原
类型农地下的作用效应（−0.817 和 −1.460），山地类型农地下主要劳动
力受教育程度对参与服务型农业规模经营意愿的负向影响效应最大，达到

-2.284 和 -4.025。这表明，非平原类型特别是山地类型下的农户家庭劳动力受教育程度越高，其参与服务型农业规模经营的意愿越低。与平原地区相比，这可能是因为非平原地区农户家庭收入水平较低，城乡收入差距较大，加剧高人力资本劳动力外流，受教育程度越高劳动力越趋向于从事非农就业，导致其经营农业的意愿越低。

在各种农地类型下，劳动力兼业（JY）和农户家庭年净收入（SR）均在1%或5%的水平下显著抑制了农户参与服务型农业规模经营意愿。但相比较而言，非平原农地类型下劳动力兼业对参与服务型农业规模经营意愿的负向作用效应大于平原类型农地下的作用效应，山地类型农地下这种负向影响效应最大。这表明，与全职经营农地的农户相比，兼业农户、家庭年净收入较高的农户参与服务型农业规模经营的意愿相对较低，非平原类型特别是山地类型下兼业农户参与意愿更低。与平原地区相比，非平原地区农地经营的高难度和低收益水平，导致农户兼业后更加重视非农就业，非农收入是家庭收入的主要来源，农地处于被忽视甚至抛荒的境地。

在平原类型农地和非平原类型农地中，家庭城市距离（JL）对农户参与服务型农业规模经营意愿具有显著的差异化影响。比较发现，在平原类型农地下家庭城市距离对农户参与服务型农业规模经营意愿的影响系数在Probit 模型下为 0.022，在 Logit 模型下为 0.040，且均在 1% 的水平下显著，而在非平原类型农地下家庭城市距离对服务型农业规模经营意愿的影响系数均为正值但并不显著。结果表明，平原类型农地下农户家庭距离城市越远，其参与服务型农业规模经营的意愿越强烈，但非平原类型农地下，农户家庭与城市之间的距离并不显著影响农户意愿的选择。这主要是因为，平原类型农地下农户家庭距离城市的远近对信息的获取，特别是农业生产资料和农副产品运输成本的影响较为明显；但在非平原类型农地下，丘陵地区和山地地区的农户居住较为分散，大多远离城镇，获取农业资源和信息均相对较难，这种离城镇远近的区位差异对农户意愿虽有影响但并不显著。因此，在其他因素相同时，平原类型农地下农户家庭与城市之间的距离越远其越愿意选择新型规模经营，而在非平原类型农地下，农户家庭与城市之间的距离并不会对服务型农业规模经营意愿产生显著影响。

第三节　本章小结

本章基于农户意愿分析了农民职业分化深度（完全非农就业和职业农民）的影响因素，以及农户参与服务型规模经营的影响因素。

一　农民职业分化深度影响因素的主要结论

1. 农民完全非农就业的影响因素

男性户主与女性户主相比，在非农就业后更有能力和更倾向于兼营家庭承包耕地，而不是选择完全非农就业。年龄对农民完全非农就业的影响可能呈倒"U"形，即中青年农民选择完全非农就业的概率较高。受教育程度对农民完全非农就业呈现正向影响，高中及以上学历的户主选择完全非农就业的概率比是高中以下学历户主的 1.49 倍。家庭抚养人口数的影响不显著，但回归系数为正，说明家庭抚养人口数对农户选择完全非农就业具有促进作用。非农就业收入水平对农民完全非农就业具有正向促进作用，越是外地非农就业的农户选择兼业的概率越高。

2. 农民职业化意愿的影响因素

年龄、受教育程度、家庭非农收入水平、兼业对农民职业化意愿有负向影响。职业农民的培育对象应该多在年轻人当中选择。家庭非农收入水平越高，家庭主要劳动力成为职业农民意愿的发生概率越低，说明当前农村家庭以非农收入为主会阻碍农户改变传统农业经营方式。兼业农户成为职业农民的意愿偏低。

周边有新型农业经营主体、与城市或县城距离较远、农地地貌特征为平原、较多家庭劳动力对农户选择成为职业农民的概率有正向提升作用。周边是否有新型农业经营主体直接影响农户经营农地的理念，同时能够为农户改变传统经营方式提供相应服务。与城市或县城的距离越近，农户成为职业农民的发生率越低，主要原因是该因素具有两面性，距离越近劳动力越容易获得非农就业机会，承包耕地经营农业的机会成本也会增加，但农产品越容易进入市场带动农户专业化经营农地，可能农户考虑更多的是非农就业机会和改变耕地用途。相对于山地和丘陵地貌特征，在平原地貌特征区域的农户规模化经营农地更易实现，现代化技术投入受限因素少，所以平原区域农户更愿意成为职业农民。家庭拥有较多劳动力的农户选择成为职业农民的概率偏高，因为这样的农户更容易向规模经营农户转变，在不雇用劳动力的情况下可以经营更多面积的耕地。

二 农户参与服务型规模经营意愿的影响因素

劳动力数量越多和有闲置劳动力的农户家庭新型规模经营意愿越强烈。家庭劳动力数量越多和有闲置劳动力分别代表农户具备自营较大农地的能力和较低的自营机会成本，劳动力数量越多和有闲置劳动力的农户家庭渴望新型规模经营的意愿越强烈。劳动力的受教育程度对参与服务型农业规模经营意愿具有显著的负向影响作用。受教育程度较高的劳动力获得非农就业的机会较多，非农收入水平较高，其自营农地机会成本较高，高人力资本劳动力流出农村依然是当前社会主导趋势。劳动力兼业显著增强了其参与服务型农业规模经营的意愿。与全职经营农地的农户相比，兼业农户在非农就业后兼营承包农地。农户家庭收入和非农收入越高，其参与服务型农业规模经营的意愿越弱。家庭城市距离即农业区位对服务型农业规模经营意愿有显著的正向影响。农户家庭所在地与城市之间的距离影响着农业生产资料、农产品信息获取，同时影响着农业资源的空间分布。以上因素对农户参与服务型规模经营的意愿影响存在农地异质性。

| 第八章 |

农民职业分化与农地适度规模经营
耦合发展路径

由前文分析可知，农民职业分化和农地适度规模经营相互影响，有必要推动两者耦合发展。本章将根据农民职业分化广度、农地流转的影响因素，以及农地流转滞后的原因，在对农民职业分化深度和参与服务型规模经营农户意愿进行调研的基础上，进一步探讨农民职业分化与农地适度规模经营耦合发展的路径。

第一节　国内外发展模式与国外经验借鉴

一　国外发达国家的农民职业分化和农地规模经营

在城镇化进程中，国外一些发达国家为了提高农业劳动生产率和农业生产效率、促进农业现代化发展，陆续提出推动农民职业分化和农地规模经营的做法，并取得了显著成效。具有代表性的国家有英国、美国和日本。

（一）英国农民职业分化与农地规模经营

1. 英国强制性的农民职业分化模式

英国人多地少，在工业化前期农村劳动力比重较大，19世纪初期比重为35%，农村剩余劳动力转移压力比较大（李仙娥、王春艳，2004）。英国农民职业分化也是伴随农村劳动力转移开始的，符合世界各国农村劳动力转移的一般规律。虽然其伴随城镇化和工业化对农村劳动力非农就业有拉力作用，但也有其自身独特性：作为最早开始工业化的国家，英国农村劳动力转移是伴随资本主义制度确立、殖民过程进行的，农民职业分化模式呈现强制性、殖民性并以牺牲农业发展为代价的特征。强制性的农村劳动力转移，导致农民职业被分化为农民和完全非农就业者。比较典型的是"圈地运动"，直接后果是使农业人口涌入城市并受雇于手工工场。强制性的农村劳动力转移，导致农民职业快速分化，19世纪末期英国农村劳动力比重已降到10%以下，城镇化水平达到75%以上。

英国的农民职业分化不仅具有强制性，还具有殖民性，部分农民被转移到国外其他国家，其农村劳动力转移同时依赖国内国外两个市场，导致其国内农民职业分化较为彻底。

英国的农民职业分化是以非农就业为主，是以牺牲农业发展为代价的。18世纪60年代，英国生产的粮食可以满足城市人口日益增长的需要，而且还可以出口，但是随着农村劳动力非农就业，国家重工轻农，其农业发展被忽视，导致农业逐渐落后，农地经营规模总体呈现从小到大再逐步变小的过程。

总的来看，英国的农民职业分化是快速的，农村劳动力被强制非农就业，但农地规模经营滞后于工业化进程。

2. 英国农地流转与规模经营

英国封建庄园制解体后，农民在获得土地后普遍建立了小而零散的家庭农场，此时的家庭农场规模小，便于经营管理，经历了较长的稳定发展阶段。二战后，农地经营规模逐渐扩大，但进入21世纪以后，由于农业收入持续下降和金融方面的压力，其又有缩小趋势。同时，英国农村劳动力的转移也成为农地扩大经营规模的先决条件。

20世纪初期，英国改变了以地租—佃农为基础的农业经营制度，开始限制地主权利，扩大农场主租用农地的自营权利。1947年英国政府出台《农业法》，鼓励农场兼并，同时设定农场经营规模下限，对放弃小规模农场和兼并其他农场的农场主给予补贴，导致农场兼并速度加快，促使农地经营规模化和产业化。英国农地流转模式以政府为主，政府对大农场进行补贴，加快农场兼并速度。随着大农场经营农地的机械化和专业化，小农场逐渐失去优势，在市场力量的作用下趋于被兼并，自营农场逐渐走向大型化，从而实现农地经营规模化和产业化。为了加快农场兼并和扩大农地经营规模，英国政府出台了提高农地质量的相关政策，出资平整农地和完善农业基础设施，对于农场自行平整农地、购买设备和建设农业基础设施的给予较高的财政补贴。通过政府引导和政策支持，规模较大的农场逐渐获得较高的市场利益，然后在市场力量作用下大农场兼并小农场，小农场规模逐渐扩大，最终实现农地规模化和产业化经营。

（二）美国农民职业分化与农地规模经营

1. 美国农民职业分化

美国地多人少，在工业化初期农村未集聚大量劳动力，而且城镇化和工业化也面临劳动力不足的问题。美国的农民职业分化是一种自然的劳动力转移模式，是在工业化和城镇化的拉力作用下完成的。由于美国农民职业分化的自然性，农地规模经营的固有基础和发展导致美国农业现代化进程非常迅速，其经济发展过程中二元结构特征并不显著。

美国农民职业分化始于19世纪20年代，到20世纪70年代基本处于稳定状态，大约用了150年的时间。工业化启动之前，美国农村劳动力占比在70%以上，工业化初期的1840年占比为63%，1971年下降到31%。[①]

美国农民职业分化过程是伴随农地规模经营、农业机械化和城市工业化进程自然进行的，农民职业分化和农业现代化经营是相伴而生、相互促进的。美国农民职业分化除了依赖工业化和农业现代化的同步发展之外，美国的"交通革命"也为农民职业分化创造了条件，是助推器之一。

总体上，美国自然资源丰富，其农地经营是典型的农场化规模经营，而且这种规模经营在工业革命之前就存在，美国的农民职业分化和农地规模经营之间并没有必然的因果关系，农民职业分化仅仅是工业化、城镇化拉动的结果。所以，美国的农村劳动力转移、农民职业分化并不像发展中国家一样要解决人多地少的矛盾，而是解决人少地多的矛盾，农业发展中首要问题是经营模式和现代化经营问题，而不像发展中国家的首要问题是人口和土地处置问题，然后才是农业经营问题。

2. 美国农地流转与规模经营

美国农地所有权分为归政府和归私人两种，私人拥有农地占较大比例。这种农地私有化制度奠定了美国以家庭农场为基本单位的农业经营结

---

① 《美国自由迁移模式，地多人少带动农村劳动力转移》，《经济参考报》2007年5月4日。

构，单个农场主经营的农地规模相对较大。美国农地流转模式主要有两种。一是联邦政府或地方政府通过买卖农地扩大农场主经营农地规模。政府依据相关法律可优先购买零碎分散的农地，然后转手卖给意欲扩大农地经营规模的农场主。政府买卖农地过程要基于市场交易和农场主自愿原则，同时要确保出售农地的农场主利益不受损害。这类似于政府主导下中介参与的农地流转模式，美国推动农地流转前期以这一模式为主。二是农场主之间的自由交易，一般以市场化程度较高的中介组织参与为主。农地交易分为农地所有权出售和农地经营权转让出租两种，目的是农场主扩大农地经营规模和推动产业化经营。在这种农地流转模式中，政府只起到引导和管理作用，通过法律和政策引导农场主和中介组织参与市场活动，并通过强制力量保证农地流转的规范性，避免因家庭成员继承而导致农地分散等。美国在推动农地流转后期多采用这一模式，其中主要的形式为"土地信托"模式和农业合作社参与模式。

美国农业的基本经营单位是家庭农场，农业发展初期小农场占比较大，经营规模多为 20~40 公顷；现在的美国农场以中型规模为主，一般为 100~500 公顷，也有一些大型农场（8000~12000 公顷），40 公顷以下的小农场仍然占据相当比例。20 世纪早期，美国农业是劳动密集型的，大概有一半以上人口居住在农村；到了 21 世纪，美国农业以专业化、机械化农场为主，只有 25% 的人口居住在农村（计卫舸等，2013）。

由于美国人少地多的国情，美国农村剩余劳动力压力不大，相反在工业化初期农村劳动力存在不足问题，导致美国在工业化过程中发展节约劳动的农业发展模式，注重农业科技投入、农业机械化和自动化水平提高，不断提高农业规模经营水平，实现了工业化和农业现代化同步发展。

（三）日本农民职业分化与农地规模经营

1. 日本农民职业分化

日本的农民职业分化是随着工业化的启动而开始的，二战后随着其经济的迅速发展，农村劳动力占比由 80% 以上降到 54%；20 世纪 50 年代以来，其农民职业分化进入较快时期；从 50 年代到 80 年代，30 年间有近 2/3 的农民非农就业，1985 年农村劳动力比重仅为 3% 左右（李仙娥、王春艳，2004）。

日本在农村剩余劳动力转移过程中完成了农民职业分化，其中日本政府发挥了重要作用，政府重点扶持规模较大的农业经营户，鼓励小农户脱离农业，完全转向非农就业。日本重视发展劳动密集型工业，为农村劳动力非农就业创造了条件。1880～1930 年，日本工业部门对农村劳动力的吸收率始终大于人口增长率，在经济上摆脱了马尔萨斯人口陷阱，避免陷入中等收入陷阱，实现了现代化。日本在第二产业吸纳劳动力方面不如其他国家，第三产业吸纳农村劳动力贡献突出。

日本的农村劳动力转移比较成功，其农地经营规模比较小，农业现代技术先进，但小规模农地经营和农户普遍兼业现象阻碍了农业生产效率提高和农业现代化进程。日本的农村劳动力转移并没有改变农户兼业状况，并没有促使土地集中，也没有伴随农地经营规模的迅速扩大。虽然农村劳动力转移并没有改变农户兼业状况，但促进了农民职业分化，农村劳动力占比减少证实了这一点。虽然日本农业生产效率低于美国大农场式的农业生产效率，但也远高于发展中国家和部分发达国家，这说明小农户兼业情况下仍有其他途径进行规模经营，并不仅仅只有靠农村劳动力转移集中土地一条路。

2. 日本农地流转与规模经营

20 世纪 40～50 年代，日本政府通过强制力量实现了农地所有权与使用权的统一，也形成了以家庭为单位的小农经济结构特征。随着农村劳动力兼业现象的产生和普遍存在，农业部门呈现农地资源利用效率和农村劳动生产率低下特点。60 年代，日本开始推动农地流转，出台了《农业基本法》，并配套实施了相关税收优惠、金融支持等政策，鼓励和支持农户扩大农地经营规模。随后日本将农地所有制改革为使用制，鼓励发展农业协作企业，扩大农地经营规模。

日本农地流转最显著的特征体现在两个方面。一是政府积极推动。政府不断修订完善相关法律法规，并实施相应的配套政策。针对农地流转的法律有《农地法》《土地改良法》《农振法》《农促法》《特定农地租赁法》等；政策制定主要指相关的优惠政策，在土地集中、筹集资金、技术培训、税收优惠方面给予政策支持；制度创新方面主要有农地保有合理化制度、特定法人农地租赁制度、农民退休金制度和农业委员会制度。这些法律法规和政策制度起到了鼓励和支持农业经营主体和中介组织的作用，同时也能够全面保障农民权益。二是充分利用市场中介力量。日本农地流转的主要模式是市场主导下的中介组织参与模式，农业合作社在农地流转过程中具有举足轻重的作用。农协是日本最大的农业合作组织，它有效地提高了农地流转速度和效率，促进了农地经营的规模化和产业化。

20世纪60~70年代，日本出台《农业基本法》《农业现代化资金助成法》，想改变传统的小规模分散经营格局，促进土地流转，实现农业规模经营，同时为脱离农业的农户提供生活保障，但效果并不理想。70年代末期，日本又采取生产合作组织的方式扩大农地经营规模，由于工业和城市建设对土地需求的增加，土地价格上涨，想扩大经营规模的农户无力购买土地，最终农地经营规模并没有发生实质性扩大，较大比重的农户仍是兼业农户。进入21世纪，日本仍不余遗力地想办法扩大农地经营规模，2005年出台了"跨产品经营安定政策"，针对一定规模的农户和有一定规模且经营规范的组织进行补贴，迫使小农户放弃农地，加速农地经营规模的扩大。

（四）国外经验借鉴

这些发达国家在推动农民职业分化和农地规模经营过程中采取的模式和方法虽然具有差异性，但也具有一定的共性。这些共性和经验可以供我国借鉴，具体体现在推动农民职业分化和农地规模经营的原则和措施两个方面。

1. 借鉴国外政府推动农民职业分化与农地规模经营的原则

第一，遵循循序渐进的原则。这些国家在推动农民职业分化和农地规模经营过程中政府主导作用存在差异，除英国政府干预力度较大和具有强制性外，美国和日本政府多处于引导和管理地位，而且均遵循循序渐进的原则。政府的干预、引导和管理是基于一定的法律、法规和政策，并通过一定的经济政策（税收和补贴）和产业政策引导农民职业分化和保证脱离农地的农民权益；再通过鼓励和支持市场中介组织参与，提高农地流转效率；通过对农业经营主体的扶持，实现农地规模化和产业化经营。发达国家的农地规模经营并不是一蹴而就的，而是经历了一段较长时期的推动，由政府主导向市场主导转变，过程是循序渐进的。

第二，保护农民主体利益。虽然发达国家在推动农民职业分化和农地规模经营过程中存在损害农民利益的情况，但从整个进程看是遵循保护农民主体利益原则的。英国政府前期强制收买农地并将农民赶往城市的特征较为显著，但最终也回归到依靠市场力量引导农民职业分化和农地流转主体自愿交易。美国和日本充分利用市场中介组织力量引导农民非农就业和推动农地流转，"土地信托"模式和农业合作组织参与模式是主要的农地流转模式。在政府引导和管理下，充分利用市场力量推动农民职业分化和农地规模经营能够保障农民的主体利益。特别在农民职业化过程中，农地流转供给与需求者自发形成农业合作组织，这些组织能够充分体现他们各自的意愿和考虑他们的利益。

第三，现代农地经营管理模式。不管是美国大规模农场式经营，还是日本小规模家庭农场式经营，农民不管是否存在兼业，农业经营者均走向职业化，农业经营管理呈现现代化。农地流转的目的就是农地集中后实现规模化和产业化经营，并不仅仅局限于农地交易本身。美国针对农地流转后形成的大农场规定不能因继承而分散农地经营规模；日本通过中介组织将分散的兼业农户的经营行为统一起来，实现农业现代化技术和管理的介入。所以，推动农民职业化和农地规模经营的最终目的应该是实现农业现代化管理和产业化经营，充分利用农地资源和提高农业生产效率。现代农地经营管理模式是将人才、劳动力、技术、资金等资源最优配置，实现农业规模化、产业化和专业化经营，以满足市场需求为目的的科学经营方式。

2. 借鉴国外政府推动农民职业分化和农地规模经营的措施

发达国家在遵循循序渐进的原则下采取了若干措施推动农民职业分化和农地规模经营，主要体现为以下几点。

第一，政府通过立法规范农地流转市场，保障农民职业分化后主体利益。政府应出台相关法律法规引导农民职业分化，使推动农地流转的过程具有法律依据，规范农地规模经营主体行为。通过法律法规明确农地流转的标准、途径和目的，农地流转过程中涉及的勘测、估价、签订合同等需要一定的标准作为参考；农地流转要通过一定合法途径进行，既要保障农地流转主体合法权益，又要起到保护农地资源的作用；法律法规要明确农地流转的目的和农地规模经营的原则，从而避免改变农地用途和荒废农地的现象。

第二，引导农民职业分化，明确农地规模经营主体，并调动其积极性。农地流转要基于流转主体自愿原则，推动农地流转要明确流转主体，农地流转主体是农地流转市场中的供给者和需求者。明确了农地流转主体后，可以实施相应的政策调动其参与积极性。

第三，鼓励和支持市场中介组织参与农地规模经营。无论是通过农地流转集中土地规模经营，还是农户兼业经营下接受统一服务，均需要中介服务组织参与。农地流转主体充足且有积极性，并不一定能够带来较高的农地流转效率，需要一定的中介组织参与。实现集中化和规模化农地流转，需要中介组织提供相应的服务，比如信息发布与匹配、合同签订、土地集中与平整等。在土地信托结构和农业合作组织参与下，可以提高农地流转效率，降低农地流转交易费用，保障农地流转主体利益。在兼业农户比例较高的区域，中介组织提供统一服务，通过产前、产中、产后全面的服务统一农户经营行为，也能够达到提高农业生产效率的目标。

二 国内农民职业分化和农地规模经营的主要典型模式

（一）"农民完全非农就业 + 农地流转" 的主要典型模式

1. 安徽小岗：集体参与租赁转包模式

安徽省小岗村是我国第一个实施此类改革的村庄，与之前"分田到户"相反，该村结合自身实际走一条创新性道路：村委会作为中间保障机构与那些彻底非农就业的农户和相关企业分别签订协议，从而有效规避农户的经营风险。

2013 年小岗村有 4300 亩土地整理成高标准农田，并于 2014 年上半年对外集中流转。农户与村委会签订协议，再由村委会统一跟企业签订协议，农户不直接跟企业进行土地流转。这样的方式最大限度地减少了农户的风险，这也是在小岗村的第一次尝试。

如果采取农户与企业直接签订流转协议的模式，企业发展不好或者经营不善倒闭了，农民拿到的流转费用就会受影响。而小岗村新的流转方式则让农户的风险降至最低。不管企业经营如何，村委会都会每年照单支付农民的流转费用。2013 年小岗村以每亩 700 斤原粮为统一的流转费用标准，此外农户还可以获得额外的国家粮食补贴。

当年的"大包干"带头人之一关友江，是村里最早进行土地流转的村民之一。对于此次土地集中流转，他抱有更大期望。这样的流转方式使小岗村农民摆脱了传统的劳作方式，使农民可以同时获得农业收入、租赁收入、其他经营性收入、外出务工收入等多方面收入，全面改善农民生活。

"从35年前的'分'，到今天的'合'，这不是走回头路，而是顺应时代发展的螺旋式上升。"安徽大学社会与政治学院教授范和生认为，这是农民最朴素的智慧所在，不管是当年的"分"，还是如今的"合"，都是让自己生活更美好的最佳选择，而且这种有益的探索将为未来的制度设计提供有价值的参考。

2. 浙江温州：种粮大户集体转包新模式

温州市是浙江省东南部的沿海港口城市，是浙江省重要的经济发展中心，地理区位和经济发展水平都具有比较优势，但是与此同时，温州市也是国内比较典型的粮食匮乏区域，人均耕地面积和自给率分别只有0.31亩和35%（沈锡权，2009）。作为沿海城市，温州地区农作物经常受台风等恶劣天气侵害，另外，与非农产业相比，粮食农业产值相对较低，种种因素导致温州当地农民种粮积极性偏低，粮食产量和产值连年下降，甚至很多农户出现了农地抛荒等现象。针对上述情况，温州市政府多措并举，创新农地流转及种植模式，充分发挥传统种粮高手、农村集体组织及其他专业合作社等功能，加强机械化农具及服务的升级改造，有效提升了耕作效率，节约了人力成本，保障了农地耕种面积、质量和产值。

农地生产大户转包经营是温州改革的主要模式，即引导那些种粮积极性不高的农户将自己承包的农地流转给种粮大户集中统一经营，主要包括三种形式：中转站式转包、招投标式转包、中介机构合同转包。其中，中转站式转包指的是农村集体组织首先与转出农户签订转包协议，由村集体预付转包流转费用，然后村集体与种粮大户签订转包协议，保障转出农户的利益；招投标式转包指的是在招投标市场上转出农户选择出价最高的承包方签订转包协议；中介机构合同转包类似于中转站式转包，主要适用于非本村农地流转的情况，由相关中介组织居中联络转出农户与种粮大户签署转包协议并收取中介费用，转包费用由承租种粮大户支付。

温州市相关政府部门在推进农地生产大户转包经营时主要采取以下三个方面的措施：第一，积极响应和贯彻党中央、省市级政府出台的粮食种植帮扶政策，围绕种粮直补、农机购置、单产提升等基本手段，温州市政府结合自身实际，出台了其他一系列补贴农地经营的相关优惠政策；第二，完善各级政府对种粮大户生产全过程的服务保障工作，稳步推进农资连锁运作，梳理和整合农资流转市场，为种粮大户提供农药、机械、化肥等各类农资链条供给服务；第三，通过举办农业科技下乡活动、邀请省内外农业专家等方式为种粮大户提供产前、产中、产后多维度全方位的科技培训，全面提高农民的种粮积极性和粮食种植水平。

除了上述农地生产大户转包经营模式以外，温州市还因地制宜地创新了另外两种农地流转方式。其一是由村集体完全代为耕种，聘请农机运营合作社统一管理，适用于季节性短期农地流转。这种形式在不改变农户土地承包自主权的前提下，充分发挥村集体和村级合作经济组织的作用，实现农地高效流转和有序生产。其二是农地耕种社会化服务模式。转出农户仍有农地承包权，农地耕种过程中的各类活动聘请专人进行运作管理，一般是由农地经营农场、合作社等组织对其实施统一翻耕、施肥、育苗、播种、收割等，实施专业化有偿社会服务，提高农地耕作效率。

3. 上海松江：家庭农场模式

松江区位于上海市西南部，是著名的鱼米之乡。作为上海市重要的农副产品生产加工地，松江近年来结合自身实际创新农业生产模式，在实现规模化和专业化的目标基础上，率先推行家庭农场经营新模式。

所谓家庭农场，就是为了实现利润最大化，在符合市场规律的前提下，以农户家庭为基本单元，探索适度规模的农林牧副渔各生产环节全方位的运作，追求完全自主经营运作、自负盈亏、科学管理、掌握现代化生产手段的企业性质的经营组织，是传统家庭联产承包经营制度和农地适度规模经营耦合发展下的伴生产物，是顺应当前形势的一种新型农户家庭运作模式。家庭农场模式之所以率先在松江实施，主要是因为松江在家庭农场发展方面有自身的现实基础。第一，松江农村区域非农就业比例相对较高，很多农地可以通过规范途径实施流转，具备发展农地规模经营的基本条件；第二，松江在农地经营机械化水平、农地耕种技术水平等方面具备比较优势，种田能手较多，专业人力资源丰富，为实施家庭农场经营提供了切实保障。

具体而言，松江家庭农场实施过程遵循自愿、依法、有偿的基本原则，农户与村委会签署流转委托书，然后村委会与家庭农场签订流转合同，流转费用由家庭农场支付，流转费的高低依据粮食市场价格上下浮动，并按照全市统一规定于每年 12 月底前一次性结付。另外，区政府为了规范农地流转市场，对土地流转受让方资质和条件也有明确的要求。比如要求家庭农场经营户遵纪守法、勤奋敬业、具有相应的经济实力和经营管理能力，具体形式采取先缴纳土地流转押金，然后才能承包土地，村委会按规定遴选后需向村民公示等。在此基础上，以家庭为单元，每个家庭农场一般包括 2～3 个劳动力，种植面积以 100～150 亩为宜。

松江主要通过以下措施扶持和发展家庭农场。

第一，制定和出台优惠政策加以扶持。①给予家庭农场土地每亩 200 元的流转补贴。这样做既可以使农地转出方流转土地，又可以使家庭农场获得一定的经营补贴，确保农地顺利流转。②对农地流转各环节加以规范。首先，农地流转务必遵循自愿、依法、有偿原则；其次，科学制定农地流转合同文本，确保农地流转双方的合法权益；最后，家庭农场经营者需签署承包经营保证书，承诺不抛荒、不转包承接的农地。③建立健全农地管理使用平台。区政府、镇、村三级联动完善农地管理信息网络系统，并进一步健全全区农地网络平台数据库，使区、镇、村、家庭农场、转出农户根据自身需要在此平台查询、追溯、汇总相关信息，从而实现土地流转有效监控。④规范组织生产过程。规范农业生产标准化流程，对农业生产档案要科学建档，引导开展多种类型的生产竞赛活动，奖励表现优异的家庭农场经营者。⑤完善并推行老年农民群体补贴补助制度。凡是达到法定退休年龄的，如果个人愿意流转农地，在法定养老金的基础上每月再补贴 150 元，给予老年农民更多的基本保障，确保农地流转顺利进行，从而扩大农地经营规模。⑥在农业保险、经营贷款、种养结合等方面给予家庭农场必要的政策扶持和帮助。比如，松江区政府成立 5000 万元经营贷款担保基金，提高农业保险保费补贴等。

第二，持续完善农业社会化服务体系。为家庭农场提供优质便捷的统一服务。组建专业化程度较高的农机合作社，家庭农场可以与之签订机收、机耕等服务合同，进而提高相关领域的生产作业水平；推行针对家庭农场的专项优惠贷款，便于家庭农场经营户购买生产经营所需要的农资产品；开拓各种渠道，为家庭农场经营户提供各种技术服务，聘请高水平专家现场指导，推广新技术、新品种等；在供种、肥料配给、农药采购等方面实现渠道的统一和整合。比如，松山区成立了畲山、叶榭和泖港三大良种基地，浦江农资部门实施连锁经营、送货上门，保障粮食生产的物质基础；在农产品销售方面，由政府协调粮食管理所、相关饲料供应公司等产业链关联企业签署相关农产品产购销合同，解决农民生产过程中的各类难题；进一步完善气象服务工作，为家庭农场经营者提供及时准确的天气变化信息，减少由天气原因带来的经济损失。

第三，培养和提高家庭农场经营者的素质和相关技能。注重对家庭农场经营人员的思想引导和业务素质培养，比如定期组织家庭农场培训班，培养一批想干事、会干事、善于经营管理的家庭农场经营队伍。

4. 山东宁阳：股份＋合作模式

宁阳县是一个位于山东省中部的传统农业大县，也是黄淮海平原盛产粮、棉、油的主要区域，拥有6万公顷耕地、19.7万户农业人口。宁阳县政府和农民根据自身实际情况，根据多年土地流转的实践经验，探索创新了"股份＋合作""底金＋分红＋劳务收入"的土地流转新模式。宁阳县土地流转模式的基本目的是使农民获得更多的农地经营收入，提高生活水平，从而充分调动农民自发参与土地股份合作社的积极性，实现农民和合作社的双赢。

具体而言，宁阳土地流转模式是通过成立合作社让农民用承包农地的经营权入股，合作社根据自身集约化经营的优势，联合其他农业经营领域的代表企业，带领农户实施更大规模、更加专业的生产经营管理，最终实现乡村振兴、农业现代化的目的。宁阳土地流转模式可以细分为两种形式：其一是"公司合作社＋农户＋集体"的形式，主要适用于那些投资规模小、见效比较快的领域，如蔬菜种植领域；其二是"公司合作社＋基地大户＋农户集体"的形式，主要适用于投资规模大、收益高、技术含量高的设施农业领域。宁阳土地流转模式是使集体、农民、合作社、行业代表企业四方共赢的一种新型组织形式。

5. 浙江绍兴：土地信托新型流转模式

绍兴县（2013年改名为柯桥区）处在杭州湾南岸，位于浙江省中北部，行政上属于绍兴市。绍兴县早在1999年就达到小康县标准，并且连续多年被评为全国十大名县之一，是绍兴经济最发达的地区。绍兴县总人口高达79.2万人，相比其他地区，人均耕地面积并不大，仅为0.58亩。浙江省时常走在改革的第一线，早在2001年初，浙江省率先进行粮食购销市场化体制改革，取消原有的粮食定购任务，通过此举赋予农民更多的农业生产自主权。针对这一举措，绍兴县认识到这是深化农村土地经营机制的重要机遇。绍兴县政府对区域内农村土地经营现状进行了详细调查研究，发现了一些典型问题，如群众认识度低、基础土地规模较小、农业发展单一、以粮为主等。针对这些存在的问题，结合市场经济的理念，绍兴县用民众信任的方法，加快完善土地流转方式，促进农业发展。

对于"信托"的定义，在《信托法》中有明确的规定，所谓信托是指受益人通过选择其所信赖的委托人，将自身财产使用权利委托给委托人，让其在不违反自身意愿和相关法律要求的前提下，对相关信托财产进行交易、管理或处分等行为。而在农村地区的土地信托，是指农村土地承包者自身占有相关土地的承包权，而将相关土地的经营权委托给相关委托人或者信托服务机构来进行管理，并且在规定的期限内，受托人可以以自身的名义对相关土地的使用权进行管理，而对于土地承包者则主要是获得相关的报酬以补偿自身对经营权的转让。在坚持农户继续保持家庭联产承包责任制度的前提下，绍兴县开始对土地信托服务进行尝试。首先，对全县土地利用现状进行全面摸查，确定是否有必要对土地使用权施行信托流转；其次，在自愿的前提下选择意愿较强的村作为试点，通过设立从上到下的土地信托服务体系来落实信托服务理念。对于农户有意愿流转的土地，由经济合作社统一核查后，方可与农户签订租赁合同，然后对相关土地进行合理规划，再将流转土地交付给镇土地信托服务站。镇土地信托服务站通过搜集各个村出让土地使用权和有意承包土地所有权的信息，在自愿有偿的原则下组织双方进行协商，没有异议后，签订相关土地使用权承包转包合同。在推行土地信托服务的过程中，绍兴县始终坚持并强调三个原则：第一，坚持"确保所有权、稳定承包权、搞活使用权"的原则；第二，坚持双方自愿、有偿且依法的原则；第三，坚持不改变农地性质、确保耕地能力、不搞强迫的原则。

根据土地信托工作流程，绍兴县主要开展了三类土地信托业务。一是登记土地使用权供求信息。主要工作是收集和登记可流转土地数量、位置、类别等信息，同时接受土地供需双方的信息咨询，利用多种方式向内外部各方推荐开发项目。二是土地流转的协调和引导。在双方平等协商一致的基础上，协调相关方提出的有关问题，落实合同关系并办理合同认证手续。三是土地出让后的跟踪服务和纠纷调解。努力协助土地经营者实施开发项目的可行性研究，在法律、政策范围内协助调解土地经营产生的纠纷，共同维护土地所有者、承包商和运营商的合法权益。

6. 河南沁阳：公开拍卖模式

沁阳市地处河南省西北部，管辖范围涵盖了 13 个乡镇、329 个行政村，总面积约 620 平方公里，总人口超过 48 万人，其中务农人口 39 万人，占比 81%，农户 9.5 万户，耕地面积 42 万亩，人均耕地不足 1.1 亩。但沁阳市凭借良好的农业化、工业化、城镇化条件，大力发展第二、第三产业，不仅吸纳了许多农村剩余劳动力，为农村人口解决了就业问题，而且大大提升了当地工业化和城镇化水平。农民的收入来源变得多元化，对土地的依赖度也逐渐降低，因此土地流转在沁阳市农村逐渐兴起。但是，该市大范围的自发流转土地现象，已严重威胁粮食的产量与质量，导致粮食存在安全隐患。为此，沁阳市政府采取合理措施，结合当地实际情况，在考虑农民意愿的情况下，开展农村土地公开拍卖经营权平台的搭建工作，以保证农村土地的公平有效流转。

2008 年 4 月 19 日，沁阳市下发《关于推进土地流转加快新农村建设的意见》，明确了土地流转工作的各项事宜，因地制宜地提出"三支持""两允许""一严格"的举措，以此提高土地利用率。"三支持"即支持承包方进行规模化生产经营、支持承包方对未利用土地进行合理开发、支持承包方将闲置和腾换出的土地发展为耕地，针对农业生产和非农建设的产业结构调整，极大地提高了农业生产效率，使农民增收。"两允许"即允许农民多元化种植农作物，合理调整产业模式，鼓励种植药材、茶叶、蔬菜、瓜果、花木等经济作物；允许将生产能力低下、生产条件恶劣的耕地改造成畜牧饲养场所、水产养殖基地、果树种植园等。"一严格"即严格保护耕地农田，确保农田的数量与质量。同年 5 月 5 日，为更好地实施土地流转工作，沁阳市创新性地成立了河南省首家县级土地流转服务中心，并搭建起市、乡、村三级土地流转服务平台，为公开拍卖农村土地经营权提供保障，深入贯彻落实当地土地流转政策。此外，沁阳市农业局出台《沁阳市农村土地承包经营权公开竞拍和竞争谈判暂行办法》，强调平等协商、依法、自愿、有偿是农村土地承包经营权公开拍卖的基本原则，规定出租方获得竞拍所得，承租方获得土地的一切国家补偿。另外，要求承租方不得改变土地的农业用途。由政府参与管理的土地转让，首先需要农户个人和村集体签订委托代理合同，由村集体代表村民处理转让拍卖等事宜，然后由承租方和每位农户签订转让合同。以上种种举措能够极为公平地维护各方利益。

沁阳市采取的一系列政策，既能保证全市土地流转工作公平有序、法定高效地开展，又能规范流转后土地的使用。为规范签署的合同，沁阳市还出台了《农村土地承包经营权流转实施办法》《农村土地承包经营权流转合同示范文本》。沁阳市农村经济管理站和农业服务中心负责监管土地流转工作，以及解决流转过程中的细节问题。在司法方面，沁阳市设立了土地流转法律服务站和土地流转巡回法庭，为土地流转工作保驾护航。同时，该市还制定了《沁阳市农村土地流转工作帮扶方案》，对于规模经营的村庄，积极进行"手把手"帮扶，齐心协力做好该项工作。另外，该市还建立了土地流转基金及奖励机制，对流转土地较多、经营收入较高的种养大户和合作社，按照规定给予一定经济补偿。

经过调研分析，沁阳市农村土地流转过程大致可分为七个步骤。①资料收集和调查：各部门需实地走访，充分利用计算机网络、大数据平台等现代化手段详细了解本区域土地情况以及农户需求。②整理信息：各部门将收集到的信息分门别类进行整理，归档留用，同时将土地流转信息及时披露，供相关人员使用。③积极进行招商引资，将有流转意向的规模化土地出租方介绍给承租方，在出租方与承租方之间搭建好桥梁，保证土地有效衔接使用。④评估流转主体的资质和流转的事项，参与流转价格的制定，指导相关合同的签订。⑤审查土地流转各事项的合法性及资料的完整性：针对需要鉴证的土地，客观鉴证，及时备案留档。⑥积极为业主和大户的种养殖产业提供支持，主动为其生产经营中遇到的问题提供帮助，增加农民的收入。⑦随时对流转合同的履行情况进行监督，对流转工作的实施情况及时检查，切实维护各方的利益，并建立相应的土地纠纷调解制度，保证土地流转工作顺利开展。

（二）服务型规模经营的几种模式

当兼业或全职农户比例较高、抛荒比例较高时，即农地流转供给或需求不足时，采用农地流转集中土地规模的经营效果不佳，可采用服务型规模经营模式。

1. 四川宣汉: "田管家"代耕代种模式

宣汉县属于四川省达州市, 位于四川盆地东北大巴山南麓, 耕地 88.89 万亩, 其中水田 55.26 万亩, 旱地 33.63 万亩。2021 年以来, 宣汉县依托农业生产社会化服务试点, 大力推广"田管家"代耕代种模式。

"我家有三亩多土地, 我们按照每亩 700 元的价格交给'田管家'托管后, 就什么也不管了, 等到了秋收的时候就回来收谷子……"宣汉县新芽村村民表示。"田管家"承诺每亩保底产量 800 斤, 基本上是旱涝保收。在全新的代耕、代种、代收耕种模式下, 村民将承包地交给"田管家"打理, 自己当起了"甩手掌柜"。据该县"田管家"介绍, 他所在的丰源硕农机家庭农场集中管理周边 500 多亩耕地, 给 200 户农民当起"大管家", 从种子购买到农资购进、田间管理, 再到收割销售, 家庭农场提供"一条龙"服务。

宣汉县供销社通过把基层供销社、村支两委、农民三种力量整合起来, 依托农民专业合作社, 为农民代耕、代种、代管、代收提供土地托管服务, 成为农民的"田管家""田保姆", 解决了"打工顾不上种地、种地耽误挣钱、土地撂荒不甘心"等实际问题, 凸显了"农民外出打工, 供销社给农民打工"的实情, 这正是供销社为农服务的具体体现。提供土地托管服务一定要在不改变农民土地承包经营权的基础上发挥规模优势, 最大限度地帮助农民增产增收。

实行这种种植模式具有三大好处: 一是缓解了农村季节性缺乏劳动力的问题, 解决了农民种田难的问题; 二是实行简便高效栽培, 解决了种田效益差的问题; 三是确保了种植面积, 解决了土地撂荒的问题。

2. 山东省: 土地托管模式

2021 年 7 月 7 日, 山东省政府召开新闻发布会, 介绍深化土地托管服务相关经验, 推动全省农地适度规模经营。山东省供销社在全国首创土地托管服务, 破解"谁来种地""地怎么种"的问题, 通过专业化、全链条服务, 既为农民解决了非农就业兼营农业和农地规模经营问题, 使农民实现了打工、种地两不误, 同时也改变了传统分散式农业经营方式, 很好地将小农户与现代农业进行了衔接。

土地托管属于农业社会化服务的范畴, 是一种特殊的农业生产服务类型，其特殊性主要体现在"托管"两个字上。一般的农业生产服务主要指在耕、种、管、收等单个环节提供专业化服务，存在各环节脱离的状况，因而导致农户行为的不一致，并不能达到农地规模化经营的目标。土地托管是由农业生产服务组织提供多个环节或全链条环节的服务，在一定程度上解决了农户兼营农地的后顾之忧，能够实现农户经营农地行为的一致性，实现农地规模经营。

传统的农地经营方式主要是农民分散承包经营，呈现土地零碎化、占用劳动时间多、科技投入有瓶颈、农业增收受限等特征。供销社通过成立农业生产性服务公司，成为农业服务中心，优化配置社会服务资源，组建专业服务队伍，根据小农户的需求提供专业化、全链条服务，帮助农民实现了打工、种地两不误，也实现了小农户与现代农业的衔接。

与传统的种地方式相比，土地托管是通过专业化服务组织来种地、引领农民以合作社的形式来种地、以先进的农业机械和科技手段来种地，从而深化了农业供给侧结构性改革，改变了碎片化的农业生产方式，促进了农地适度规模经营。在土地经营权保留的情况下，将生产环节委托给专业服务机构，有效解决了多种土地问题。目前，随着各新型服务主体的增加，农业服务的内容也日渐丰富。

随着土地托管面积的不断扩大，农业服务公司工作人员和经营项目逐渐增加，工作人员缺乏标准会影响农业生产服务各环节之间的有效衔接，从而无法保障农业生产效率的稳定性。山东省农业服务公司与山东省农科院、山东农业大学等机构合作，共同出台了科学的种植管理方案，在严格执行 579 项标准的基础上，又因地制宜地制定了 103 项企业标准。

德州市齐河县金穗粮食种植专业合作社理事长袁本刚说："我们在每个村都建立了示范基地，每个示范中心必须按照各项标准进行作业，尤其对耕作质量有严格要求，将农业生产做到专业化、科学化。"正是拥有这样规范的标准和高质量的服务，农民对合作社才更加信任，合作社托管面积越来越大，服务范围越来越广，从最初的 1 村 5 户拓展到现在的 70 多村2050 户。标准化生产推动了农业服务产业的快速发展，截至 2019 年 12月，山东省土地托管达 1.46 亿亩次（赵丰，2020）。通过标准化实施、机械化生产、高效率种植、先进技术服务等路径，"田保姆"服务不断改良创新，不仅能够降低生产作业成本，同时也提高了农作物产量，推进了乡村振兴稳步发展。

三 国内农地规模经营模式总结及适用性

（一）通过不同农地流转形式实现规模经营的模式总结

我国现有的农地流转模式可以按照参与主体不同总结为农户间自由流转模式、政府或村集体主导下中介组织参与模式、市场主导下中介组织参与模式三种。

1. 农户间自由流转模式

农户间自由流转模式主要有出租、转包和互换几种形式。其中互换只是双方交换了农地使用权，并不改变原有的农地承包经营权，不是严格意义上的农地承包经营权流转，本书不做分析。出租和转包是农户将农地承包经营权转让给另一方，有利于农地规模化经营，属于本书研究的范畴。

出租是指农户将农地承包经营权在约定期限内出租给其他主体（农户、集体或其他经济组织）从事农业经营，并从承租主体那里获得租金，原农地承包权并不发生变化。按照是否收取租金可以分为有偿出租、无偿出租和倒贴出租，由于对农户抛荒农地不再进行处罚，倒贴出租形式也逐渐消失。目前，农户间农地出租形式以农户将承包农地出租给亲戚、朋友、邻居和同村农户为主，这是通过农地流转扩大经营规模的初始模式。

转包是指农户将全部或部分农地承包经营权转让给集体内其他农户代为经营一段时间，在这个期限内原农地承包关系不变，双方约定好权利和义务。我国大多数农地流转以转包为主，期限具有不确定性，但一般至少为一年。转包方可以向接包方收取转包费，有时候也会以一定比例的农产品代替。

转包与出租的不同之处在于：一是农户出租农地承包经营权，收取的是租金，而农户转出农地承包经营权收取的是转包费，转包费有时候用农产品代替，比如转包方和接包方各自得到一季农产品；二是转包双方关系更为复杂，出租双方是单纯的市场交易关系，而转包双方夹杂着过多的人情关系，转包比出租的契约稳定性差，也意味着实现农地规模经营的稳定性和持续性差。

2. 政府或村集体主导下中介组织参与模式

政府或村集体主导下中介组织参与模式是指在农地流转过程中政府或

村集体作为中介方参与农地承包经营权交易，政府或村集体承担组织、协调、管理和监督交易双方行为的职责。比较有代表性的是通过反租倒包和农地集体股份合作制扩大农地经营规模。

反租倒包是指政府或村集体将农户农地先租过来，然后将农地转手承包或出租给其他农业经营主体，并从中获得差额利益。由于农户分化，农户转出农地意愿不一致，按照农户意愿转出的农地并不集中，呈现零碎化和分散化。由于一般的经营主体依靠自己的力量很难租到连片集中的农地，在谈判和协商过程中交易成本过高。政府或村集体通过组织与协调农户，将能够流转的农地集中起来，再将农地租给其他经营主体（一般为专业经营大户），起到了中介组织的作用。政府或村集体通过反租倒包的模式推动农地流转可以从中获得部分经济利益，有利于基层公共设施建设和改善农业基础设施，当然也有部分地方政府和村集体并未将这部分经济利益用于农村和农业发展。

农地集体股份合作制是指政府或村集体将所属成员的农地集中起来，按照农户承包农地数量将其经营权折算为股份，政府或村集体再代表农户选择农地转入方（专业经营大户或企业），并参与管理与监督农业生产经营。农户可以凭借其农地承包权获得股份，并按照股份多少进行分红。农地集体股份合作制相当于农户以农地承包经营权入股，将农地交予集体，集体在处置农地获得报酬后向农户分红。集体处置农地分为两种方式：一是直接寻找专业化农业经营组织，入股该组织并参与管理与监督农业生产经营；二是将集中后的农地入股第三方农地运作机构，该机构将农地放到农地市场上进行交易并获得报酬，再向集体和农户进行分红（见图 8 - 1）。

3. 市场主导下中介组织参与模式

市场主导下中介组织参与模式是指为满足农地流转市场需求自发建立的中介组织，为农地流转双方提供专业服务。这样的农地流转中介组织不同于政府或村集体主导下的中介组织，不存在行政强制性。主要的形式有市场化股份合作制、纯服务性中介组织和土地信托等。

市场化股份合作制是指农户自发成立合作社，农户以农地承包经营权入股合作社，合作社再以农地承包经营权入股龙头企业，也即"龙头企业＋合作社＋农户"的农地流转模式。这种股份合作制中介主体不是政府

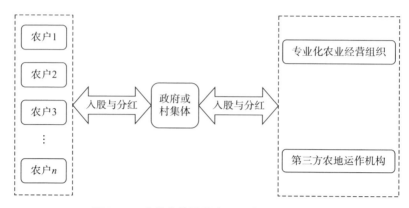

图 8 - 1　农地集体股份合作制农地流转模式

或村集体，而是农户自发成立的合作社，在管理上具有去行政化和现代化企业管理等特征。在保证原有农地承包关系不变的前提下，农户以农地承包经营权入股，龙头企业以资本入股，合作社运用现代企业管理方式经营农地，组织结构包括股东代表大会、董事会和监事会等，农户可以获得保底租金和分红。这种"龙头企业 + 合作社 + 农户"的方式在全国一些地区已经存在，但并没有统一的模式和经验，仍然在不断探索中，但与农地集体股份合作制相比具有较强的市场性，更符合各方主体的经济利益。比较有代表性的是浙江省农村土地股份合作社模式。

纯服务性中介组织是指市场化中介组织只提供农地流转相关的服务，如信息公告、法律咨询、合同管理、农地抵押、拍卖等。纯服务性中介组织市场化运作一般以农地交易所形式进行，以农地确权为前提，农户将确权登记后的农地承包权在当地交易所挂牌，交易所代替农户寻找转入方并协商谈判，农户从中获得收益。虽然这种中介组织以市场力量为主，但往往需要政府和村集体介入，从而确定农地产权和规模化集中农地。比较有代表性的是成都农村土地确权流转交易模式。

土地信托是指在农地承包关系和产权不变前提下，农地信托服务中介组织接受农户委托代为处置农地的一种流转方式（岳意定、刘莉君，2010）。2013 年 11 月 7 日，"北京信托土地流转信托计划"出炉，采用的是双合作社的设计，即"农地合作社 + 专业合作社"的模式。首先需要将拟信托农户农地经营权确定到户，农户再以农地经营权入股农地合作社，农地合作社以委托人身份将农户农地经营权在北京信托设立财产权信托。

同时本村专业经营大户成立专业合作社，北京信托将农地合作社的农地经营权租赁给专业合作社，专业合作社的股东均为本村村民，员工也是村民。该模式可以解决部分农村劳动力就业问题。北京信托向农地合作社成员发放监管部门批准的"农地收益凭证"，可以永久收益、转让和继承等。农地合作社成员收益由"固定收益＋浮动收益"组成，北京土地信托公司负责监督专业合作社经营。

在以上几种市场主导下的中介组织参与模式中依然有政府与村集体的影子，但政府与村集体已经不是农地流转的主导，仅仅在农地流转过程中承担确权、协调和服务的角色。

（二）非土地流转下服务型规模经营模式总结

目前，在土地流转供给或需求意愿偏低且农业生产效率较低的区域，已经出现通过农业生产服务组织提供产前、产中和产后单环节或多环节服务的农地规模经营模式。比较具有代表性的是代耕代种模式和土地托管模式。

这两种模式的相同点是农民没有流转土地经营权，土地的经营主体仍然是普通农户，农业生产服务组织提供农户在农业生产各个环节的需求。二者的区别在于，农户对农业生产服务组织的需求存在差异，仅需求农业生产过程中单环节或多环节服务的，可以称为代耕代种模式；需求农业产前、产中、产后多环节或全链条服务的，可称为土地托管模式。

从实现农地规模经营的途径看，代耕代种和土地托管具有并行关系。土地托管和代耕代种虽然都是由农业生产服务主体向农户提供服务，但土地托管更具有市场化、专业化的特征，同时能够更好地实现农地规模经营。代耕代种更像是土地托管的初期阶段，提供服务的有农业服务公司和其他个体农户，服务内容和水平存在较大的差异性。代耕代种要满足农户分化下的各种各样的需求，由农民职业分化程度不同导致农户经营农业的劳动力机会成本存在差异，不同农户需要的农业生产服务在内容和数量上也不一致。所以，代耕代种只能在农业生产服务的某些环节实现规模经济，在农户决策不一致的农业生产环节并不能产生规模效应，但是这种代耕代种也能够提高农业机械化和现代化水平。比如农业生产性服务公司或个体农户提供的土地翻整、除草、机播、施肥、喷洒农药等服务，即便是存在农户土地界线和零碎化，也可以统一实施规模化、机械化操作。

代耕代种并没有彻底破解农户土地零碎化问题，而土地托管发展到更高级形态，是可以打破土地零碎化，统一经营行为，真正实现农地规模经营的。土地托管的服务主体是专业化农业生产服务公司或合作社，服务内容和水平具有一定的标准化特征。从山东省土地托管模式可以看出，虽然农户没有将农地经营权流转出去，但实质上整个农地的经营过程已经委托给农业服务组织，农地所得不是土地租金或分红，而是农业经营收益，且需要支付委托服务费用。这种模式发展到最后有可能转变为土地流转下的合作社或土地股份等形式，也可能会与土地流转的其他形式相结合。

但在农民职业分化深度不足的情况下，服务型规模经营更多是通过代耕代种实现，农民仍然保留部分农业生产环节并由自己经营。比如农民非农就业不稳定，在其参与某一农业生产环节时机会成本低于委托服务费用，其就会选择自己劳动，而不会将这一环节委托给服务组织。农民在农业生产的各个环节是否存在服务需求，与其职业分化程度存在必然的联系。农民职业分化程度影响其自营农地的机会成本，只有其自营农地机会成本超过委托服务费时，其才会接受相应的农业生产服务。

所以，无论是通过土地流转还是通过农业生产服务实现农地规模经营，都需要结合农民职业分化的状况，选择合适的模式。

（三）农地规模经营模式的适用性分析

1. 不同农地流转形式下农地适度规模经营模式的适用性

同种农地流转模式会因不同的农地流转供求状况而产生不同的经济效应和社会效应，会对农业现代化发展过程中农民利益、农业发展与农村经济发展产生不同影响。农民职业分化的程度直接影响农地流转供求状况，进而影响农地流转的形式，导致农地适度规模经营绩效也存在差异。本书借鉴刘莉君（2011）使用的模糊综合评价方法估算农地流转综合绩效，从经济绩效和社会绩效角度分析不同流转形式下农地适度规模经营的适用性。

（1）农户间自由流转模式的适用性

农户间自由流转模式主要有出租和转包两种形式，这种模式具有灵活

性和收益稳定的特点，但农地流转具有分散性和随机性。出租与转包一般
发生于亲朋好友或邻居之间，流转行为缺乏规范性，基本没有正式的契约
文件，以口头约定为主。由于契约的随机性，交易成本较高，无法形成集
中连片的农业规模化经营。这种农地流转模式可以保障转出农地农户的长
期利益，农户可以随时收回承包出去的农地，但由于不能获得农地规模效
益，农户转出农地获得的收益较低。这种模式无法从根本上解决农地分散
式小农经营方式，不利于农业规模化、产业化和专业化经营。

这种模式主要适用于农民完全非农就业比例不高、农业经营者职业化
水平偏低且农地流转供给不足的区域。虽然全国很多地区普遍存在农户间
自由流转农地的出租和转包形式，但从农民收益、农业发展和农村经济发
展角度考虑，这种模式适用于农地流转供给不足的区域。由前面分析可
知，农地流转供给不足主要是由非农就业收入较低、自营农地机会成本较
低和农地社会保障心理造成的。由于劳动力异质性，大部分农户不愿意转
出农地，少部分农户供给的农地不易形成集中规模化流转。从转出农地农
民收益、农地利用效率和农业发展角度考虑，农户间自由流转模式更适用
于少量和分散农户供给的区域，可以保障农户利益和充分利用农地资源。
这种农户间自由流转模式虽然在一定程度上扩大了农地经营规模，但并没
有改变小农户分散式传统经营模式，并没有真正实现农业规模化和现代化
经营，需要进一步将小农户与现代农业衔接起来。

（2）政府或村集体主导下中介组织参与模式的适用性

政府或村集体主导下中介组织参与模式主要指反租倒包和农村集体股
份合作制，这两种农地流转模式均是农户将农地交与政府或村集体处置，
农户从政府或村集体那里获得租金或分红。这两种农地流转模式均有利于
农地集中与规模化经营，流转具有规范性、长期性和稳定性等特征，有利
于农业专业化和产业化经营。但在现有的反租倒包和农村集体股份合作制
成功的案例中，部分地区出现政府或村集体强制农户转出农地的情况，而
且普遍存在政府或村集体处置农地和分配农地收益不透明和不规范的情
况。有些政府或村集体采用反租倒包的方式低价回收农户农地后高价租
出，获得地租差价，并不考虑农民利益问题，这违背了不损害农民利益的
农地流转原则。农村集体股份合作制模式与反租倒包相比更加尊重农户流
转农地的意愿，但由于集体股份合作组织一般在政府或村集体行政管理下

经营，也不可避免地存在强制农户意愿、利益分配不透明和改变农地用途等诸多问题。

反租倒包和农村集体股份合作制模式适用于农村劳动力非农转移比重较高、农户转出农地供给意愿比重也较高、内部农地转入需求相对不足的区域。这两种模式适用于农户转出农地意愿比重较高的地区，农村劳动力非农就业收入较高和自营农地机会成本偏低，这些区域一般农地供给充足，内部转入需求不足。由于并非集体内部所有农户均愿意转出农地，仍有少量农户不愿意转出农地，而且内部转入农地需求不足，需要政府或村集体协调农地集中和规模化流转，所以反租倒包和农村集体股份合作制模式更适用于这种情况。但这两种模式市场化程度较低，处于农地流转市场化的过渡阶段。

（3）市场主导下中介组织参与模式的适用性

市场主导下中介组织参与模式与政府或村集体主导下中介组织参与模式的主要区别在于，市场力量起主导作用，政府或村集体力量起协调作用。这种模式实现了农地流转的市场化交易和现代企业的管理化经营，将农户农地承包经营权转化为财产收益权，使农户获得了保障性的农地收益，呈现农户与农地分离的农地保障功能。这种模式下的股份合作形式和土地信托形式都是基于农户自发成立的合作社，农户作为合作社股东，具有处置农地和收益的权利，同时保障农地经营过程中不改变农地用途，保障农户利益，促进农地适度规模经营，实现农村经济发展。

市场化股份合作社、纯服务性中介组织和土地信托适用于农地流转供给与需求均较为充足、农地流转市场比较活跃的地区。这些地区一般在城镇远郊地区或者农村劳动力非农化程度较高的地区，这些地区工业化水平较高，就业机会较多，农村劳动力非农就业相对稳定，自营机会成本相对较高，农户普遍愿意转出农地，农业专业经营大户转入农地需求充足。由于农户普遍愿意转出农地，农地流转可以实现集中化和规模化。农户自行成立合作社，以农地经营权参与市场交易，可以自行处置农地和掌控收益状况。这种模式的市场化程度较高，适用于农民完全非农就业比例较高且农业经营者职业化水平高、农户普遍愿意转出农地和规模经营户需求充足的区域。

2. 服务型规模经营模式的适用性

在农民职业分化深度不足，即农村劳动力非农就业比例较低且就业稳定性较差导致农地流转供给不足，且农民经营农地的职业化水平较低且全职经营农地意愿不足时，选择服务型规模经营模式无疑是最佳选择。

农户间自由流转模式也是在这样的环境下进行的，其实服务型规模经营模式就是解决农户间自由流转农地并未真正实现规模经营的问题。无论是农户自己兼营农地，还是将农地流转给其他农户兼营，本质上仍是小农户传统分散式经营模式，并未实现农业规模化和现代化经营，并未提高农业生产效率。

代耕代种模式适用于农民非农就业不稳定、农业收入仍是农户家庭收入的重要组成部分、农户兼营农地比例较大的区域。农户仍然是农地经营的主体，但由于参与农业劳动必然会占用其非农劳动时间，产生机会成本，所以兼营农地农户就会在部分农业生产环节选择农业服务组织或个人提供的服务。当然兼营农地机会成本越低的农户，选择接受农业服务的意愿越低。比如家庭拥有闲置劳动力（包含老人或妇女）的农户，选择接受农业服务的意愿就相对较低。农户除了考虑兼营农地机会成本外，还要比较自营土地某个环节的总成本与委托服务费用的大小，若委托服务费低于或相当于自营总成本，那么农户会乐于在部分农业生产环节选择接受农业服务。代耕代种是小农户与现代农业衔接的途径之一，但其未来的发展需要统一农户经营行为，真正实现农地规模经营，比如"农业服务 + 农民合作社""土地托管"等。

土地托管模式适用于农民流转土地意愿不高且不愿经营农地的区域。对山东济宁和安徽肥东的实地调研结果显示，一些区域存在"不想种地，也不想流转土地"的情况，在这些区域，高龄农民具有眷恋土地心态，中青年农民具有将来返乡时土地是保障的心态，农民通过比较自营土地利润和土地托管后利润，最终选择土地托管模式。

第二节　农民职业分化与农地适度规模经营耦合发展的原则、目的与机制

一　农业现代化目标下二者耦合发展的原则

农地适度规模经营是在农民职业分化背景下为了实现农业现代化而推

进的，所以在推进农地规模经营过程中要以保障农民利益、农地和劳动力资源有效配置、市场化但不改变农地用途为原则。

（一）保障农民利益原则

通过农地流转或统一服务扩大农地经营规模，其过程中保障农民利益是最根本的原则，在坚持农地集体所有权不变的前提下，农地流转要以遵循农民意愿为基础，保障农民的农地承包权和收益权，重视农民增收。由于空间异质性（农户分化、农地异质和区域分异），以农户为决策单位对农地的处置和经营选择存在个体差异，导致农地供给具有分散性和零碎性，无法真正实现农地集中化和规模化的目标。在这样的条件下，一些政府或村集体强制农户流转农地或统一接受农业服务，甚至出现强制回收剥夺农户农地承包权的情况，容易造成农户失去农地后无稳定的非农就业收入来源，农民权益得不到保障。在农户自愿流转农地或接受农业服务的情况下，现实中也存在政府或村集体或其他组织农地利益分配不公平和不透明的情况，也会经常发生农地经营不善导致农地质量恶化和不向农户分配利益的情况，这无疑损害了农民权益。

推动农地规模经营一定要依据农民职业分化的状况，农户非农就业收入比重增加是其转出农地的必要条件，所以农地流转不能不顾农村劳动力非农就业状况强制收回农地。在推动农地流转过程中要考虑转出农地后农村劳动力就业问题，重视农民的长期收益，要达到农地流转后农民长期收入增加的效果。在遵循农民流转农地或接受农业服务意愿的前提下，要规范农地流转和农业服务市场，逐步建立市场化流转机制和标准化农业服务市场，使农户拥有处置农地的权利，且能够参与或监督农地经营与管理，还应建立公开透明的利益分配机制。

（二）农地和劳动力资源有效配置原则

从经济学角度分析，推动农地适度规模经营就要遵循农地资源和农村劳动力有效配置的原则。在农村劳动力非农化背景下，大多农户兼业已经进入以非农为主和以农业为辅的阶段，农地利用效率下降。部分农户经营农地方式已经完全改变了以农业为主时期的精耕细作，并不依据市场需求经营农地，其选择的经营方式和农业结构所带来的并不是最高产出水平，不符合资源最优配置原则。当非农收入成为农户家庭主要收入时，增加农地经营收入和提高农地利用效率已经不是农户首要考虑的问题，农地利用不受重视势必会导致利用效率低下。与此同时，农民职业分化深度不足导致农村劳动力要素配置效率并不高。一是农户传统经营方式下兼业经营农地的劳动生产率偏低；二是农民非农就业稳定性、专业性不强，非农就业劳动效率并不能够完全适应产业结构升级。

通过农地流转可以提高农地经营者对农地利用效率的重视程度，经营者可以迎合市场需求改变经营方式和农业结构，提高农地的边际效益，促使农地资源有效配置。但是，现实中存在农地流转后农地利用效率并未得到提高，甚至农地资源遭到闲置和破坏的现象。调研发现，河南省某县某镇曾有一个企业向农户承包了 300 亩农地来经营药材，但该企业并没有对农地进行科学经营，最后造成农地荒芜了 5 年之久，导致农地质量恶化的案例。究其原因是该企业并不是为了经营农地而是为了套取政府补贴。所以，在推动农地流转过程中要以农地资源有效配置为原则，真正做到促进农业发展。

所以，农民职业分化与农地适度规模经营耦合发展就是要通过引导农民合理处置家庭承包农地和有效分配家庭劳动力，提高农业生产效率、农村劳动生产率和农民收入。

（三）市场化但不改变农地用途原则

我国现行耕地红线是 18 亿亩，自从 2009 年国家提出并实行保障耕地红线制度以来，不可触碰耕地红线一直是农地制度改革和农地流转的底线。本书构建农地适度规模经营机制也要基于保障耕地红线这一原则，在研究过程中不涉及农地用途改变问题，机制设计以不改变农地用途为基本原则之一。但农地流转需求方为了提高农地收益率往往会改变农地用途，将农地用于非农业，比如工业，或者打着观光农业招牌将农地非农化等。

因此，必须立足于市场化原则，通过引导和均衡市场供给与需求力量，最终实现农民职业合理分化和农地适度规模经营。二者耦合发展涉及劳动力、资本、土地、技术等要素的选择性流动，只有依靠市场力量才能有效配置这些要素，促使高素质劳动力、资本和技术双向流动，实现城镇化高质量发展和农业现代化目标。推进二者耦合发展的关键是建立城乡统一劳动力市场、农地流转市场与农业服务市场中的价格机制，避免农村要素价格扭曲，这一灵活的机制可以引导供求双方行为，同时引导农地经营遵循市场需求，充分利用农地资源与相关生产要素。所以，在设计二者耦合发展机制时，要以引导要素供给方与需求方行为为核心，同时要重点考虑促使生产要素双向流动和提高要素配置效率，以促进农业发展、农民增收为宗旨。

二 二者耦合发展的目的

建立二者耦合发展路径的目的是提高农业生产效率、有效配置农村劳动力要素和促进农民增收，实现城镇化高质量发展和农业现代化目标。

（一）促进农地流转市场供给与需求均衡

由前面分析可知，农地流转滞后于农民非农就业的直接原因是供给不足、需求不足或二者均不足，所以建立二者耦合发展路径的目的之一就是增加农地流转的供给与需求，并促使二者达到均衡，实现土地集中后的规模经营，从而提高农业生产效率。由于空间异质性（农户分化、农地异质和区域分异），农地流转供求状况呈现复杂性，农地流转市场化并不是简单地增加供给或需求，解决途径应具有针对性和多样性。在现有农地制度不变的前提下，农地流转市场中供给方与需求方行为主要受经济利益影响，农户是否选择转出农地主要与其自营农地收入和自营机会成本有关，这又与农户非农就业收入和农地长期收益有关；转入农地需求方行为主要受转入农地投入回报和机会成本影响，不同的需求因投入要素不同，影响因素也存在差异。

所以，首先要对农地流转供求状况进行分类，然后根据农地流转供求影响因素，结合现实困境，设计出有针对性的解决方案。

（二）促进小农户与现代农业衔接

除了部分地区农民非农就业比例和非农就业稳定性较高外，我国农地经营主体中小农户仍占据较大比例，且小农户以兼业分散式传统经营为主。小农户兼业将会在以后很长一段时间成为我国农业经营的主要特征，通过农地流转集中土地进而实现规模经营的途径在部分区域效果不佳，如何在小农户经营的情况下发展现代农业需要另辟蹊径。结合农民职业分化状况，发展服务型规模经营可以很好地将小农户与现代农业衔接起来。

所以，通过设计农民职业分化与农地适度规模经营耦合发展路径，在不改变农地承包经营权的前提下，结合小农户意愿，根据农民职业分化的不同特点，将小农户经营纳入现代农业经营框架，最终实现农业规模化、专业化经营。

（三）促进农业规模化和产业化经营

增加农地流转和农业服务的供给与需求并不是最终目的，增加农地流转和农业服务的数量只是过程，最终的目的是实现农业规模化和产业化经营。这要求在推动农地流转过程中不仅要注重数量，还要重视农地的集中化和规模化流转；在提供农业服务时关注农户的真正需求，在产前、产中和产后环节实现规模经济，实现农业产业化。由于农户分化、农地异质等原因，虽然农地流转数量在增加，但仍然呈现分散化和零碎化；也可能由于农业服务的供给与需求较为充足，但农户行为并不一致，所以农业服务并不集中。这种农地流转和农业服务的分散化和零碎化不利于农业现代化所要求的规模化和产业化经营，也不利于农业技术的使用和推广，还不利于农业劳动效率的提高。

从农业发展的角度考虑，构建农民职业分化和农地规模经营耦合发展路径的另外一个目标就是促使农地集中化和规模化，满足农业规模化和产业化经营的需求。农地流转和农业服务集中化和规模化，需要政府或村集体、中介组织的参与，农业经营模式需要增加资本投入和技术投入，提高农业经营效率和收益率。农地集中化和规模化流转只是一种方向，并不是一概而论地强求农地集中，依然要遵循农户流转农地的意愿，采用循序渐进与积极引导相结合的策略推动农地流转走向集中化和规模化；同时在引导农民流转农地的同时，积极培育新型农业服务主体，为兼业或全职农户提供专业化、标准化农业服务，实现小农户与现代农业的衔接。

（四）促进农民职业合理分化和农民增收

农业经营规模化和产业化需要农民合理分化为职业农民和完全非农就业者，改变现有非农就业不完全、不稳定和传统式兼营农业的现状。在引导农民职业合理分化的过程中，一定要基于农民意愿，实现农民收入增加。

一是借助城镇产业发展和制度外力引导农民向非农领域转移，并且保持就业稳定和持续增收。现实中农民完全非农就业要考虑农户分化和区域差异。农户家庭劳动力存在人力资本差异，也存在区域产业发展差异。所以，引导农民完全非农就业可以结合城镇化、就近城镇化和就地城镇化多路径实施。

二是在市场力量和经济政策的作用下发挥农业发展的内生动力，提高农村要素市场配置效率，基于农户家庭追求收入最大化的目标，促使农民重新分配土地和劳动力资源，向脱离土地和专业经营农地两个方向分化。

三　构建二者耦合发展机制

（一）二者耦合发展的困境

由以上两个章节的分析可知，农民职业分化与农地适度规模经营耦合发展仍存在诸多问题。一是大量农民选择兼业生产经营，非农就业不稳定，农地粗放经营；二是多数农民选择完全进入非农行业，导致土地撂荒。上述两种情况都是土地、劳动力等资源不能得到合理配置的表现，致使农业生产效率低下。对于农村居民来说，其职业选择与农地的生产经营方式是相互关联的，在选择的过程中，忽视其中的任何一个，就达不到资源利用的帕累托最优。所以，二者的耦合协调发展就是追求劳动力、农地资源利用效率的最大化，使二者处于良性发展的状态。在空间异质性的状态下，二者耦合协调发展呈现多元化态势，具体表现可以总结为以下三种。

1. 农民兼业，农地粗放经营

在一些人力资本水平低的区域，大多数农民处在兼业状态，农地经营采取传统粗放的方式。由于农业机械的普及，中西部平原地区多采用农机代收代耕模式，缩减了农业生产经营活动时间。加之农业收入与非农收入之间的差距，大多数农村青壮年劳动力选择进入非农行业，农地由老人或妇女进行耕种。近几年，农村开始出现"离乡不离土"的非农就业形式，这进一步降低了农忙时经营农地的机会成本，固化了农民兼业经营的思想。虽然农民工的受教育水平有所提升，但仍无法改善人力资本水平低、非农就业不稳定的现状。由此就会导致农民职业分化不彻底、农地经营被忽视。在这一困境之下，就会出现农地流转供给不足、承包经营主体规模化成本高、职业分化过程受阻的现象，农民只能维持兼业的状态。

2. 农民完全非农就业，农地撂荒或少量经营

在农地经营困难、耗时较多、收益较少的山地和丘陵等地区，农民会

选择完全进入非农行业，农地直接撂荒或经营部分农地。山地和丘陵地区农地不集中、不成块，经营成本相对较高，外部资本介入缺乏积极性；兼业经营农地的生产成本及机会成本都比较高，内部人力资本大量流失。这种状况致使农地资源需求不足，农地适度规模经营门槛高，只有提高管理水平及市场化程度，并且吸引足够多的职业农民，农地适度规模经营才能实现赢利。

3. 不同农地流转模式下，农地伪适度规模经营或农民失业

近年来，全国各地开始进行农地确权登记，部分地区开始在农地流转的基础上实现农地适度规模经营。农地流转的形式主要有以下三种：一是农户间自行流转，二是由中介组织参与流转，三是政府或村集体强制流转。三种流转模式都存在各自的弊端，农户间自行流转的模式不易形成规模经营，大多数农地仍是流入人力资本水平较低的农户家庭中，转入农地农户依然会选择兼业生产经营。另外两种流转模式虽然易于形成适度规模经营，但在后续的农民职业分化中会面临一系列问题，如职业农民数量较少、适度规模经营无法持续等。当农民非农就业不稳定，或农民农地转出之后处于失业状态时，农民可能就会要求政府或组织返还农地，从而影响农地适度规模经营的可持续发展。

（二）二者耦合发展机制的构建

区域差异、农地异质和农户分化是农民职业分化和农地适度规模经营的重要影响因子。农民对于就业及农地经营方式的选择行为呈现多样化，在部分地区，出现以非农就业或兼业或全职农民为主的不同情况；由于适度规模经营农地的成本有所差异，流转农地或承包农地在不同的地区也会形成不同的需求和供给。同时，农民职业分化状况会影响农民的供需；农地适度规模经营状况也会直接影响自营承包农地的收益和机会成本，间接影响农民职业分化选择行为。

由以上分析可知，农民职业选择及农地经营状况按地理区位差异大致可分为 6 类（见图 8 - 2）。图 8 - 2 中，①和③是指农民完全进入非农就业或劳动力为全职农民的两种情况，并且在这两类区域中农地供给处于充足的状态，即这两类区域是最符合农地适度规模经营的，并且会有较高的经营收益。这两类情况与其他情况相比，不管是农民职业分化还是农地适度

规模经营都相对容易一些。区域①中，当大部分劳动力完全转移至非农行业，就可以通过农地流转实现适度规模经营，且现实中已有成功的案例。③所代表的是农民全职进行农地经营。这类地区不太容易对农地进行集中式流转，可以推行服务型规模经营模式，打造多层次、全产业链的农业供给服务，实现产前、产中和产后农业服务全覆盖。

农民职业分化后的主要群体

		完全非农就业者	兼业者	全职农民
农地适度规模经营需求	充足	①	②	③
	不足	④	⑤	⑥

图 8 – 2　农民职业分化与农地适度规模需求矩阵

⑤和⑥区域的农民具有经营农地的意愿，但农地适度规模经营的需求不足。需求不足的原因主要有以下两个方面：一是农民对土地流转的意愿不高，二是农地的异质性特征致使规模经营农地的成本偏高。在⑤和⑥这两类地区，以上原因均有可能存在。对于⑤所代表的地区，可以统一规划部分农地，增加其他不愿意流转农地农户的自营成本，潜在转变其流转意愿，逐步实现农地适度规模经营。在区域⑥中，农民进入非农行业的人员较少，主要是全职农民。对于这类情况，应集中农民，加强统一管理与培训，培育新型职业农民，并结合本地特色，发展特色农业，实现农业产业化，进而实现农地适度规模经营、服务规模化经营。

②和④区域是当前我国农村存在较多的状况。②所代表的是人口较多的平原地区，农户经营农地的收入水平较低，进入非农行业的机会成本不高，农民更加倾向于兼业。此类地区适合推广适度规模经营，且经营主体较多，意愿也比较强烈。在此类地区进行规模化经营，一是要提升整体劳动力的受教育水平，优化产业结构布局，提高、稳固农民非农就业收入；二是集中部分农地、部分人员进行土地规模化、服务规模化经营，提高自营农地农户的经营成本。结合以上两种办法，潜在转化农户对土地流转的意愿，最终实现农民职业分化与农地适度规模经营。④所指的是山地、丘陵地区，农户经营农地的成本较高，进入非农行业的机会成本较低，大部分劳动力选择完全非农就业；适度规模经营的成本较高，外来投入资本匮乏，导致适度规模经营需求不足；农地利用效率极低，甚至出现大量农地

摞荒现象。针对此类地区，政府应多加重视，出面平整土地或统一管理土地，重点扶持新型农业服务主体，并实施一些政策吸引劳动力回流，发展地区特色，逐步实现规模化。

根据农民职业分化及农地适度规模经营耦合发展机制的构建，后面的章节将重点探寻农地流转和服务型规模经营视角下，二者耦合协调发展的路径。

第三节　农地流转视角下农民职业分化与农地适度规模经营递进式耦合发展路径

我国农地流转状况复杂，供求多样，且农户、农地、区域之间都存在一定的差异性，因此，在建立农地流转机制时需要考虑这些因素。基于农地流转供求意愿和农地流转供求状况，为实现农业现代化发展目标，本节从政策支持、外部推动和引导机制方面构建递进式发展机制。

一　完善农地确权登记颁证制度和后续相关制度

2008 年我国农地确权登记工作已经开始实施，并且在 2013 年中央一号文件中再次表明 5 年内基本完成。但农地确权在实际实施过程中却存在诸多难题，进展并不顺利，并且也存在农地确权颁证的一系列后续问题（汪洋，2013）。

农地确权与登记工作分别由不同部门负责，由国土部门进行农地所有权确权登记，由农业部门进行农地承包经营权登记，二者登记结果会有较大的出入。农地集体产权发证主体也不明确，国土部门仅仅将农地所有权确权到村一级，由村委会代为登记，产权证书由村集体代为保管，农户并没有得到作为财产凭证的产权证书。农户的农地承包经营权仅仅在农业部门登记过程中得以体现，但这一权利并不能进行抵押、担保、转让等操作。这样的确权登记颁证并没有达到中央确定的产权清晰、归属明确、流转顺畅和保护权益的宗旨。

农地确权登记未引起基层部门的重视，基层工作积极性不高。特别是部分基层组织和农户认为确权登记工作并没有什么用处，农地所有权仅仅确权到村，产权并未确权到户，依然存在产权不清晰问题，这对农地流转不利。与此同时，部分农户担心农地调整，也有一些农户担心以后农地不再调整，由于很多地区 1996 年以后出生的家庭成员并没有承包农地，这牵涉农户利益得失问题，容易激发矛盾，确权登记工作在部分农村受到抵制。

农地确权登记过程中存在经费不足和缺乏专业工作人员等问题。农地所有权确权到村相对容易，但农地承包经营权要确权到户，需要大量的工作人员和相关专门机构来运作，需要大量的专门经费。同时这些工作多是由基层部门工作人员完成，工作流程包含调查、宣传、解释、影像、绘图、信息录入等 14 个程序，需要专业的工作人员，但农村基层部门机构和专业人员都较为缺乏。再加上中央确权经费未兑现，以及地方政府专项经费无法落实，农地确权登记颁证工作举步维艰、进展缓慢。

推动农地流转不仅仅是对农地确权登记并颁证就可以了，还需要后续相关政策的完善。农户农地确权后的登记面积与二轮承包农地面积出现偏差时并没有明确的处理办法和标准，农户针对多出的面积要求确权并增加收益（国家补贴或者地租），缺乏一个明确的处置办法。后续问题中最为关键的是农户农地经营权虽然确权了，但没有相关的制度保障以及未规定农户凭此经营权证可以进行入股、抵押、担保等，农地并没有因为农地确权而流转起来。安徽部分地区已经完成了农地确权登记颁证，但对这些地区县、乡和村干部调研的结果显示，农户凭此权证进行入股、抵押很难，即农户农地承包经营权并不具有财政收益功能，所以需要进一步探索和完善农地所有权、承包权和经营权分离的农地制度。

所以，要完善农地确权登记颁证制度，需要落实这项工作所需的经费；成立所需的专门机构和引进相关专业人员；做好向农户的宣传解释工作，争取基层组织和农户的支持；制定确权过程中出现的多种问题的解释标准和解决办法；进一步完善确权登记颁证的后续工作，制定和出台能够促使农户农地经营权实现财政收益功能的法律法规和制度。

二　针对农地流转供给不足构建农户供给意愿转化机制

在我国局部区域部分农户对农地流转供给意愿不强，即便是转移到非农行业也不愿意将农地进行流转。当前保障农户农地承包权的政策和逐步健全的农村社会保障制度会减少农户的农地保障心理，农户转出农地的供给意愿主要取决于自营农地的收益与机会成本的大小。随着小农户自营农地的机会成本逐步增加，在利益最大化的驱动下，农户转出农地的意愿会有所提高，农地供给比例就会增加。根据农地流转意愿不足的情况，本部分提出三条路径以提高农地供给比例（见图8-3）。

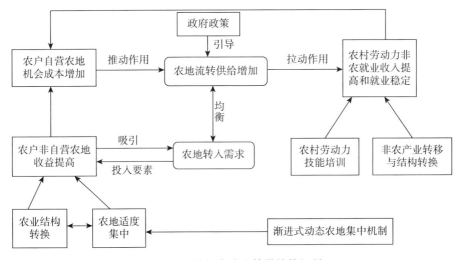

图8-3　增加农地流转供给的机制

由前面对农地流转供给的影响因素和推动农地流转的困境分析可知，农地流转供给不足主要是因为农户的农地保障心理、非农就业收入低和就业不稳定以及自营农地机会成本较低。基于提高农地流转比重和促进农业规模化经营的目的，本部分提出以下三条路径结合实施。

（一）政策引导农户供给农地的心理

单纯从农户对农地的依赖心理考虑，农户认为农地能够带来长久的稳定收入和生活保障，农户担心转出农地经营权后失去农地承包权，进而失去农地收益权。如果能够保障农户的农地承包权和收益权，那么农户在心理上将会提高转出农地的积极性，农户会通过比较流转农地前后的收益状况来决定是否转出农地。所以，要推动农地流转市场化，首先必须在政策、法律和制度层面引导农户转出农地。

2013年中央一号文件明确指出，5年内要基本完成农地确权登记工作，要清晰界定农户承包农地的面积，通过颁发农地承包权证赋予承包农户经营权。对于此项承包权，不能仅局限于确权，还要保障农户的各项权利。政府应出台相应的政策、法规，保证农户经营农地的稳定性和相应的收益率。只有消除农户心理上对流转农地的顾虑，才能提高其农地供给积极性。除了建立和完善农地确权登记颁证制度以增强农户转出农地供给意愿外，完善农村社会保障制度也能够促使农户摆脱农地依赖心理。农村社会保障覆盖率和保障水平较低加剧了农户的农地保障心理，他们将农地视为未来收入的保障，特别是自己将来生活最基本的保障。目前我国农村养老保障体系逐渐建立和完善，但保障水平较低，其他社会保障的参与率和覆盖率并不高。在农村社会保障不健全的条件下，农户依然将农地视为年老时的收入保障。

所以，政府应通过出台政策和相关法律保障农户农地承包权与收益权，以及健全农村社会保障制度，改变农户的农地保障心理，促使农户视农地为保障的心理转化为财产收入心理。只有农户完全将农地视为一种财产，并仅考虑这种财产收益状况，通过市场化机制才能推动农地流转市场化。

（二）提高农村劳动力非农收入水平和就业稳定性

农户对农地的依赖性主要取决于非农收入水平及就业稳定性，稳定的非农收入占农户家庭收入的比重越高，农地对农户的重要性越低，农户转出农地意愿相对越高。从农业现代化角度考虑，推动农地流转要基于农村劳动力非农就业的稳定性，不然农村劳动力失去农地经营权后会仍然停留在农村，导致农业发展停滞不前和农地流转的反复性，也不利于推动城镇化和工业化发展。

若想提高劳动力的非农收入水平、保障其非农就业的稳定性，可以从以下两方面着手进行改善：一是加强对农村劳动力的技能培训，提高人力资本水平；二是行业转移，即非农行业向小城镇或乡村进行下渗，进行农业产业结构转换。根据前面的分析可知，我国农村劳动力人力资本处于较低水平，其在非农就业过程中很难整体上达到较高收入水平和就业稳定的状态，大多数农村劳动力非农就业呈现流动性和不稳定性，就业途径一般也是非正式的亲邻帮带介绍。农村劳动力在非正式劳动力市场中获得的工作往往具有短暂性，与企业形成的劳动关系并不牢固，具有较强的随意性和非正式性。提高农村劳动力非农收入水平和就业稳定性需要其进入正规劳动力市场获得岗位，参与正规劳动力市场职位竞争，这就需要具备比较高的能力水平。所以可以通过增加农村教育投入或对农村劳动力进行技能培训，从而提高人力资本水平。增加教育投入，可以整体改善城乡教育投入失衡的状态，还能够提高农村高学历水平人数占比，较高的学历水平能够使其在非农行业中获得一份较为稳定的工作。加大技能培训力度主要针对的是低教育水平的人群。本书对河南省的调研发现，有82%的样本人群希望进行相关培训，这说明在农村，农户对技能培训的需求是比较高的，接受培训对他们的非农收入及就业具有一定的帮助。

非农产业结构也会影响劳动力非农就业的稳定性，劳动力就业能力达不到非农行业岗位要求，非农产业转移与劳动力流动逆向，均会发生劳动力非农就业不稳定、就业能力不匹配、工资性收入低等状况，失业率也会随之提升。面对大中城市高额的房价及生活成本，大多数劳动力只能暂居城市进行工作，获得了非农收入后再返回农村，劳动力不定向、不定点的流动无疑会造成非农就业的不稳定性。针对此现象，应鼓励并支持非农产业向城镇或乡村转移，并结合当地特色，发展相关农业产业。当地应结合非农产业的特点对农村劳动力进行技能培训，双向改善，最终促成就业岗位与劳动力能力的匹配，形成农村劳动力不离乡就能稳定就业的局面。

（三）建立渐进式动态农地集中机制增加自营农地机会成本

农户自营农地的成本及农地供给意愿不仅取决于非农就业收入及就业稳定性，农地转出后的收益（地租或分红）也能够影响农户对农地的流转意愿。转出后收益越高，农户自营农地的机会成本就越高。

农户转出农地后能够获得较高的收益，取决于转入农地需求方能够获得较高经营收益，这需要农地规模化和集中化经营，获得规模效益，同时要改变农业经营结构，以便获取更多的农业比较收益。然而，在农地流转供给不足的地区，供给农地具有分散性和零碎性，供给农地农户更乐意在农户间流转农地，虽然获得的地租较低，但交易成本更低、风险更小。要想逐步转化农户意愿，增加农户转出农地比重，并且形成集中化和规模化农地流转，必须先通过一定程度的农地规模化经营提高地租或分红。本部分针对上述分析，提出了建立相应的渐进式动态农地集中机制（见图8－4），即先对部分流转农地进行集中规模化经营，通过相应的管理配套及农业产业结构的转变获得较高的农业收益，使流转农户也能得到高分红或地租，渐进式转变农户流转意愿，并逐步扩大农地的集中经营规模，最终实现农地适度规模经营目标。

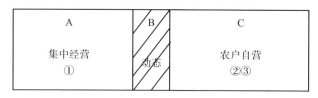

图 8 - 4　渐进式动态农地集中机制

　　建立渐进式动态农地集中机制，是指将固定区域内的农地集中起来，结合农户的流转意愿，逐步实现农地适度规模经营的目标。假设一个自然村的农地面积在一定时期内固定。在农地承包权不变的前提下，以农户的流转意愿及劳动力的就业情况为变量，将农户划分为三种类型：①进入非农行业工作，愿意将农地流转；②半进入非农行业，进行兼业经营农地；③未进入非农行业，完全经营农业。针对上述三种流转意愿情况，村集体将全村农地划分为 A、B、C 三类区域（见图 8 - 4）。A 为集中经营区域；B 在一个土地使用周期内可以属于 A，也可以属于 C，即 B 是一个动态调整区域；C 是农户自营区域。

　　对农地类型进行划分之后，村集体可以将完全进入非农行业的类型①农户划分至 A 区域，将这部分农地以租用或入股的方式外包给企业或其他经营单位。在该区域内的农地，农户只有承包权，无确切的地界线。承包企业进行规模集中经营，获取一定的规模收入，小农户从中获得相应的分红或地租。随着规模经营农地产业结构的完善、技术水平的提升，小农户的流转收益也会有所提升；类型②和③属于 C 区域，此区域农户依然采用分散式农业经营，具有清晰的地界线。①类型农户不仅转出收益会增加，非农收入水平也会提升。②类型自营农户的机会成本增加，其向①类型农户转变的意愿就会增强。A 区域面积增加，就是渐进式实现农地规模经营。③类型农户受非农就业状况及外界因素的影响，会倾向于向②类型转化。这样逐步、渐进式的流转机制，致使类型①农户占据较大比例，农地适度规模经营更易于实现。

　　渐进式动态土地集中机制不仅可以促成农地规模化经营，还能通过提高土地地租等间接提升自营农地的机会成本。但适度规模经营不仅需要土地的供给，对劳动力要素也有一定的需求。在对安徽省肥东县和河南省商水县的实地调研中发现，50.3%的劳动力愿意加入农地的规模化经营中。但他们对土地收益的透明化、收入分配的公平性和对土地的管理与监督仍有顾虑。

如果农村劳动力能够拥有一技之长，其在城市中就更容易拥有稳定的收入，也会提高自营农地的机会成本。调研结果显示，进入非农行业的劳动力中有29%的人员不具有技能优势，自学技能的人员比例为40%，82%的人员希望得到社会培训。这也显示出社会培训机会未能满足劳动力的需求。

既然劳动力向城市进行固定转移存在一定的困难，也可以换个路径，将产业向中小城镇进行转移。产业转移一方面可以解决劳动力就业问题，另一方面可以降低非农就业劳动力的生活成本。从调查结果可知，57.9%的劳动力有回乡就业的意愿，67.9%的人员认为在本地找工作比较困难。近几年的发展呈现出产业梯度转移加快的趋势，劳动力在本地就业的成本降低（蔡昉等，2009），这也更加易于产业转移。产业及劳动力向城镇进行转移的同时，也要匹配更新相关配套设施。

渐进式动态农地集中机制是在政府政策引导、劳动力技能培训、非农转移、产业转移及升级的基础上，逐步强化农户流转农地的意愿，最终实现农地适度规模经营。

三　针对农地流转需求不足引导和培育新型农业经营主体

针对我国部分农地状况不佳的地区，如山地和丘陵地区，劳动力流动及农地流转占比较低。其主要原因是，对农地需求主体而言，农地过于分散，不易于集中经营。所以，可以从政府出面平整规划农地、培育新型农业经营主体两个方面入手解决以上问题（见图8-5）。

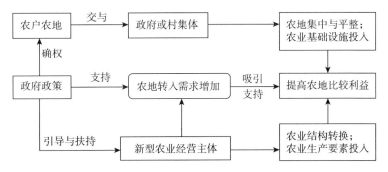

图8-5　增加农地转入需求的实施机制

（一）集中平整农地和完善农业基础设施

对于农地要素供过于求的农村地区，小农户不具备直接流转农地的能力，就需要政府着手集中对农地进行处置。首先，政府可以对农户流转的农地进行承包并确权登记，保证农户的流转收益。其次，政府对农地进行平整处理，吸引外来资本进入，将农地进行外包，由相关企业或组织完善生产经营配套服务体系，并将服务规模化，覆盖生产经营的全过程。

山地、丘陵或者农地过于分散的地区不利于农地规模化经营，或者是一些地区农业基础设施过于落后，这些都会增加农地流转需求方经营农地的成本，或者不利于农产品参与市场交易和流通。特别是一些信息闭塞、交通不便、位置偏远的山地或丘陵地区，农地经营成本和农产品流通成本偏高，本地农户转入农地意愿较低，同时对外部资源流入也无吸引力。若想改变这种状况，政府或村集体需要承担农地平整和投入农业基础设施的职能，并逐步吸引外部资本转入农地。

（二）积极引导、扶持新型农业经营主体

对于农地流转需求不大的地区，政府不仅要对农地地貌进行改善，还要积极引导、支持新型农业经营主体，为其营造良好的政策环境。新型农业经营主体的"新"主要是指：利益分配方式新颖，生产经营结构合理。本书在安徽省肥东县某镇调研过程中发现大面积农地抛荒现象，农户内部转入农地需求不足，农户并不指望农地带来收益，前期甚至还出现农户出资请别人代耕的现象。在农户对流转效益期望不高的情况下，承包农地的经营主体可以根据现实状况与农户建立利益分配共享机制，降低承包农地成本。当然最终的目标是提高农业规模经营效益，政府可以引导并鼓励经营主体发展具有本地特色的农业产业。

在农地供给不足和需求充足的地区，农户转出农地后获得的收益一般为租金或者是固定收益加分红，也即不管农地经营者收益状况如何，供给农地的农户均可以得到一定的固定收益。在农地流转需求不足和供给充足的地区，供给农地农户对转出农地得到的收益要求不高，转入农地需求者不愿意承担太高的固定经营成本，建立双方利益共享的合作方式是必需的，农地经营者获得农业收益后按照双方股份状况向农户分配利润。

提高农地转入意愿的关键是要让承包经营主体获得较高的农业生产效

益，经营主体可以通过发展生态农业、绿色有机农业等达到自己的期望。同时发展新型农业能够吸引外来资本的持续投入，促进本区域农业市场良性发展。这一良性发展离不开政府的扶持与保障。首先，政府可以协调新型经营主体与小农户之间的新型合作关系；其次，政府应在金融、税收等方面给予承包经营主体支持。

四　农地流转逐步向市场化目标转化

虽然我国农地流转整体上比重较低，但部分地区已经形成了一定规模的农地流转，这些地区农地流转供给与需求均相对充足，更适宜采用市场主导下中介组织参与模式。在农地流转供给或需求不足的地区，通过前面两种发展机制逐步实现供给与需求增加，在这个过程中应该采用多种农地流转模式混合发展，但发展的过程应该递进式地向市场化方向转化。

在农地流转供给不足的区域实施农户选择行为转化机制的过程中，一定要遵循农户流转意愿，可以同时实施农户间自由流转模式与政府或村集体主导下中介组织参与模式。在渐进式动态农地集中机制中，农户依然可以在自营区域（C区域）选择在农户间自由流转农地，流转后仍采用家庭分布式经营。通过对集中区域农地的规模经营提高地租或分红，逐步吸引农户将农地流转至集中区域参与规模经营，在这个过程中应该允许多种农地流转模式并行。当集中区域农地规模达到适宜的程度时，应走市场化道路，由政府或村集体主导下的中介组织参与模式转向市场主导下的中介组织参与模式，再到农地流转过程市场化和农地经营现代化企业管理模式。

在农地流转需求不足的区域，由政府或村集体与第三方组织合作平整农地和增加农业基础设施投资，同时政府出台政策和相关法规引导和扶持新型农业经营主体转入农地。这个过程实质上促使农业比较收益由低向高转化，实施过程中也要遵循农户流转意愿，应允许农户间自由流转模式的存在，通过市场机制吸引农户参与集中规模化经营。当农业比较收益得到提高、农地流转需求逐渐充足后，政府或村集体应主要承担协调服务职能，农地流转与经营应该逐步由行政化主导转向市场化主导。对于农地平整和增加农业基础设施后仍不适合规模化经营的农地，比如部分地形独特的区域，政府或村集体应该鼓励和扶持农户继续经营，引导农户转换农业结构，提高农业比较收益。

对于农地流转供给和需求均充足，而且具备农地适度规模经营条件的区域，应该逐步推行农地流转市场化机制。农地流转市场化更能灵活、充分地利用农地与农村劳动力资源，同时更能科学化、现代化地组织农地流转与经营农地。在农地流转市场化过程中，应该建立合作社并充分发挥合作社作用，欧美国家发展经验表明，合作社在农地流转与农业规模化发展中发挥了至关重要的作用。在农地流转市场化机制中，政府或村集体需要转变职能，由原来行政干预农地流转和农业经营转变为提供公益性服务和发挥监督规范职能。具体的农地流转市场化机制实施过程如图8-6所示。

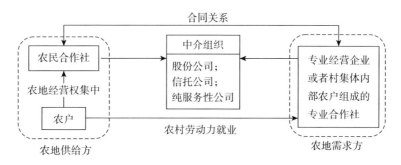

图8-6 农地流转市场化机制

农地供给方是由农户成立的农民合作社。农户自行成立农民合作社并将确权后的农地经营权以入股的形式集中委托给合作社处置，合作社以运作农地资源为主的企业形式存在。农户内部选出或者聘请专业管理人员进行运作，成立监督机构。农民合作社代替农户寻求农地需求方，并与之谈判建立契约关系，按照农地入股数量向农户分红。由于农民合作社有专门专业人员管理和运作，同时有村民代表进行监督，其既能充分利用农地资源，又能保障农户权益。

农地需求方主要是专业经营企业和村集体内部农户组成的专业合作社。专业经营企业是一种独立经营的农地需求主体，具有法人资格，主要依靠资本投入进行农业规模化、产业化经营，有与农地供给方独立谈判的能力。现实中，农地流转中需求方不仅仅有专业经营企业，农村内部部分农户也有转入农地的需求。这些单个农户谈判能力、经营能力均较弱，独立经营难以获得规模效益。所以，政府或村集体可以引导有农地转入需求的农户成立专业合作社，向合作社提供政策优惠和金融支持。农户组成的专业合作社可以共享农业机械设备、技术、信息以及其他资源，能够在各自独立经营下实现农地适度规模经营，降低农业经营成本，实现农业规模效益。

农地流转供给方与需求方可以通过中介组织建立合同关系，也可以双方自行建立合同关系。无论哪种形式均是组织与组织的契约关系，完全摆脱了个体与个体或者个体与企业的传统契约关系，稳定了契约关系，提高了契约执行透明度。这种组织与组织的契约关系能够保障农户权益和体现农户意愿，农户可以完全脱离自己承包的农地，并以农地经营权获得财产性收益。同时部分农户可以到专业经营大户或者农户成立的专业合作社中继续从事工作，不仅解决了部分农户就业问题，也增加了农户收入。通过中介组织更能提高农地流转市场的竞争程度，农地需求方和供给方更能获得充分信息，能够更加充分地利用农地资源。中介组织形式不断创新，目前主要有信托公司、股份公司和纯服务性公司，农地流转供求双方可以选择适宜的中介组织形式。

第四节　服务型规模经营视角下小农户发展绿色农业的路径

党的十九大和中共中央、国务院印发的《乡村振兴战略规划（2018—2022年）》均指出，要促进小农户生产与现代农业发展有机衔接。提出这一要求是因为在我国农业经营中小农户兼业方式仍占有较大比例。第三次全国农业普查数据显示，小农户在农业经营户中占比98.1%，而农业生产经营人员在小农户中占比92.5%。以河南省为例，小农户占农业经营主体的比例为95%，所经营的耕地面积占总耕地面积的86%，但仅有5.1%的小农户参与新型农业经营组织或形式。这说明小农户兼业经营仍是我国农业经营的主要形式，且小农户兼业经营仍然以传统经营为主。

我国通过土地流转来发展农业规模经营已实施多年，但这种形式仅在部分地区成为农地经营发展的主流，从全国层面来看，小农户经营农地才是主要模式（郭庆海，2018）。当前，我国农业生产环境恶化，消费者也更加青睐绿色产品，发展绿色农业便成了一条出路。发展绿色农业是农业现代化发展的内在要求，是建设生态文明、振兴乡村的关键一步。所以，寻找适合我国小农户进行农业现代化经营的路径，满足消费者对绿色农产品的市场需求，实现农业生产各要素之间的优化配置，显得尤为重要。

一 小农户发展绿色农业存在的困境

小农户是指在农村进行农地经营的普通农户，未能达到规模经营户的标准①，而且没有加入任何经营组织或单位。本书所提到的农业绿色发展是指小农户要以农业生产"生态化"、农产品产出"绿色化"为目标，逐步改变传统农业经营方式并完善市场化经营的过程。

（一）兼业进行传统粗放经营是小农户的最优选择

随着我国农村劳动力的不断转移，我国城乡发展已经到达了"刘易斯拐点"，并且劳动力也处于"兼业"的第二个阶段，即农村劳动力分配处于以非农就业为主、农业为辅的状态。在这一时期，农村居民开始追求家庭收入的最大化而不是农业收入的最大化，由于二者目标的不一致，农地经营就会被忽视。小农户家庭主要是拥有劳动力及土地这两种要素，在相同的劳动时间中，非农收入高于农业收入，从事农业经营的时间越长，农民的机会成本越高。但对于农民来讲，农业收入比非农收入更加可靠、稳定。所以，小农户最优的经营方式就是传统粗放式经营方式，以减少劳动时间；或由闲置劳动力（老人或妇女）进行经营的方式，达到降低农地经营成本的目的，最终实现家庭收入最大化。

相较于传统农业经营，发展绿色农业需要更多的要素投入，如资本、技术、劳动力等，成本也会随之提高。只有单位要素在绿色农业的投入能够获得更高的产出，农民才会增加对土地的要素投入。现实中，在一些远郊和偏远农村，绿色农产品未能得到相应的资本和先进技术支持，也未能达到市场出清的状态，且市场前景未知。在这样的情况下，小农户会预期非农收入高于绿色农业生产收入，最终优先选择传统的农业生产经营方式。这一行为过程也证实了许多学者的观点，即农村劳动力转移至非农行业兼营农业会对农村生产经营造成负面影响（钟甫宁等，2016），恶化农业生态环境，抑制绿色农业发展（杨肃昌、范国华，2018）。

---

① 第三次全国农业普查对种植业规模经营户设定的标准是，一年一熟制地区露地种植农作物的土地达到 100 亩及以上，一年二熟及以上地区露地种植农作物的土地达到 50 亩及以上，设施农业的设施占地面积 25 亩及以上。

（二）绿色农产品遭遇市场瓶颈

小农户生产的绿色农产品主要通过两种模式进入市场，第一种是拥有大规模生产基地的农户，通过传统多环节流动模式将农产品流入市场；第二种是小农户自行进入市场进行销售。由于市场信息不对称造成"信任危机"，以上两种模式在实际销售过程中会遭遇瓶颈。

传统多环节销售模式的弊端在于，消费者很难真正了解绿色农产品的生产、加工、流通等环节。即使有食品检验、监管等各机构的检测证明，消费者也容易陷入"塔西佗陷阱"而心存怀疑（成昕等，2016）。这种销售模式完全将消费者和生产者进行隔离，消费者无法获取关于产品的具体信息，就会进行逆向选择。流通环节冗长挤压了小农户的获利空间，使之利益受损，往往使其无法获得预期利润，势必会加剧其非绿色生产的"道德风险"行为。

小农户自行进入市场的模式短板在于，其各项成本会增加，且无法消除信息不对称等问题。目前，我国农村部分地区有农户在生产绿色农产品，但其市场销售问题较多，这也是农户遇到的一大障碍。第一，小农户很难准确把握市场供给及需求情况，很难使生产的绿色农产品达到市场出清状态；第二，小农户在市场上的力量微弱，市场信息搜寻成本较高，难以达到预期收益；第三，小农户的生产经营本身就处于被歧视的状态，生产的产品也容易被贴上"低档"的标签。

（三）小农户在发展绿色农业时面临经营风险

小农户传统兼营农业的生产行为具有区域的统一性，即在较大的区域范围内生产经营某种类型作物，一般以粮食作物为主。这种统一生产经营行为是在技术简单、市场保障和社会政策稳定下的最佳选择，不仅可以减少生产经营成本，还能降低兼业经营的机会成本。与之相比，发展绿色农业就面临一系列的技术风险、市场风险和社会风险。

随着市场对绿色农产品需求的增加，一部分小农户开始不再局限于区域统一的农业经营模式，着手进行绿色农业经营。由于进行绿色农业生产经营的农户数量较少，小农户就可能会面临技术供给不足的风险，需要自行承担较高的技术成本；在与其他社会经营主体的交往中处于劣势地位，也容易被政府政策忽视；所生产的绿色农产品不具备传统农产品的市场保障特征，未能受到国家价格政策保护，这些都增加了小农户进行绿色生产经营的风险。

（四）小农户分散性决策和绿色农业系统不可分性的矛盾

绿色农业系统具有不可分性，只有在一定的规模下才能实现，是一个复杂的生态系统。但是小农户的经营决策不具有统一性，就会造成绿色农业生产经营与传统农业在空间上呈现错综复杂的分布，就很难实现绿色农业所要求的整体性。绿色农产品的生产经营会受到传统经营的干扰，尤其是农药、化学产品的污染，无法真正实现绿色生产经营。

区域差异、农地异质和农户分化等空间异质性，使农户的经营决策在空间上呈现分散性，而绿色农业生产要求整体不可分性，二者存在矛盾。这就需要第三方主体的参与推动，进而实现多数小农户经营行为统一和土地在空间上连片规模化。

二 "替代性食物体系"发展的启示

（一）"替代性食物体系"的特征

依据"替代性食物体系"广义和狭义的内涵，可以将其分为不同的类型。从广义来讲，所有与传统农业不同的农业生产体系都可以称为"替代性食物体系"，例如生态农业、短链农业、绿色农业等。从狭义来讲，食物供应渠道的创新也可以称为"替代性食物体系"，主要包括社区支持农业（Community Supported Agriculture，CSA）、农夫市集（Farmers' Market）、共同购买（Buying Club）、巢状市场（Nested Market）、社区菜园（Community Garden）、租地种菜（Garden Plot Rental）、"从农场到校园"项目（Farm-to-school Program）等。其与常规食物体系相比，具有以下特征。

一是生态可持续性。生态化是"替代性食物体系"中的农产品生产模式区别于传统的农业生产的重要纽带。这种生产模式是以消费者需求为主导，消费者直接参与或监督农业生产过程，采用提前支付、缴纳消费保障金、共担风险等方式保障农产品销售和小农收益。所生产的农产品广泛采用缩短食物供应链条（食物里程）方式减少食物运输中的碳排放。这种模式不仅满足了消费者的需求，也保障了小农户的预期收益。

二是采用短链供应，使农产品价值利益归小农户。农产品的短链供应是推动"替代性食物体系"生存和发展的重要支撑，减少中间环节流通，强化消费者和生产者的直接对接，能够有效避免信息不对称所带来的信任危机，使这种经营模式更加牢固。短链供应模式还能够减少利益分配的其他环节，使农产品价值利益归小农户。

三是本地化直销模式。"替代性食物体系"的短链供应是以农产品本地化直销为前提的。本地化直销模式不仅能够缩短空间距离，减少运输中的碳排放，保证农产品的新鲜，还能够拉近生产者和消费者之间的心理距离，增加信任度。所以无论是在理论研究中还是在现实实践中，以社区支持农业、农夫市集、租地种菜等为代表的"替代性食物体系"主要出现在城市近郊。

（二）"替代性食物体系"模式的局限性

1. 多元化消费需求与单一农产品供应的矛盾

"替代性食物体系"是指消费者与生产者之间直接对接并建立某种固定的经济合作关系。这种对接关系在现实中主要存在两种情况：一是消费者与分散小农户之间建立对接关系；二是与整体性的生态农场建立关系。

随着人们生活水平的提高，消费升级不再是简单的消费水平提升，消费模式也更加多元化。虽然消费者与资本运行的生态农场建立对接关系更能满足自己对多元化产品的需求，但在经济往来中消费者处于劣势地位，在掌握产品信息方面存在一定的障碍。由于资本的运作及价格的限制，这种消费模式仅能满足小部分消费者的需求。若消费者与普通小农户之间进行对接，虽然可以形成稳定牢固的信任关系，但无法满足消费者的多元化需求。所以，消费者在与单一农户建立社会和经济关系的前提下，如何获得多元化食物成为"替代性食物体系"亟待解决的问题。

2. 本地化模式限制其广泛适用性

产品短链供应及本地化直销模式，决定了"替代性食物体系"在近郊发展。主要原因体现在以下两个方面：一是短链供应的低碳运输；二是近郊距离易于建立稳定牢固的信任关系。短距离运输不仅可以减少碳排放，还能保证食物的新鲜程度，但在当前现代化物流体系和低碳运输工具条件下，距离并不能成为限制"替代性食物体系"本地化的根本障碍。"替代性食物体系"的消费对象主要是城市中高收入家庭。并且近郊流通容易实现"熟人经济",城市远郊区域和偏远农村的小农户与城市消费者建立信任关系缺乏这种空间的便利性。

(三)启示

1. 在社会维度上拉近消费者与生产者的心理距离

从以上分析可知,小农户经营传统农业比经营绿色农业成本低,因为相较于绿色农业,传统农业的生产过程简单、流通市场完善。在实际中,有一小部分农户开始着手进行绿色农业经营,但信息的不对称及信任问题容易导致消费者逆向选择。"替代性食物体系"通过人口流动建立生产者与消费者之间的社会关系,将陌生人之间的经济交易变成"熟人经济"。城市远郊和偏远农村空间上距离城市较远,这些区域的小农户很难与城市陌生消费者频繁交往,建立信任关系存在空间上的障碍。但在城镇化进程中,城市远郊和偏远农村流出的人口和当地小农户本身就是熟人,以流出人口为媒介成立农业服务组织,提供产前、产中和产后服务,可以在社会维度上拉近消费者与生产者之间的心理距离。

2. 利用交叉性的社会关系满足消费者多元化需求

在"替代性食物体系"中,生产者与消费者通过建立固定的对接关系实现交易。但在生产者为小农户的前提下,单一的农产品类型难以满足消费者的多样化需求。消费者也不可能与所需食物及产品的所有生产者实现对接,自然也无法获得自己可以信任的需求产品。但消费者可以利用自己所具有的社会关系,交叉性地满足自己的多元化需求。消费者利用交叉性的社会关系获取信任的绿色食品,是基于"熟人"间相互为自己对接的生产者"背书"实现的。

三 构建"熟人经济"模式下小农户发展绿色农业的路径

虽然"替代性食物体系"中的诸多模式能够化解绿色农业生产者和消费者之间的信任危机,从根本上杜绝逆向选择的产生,但具有较强的局限性。其无法在远郊或偏远地区以小农户生产为主的区域实施,同时也无法真正满足消费者对食物的多元化需求。小农户发展绿色农业存在市场信任危机和供求不一致问题,这两个问题可以通过标准化农业服务体系、"熟人经济"农业经营模式、消费者参与认证组织解决。

（一）基于标准化农业服务体系的"熟人经济"农业经营模式

1. 城市近郊农村消费者自发参与式认证的"熟人经济"模式

这种模式一般出现在城市近郊绿色农业生产性企业与消费者之间，消费者对绿色农业生产企业可以进行多种方式的现场体验，以便形成初步信任，在此基础上与生产者建立对接式契约关系。后续再进行近距离、多频次的查看，逐步提高信任度，最终形成"熟人经济"。

在实际的生产经营活动中，进行绿色生产经营的近郊小农户占比较小，主要是因为大量小农户并没有加入绿色生产经营组织，消费者也难以对小农户产生初步信任，就不会与小农户建立对接交易关系。所以，绿色小农户可以自发组建绿色农业生产经营组织，如农民绿色生产合作社、集体联营组织、合伙企业等，然后由本区域已获得消费者信任的绿色农业生产龙头企业提供产前、产中和产后服务，统一对农产品进行绿色认证或背书。

基于消费者对龙头企业的信任，小农户可以选择接受龙头企业在农业生产部分环节的服务，其他环节采取自营的方式，然后自行与消费者建立契约下的"熟人经济"关系；也可以将土地托管给龙头企业，在产前、产中和产后全链条接受龙头企业提供的服务。小农户通过接受标准化农业服务统一经营行为，实现农地规模化、产业化经营，在建立对接关系的基础上形成"熟人经济"，从而消除绿色农产品交易市场的信任危机。

2. 在城市远郊和偏远地区，建立以流出人口为媒介的"熟人经济"模式

虽然"替代性食物体系"已经在少数小农户和消费者之间开始运用，但对于远郊和偏远的农村地区，空间距离远、信息不对称会加剧消费者和生产者之间建立契约关系的道德风险，使之无法建立对接关系。

当前远郊和偏远地区小农户经营绿色农业主要为"小农户经营＋龙头企业认证"模式。小农户将农业生产的部分或全部环节托管给通过绿色认证的龙头企业，通过接受龙头企业提供的标准化农业服务，实现农地规模化和产业化经营。农产品加工、销售分两种：一是由龙头企业采用中间商销售模式和直销模式负责农产品销售；二是由农户自行销售或成立合作社进行加工销售。

但这种模式仍然无法摆脱消费者的信任危机，由于空间距离远，消费者无法监督或参与整个农产品生产过程，即便是有检验机构的证明和产品

认证结果，也容易使消费者陷入"塔西佗陷阱"。空间距离限制了消费者自发式参与认证，需要建立能够消除空间距离和消费者信任危机的熟人参与认证体系。

在农户与龙头企业合作的基础上，城市远郊和偏远农村地区的小农户可以以外出务工人员为媒介，充分利用"熟人关系"这一社会资本，促使外出人员支持乡村农业发展，在此基础上与更多的消费者签订契约关系。村级内部可以由村集体及领导成立合作社组织，由其出面召集本地区外出人员，反哺农村，由此形成外出务工人员、村级合作社与农户之间的"熟人经济"网络，并相互监督，提高消费者对远郊及偏远农村绿色农产品的信任度。这样就可以建立本地区流出人口与关联消费者之间的消费者团体，通过建立契约关系参与家乡绿色农业发展，形成以流出人口为媒介的"熟人经济"模式。

（二）以流出人口为媒介的"熟人经济"模式运作机制

1. 以流出人口为媒介的消费者 NGO 参与式认证模式

上述分析的"熟人经济"模式，是以本地区流出人口为媒介，充分利用其社会资本支持家乡农业发展这一逻辑思路进行的。这种模式不仅适用于远郊和偏远农村地区，还适用于各地区小农户接受龙头企业服务下自营农地的情况（详见图 8－7）。

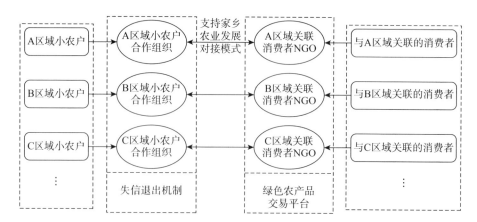

图 8－7　以流出人口为媒介的"熟人经济"模式运作机制

绿色农业发展具有不可分性，村级领导组织建立的合作社，对于小农户的进入和退出，要制定缜密的管理制度。同时，要由地方镇政府或村集体出面成立以流出劳动人口为核心、以支持家乡农业发展为目标的非政府组织（NGO）。NGO 内部消费者与农村流出劳动人口之间具有一定程度的信任关系（基于同乡、同学、同事、朋友等关系）。当前市场对绿色农产品具有较大需求，只要有主导者和组织者，就很容易建立熟人之间的消费者 NGO。

在各地方政府或村集体的组织下，可以建立"消费者 NGO—流出劳动人口—农户合作组织—小农户"之间的"熟人经济"对接契约关系。在消费者 NGO 和农户合作组织的对接及合作下，消费者与单个小农户或农户合作组织建立契约关系，能在一定程度上分担小农户经营风险，从而保障绿色农产品市场销售，由龙头企业或农业服务组织提供标准化服务。消费者NGO 和农户合作组织是在地方政府或村集体的主导下设立的第三方组织，承担支付和监督农户按契约生产的职能。当合作社向消费者 NGO 提供的绿色农产品不能完全出清时，由消费者 NGO 向其他消费者 NGO 进行推荐，多个 NGO 之间形成共享合作平台，能够进一步保障小农户的经营利益。

2. 消费者 NGO 背书下的绿色农产品交易平台

在村级合作组织及 NGO 成立的基础上，消费者能够与小农户顺利对接，但此模式仍存在两个问题：一是小农户提供的绿色农产品可能会超过消费者的需求，出现供过于求的状况；二是小农户提供的绿色农产品只能解决消费者部分多元化需求。所以，可以构建一个消费者 NGO 背书下的绿色农产品交易平台，参与者为消费者 NGO，为与自己建立契约关系的农户或农户合作组织的农产品背书，各个消费者 NGO 通过统计内部成员的消费需求和对接农户合作组织的产品过剩情况，在交易平台发布信息。根据消费者的各自需求，在 NGO 之间完成交易。也可以通过消费者 NGO 平台预定绿色农产品类型和数量，相关信息汇总后提供给各农户合作组织参考，有利于小农户市场化、合理化经营农地。该交易平台应由政府主导构建，保障消费者 NGO 之间交易的非营利性（非溢价性），承担消费者 NGO 的登记注册、信用评价和失信退出等职能。

第五节　本章小结

本章通过分析国外发达国家农民职业分化和农地规模经营的发展历程

和模式，并借鉴其成功经验，分析国内现有的二者耦合发展模式，总结其不同状况下的适用性。基于农业现代化目标，明确二者耦合发展的原则和目的，构建了二者耦合发展机制。最后，在农地流转视角下建立二者动态渐进式耦合发展路径，在服务型规模经营视角下建立小农户发展绿色农业的路径。

发达国家在遵循循序渐进的原则下采取了若干措施推动农地流转，主要体现为以下几点：政府立法规范农地流转市场；明确农地流转主体，并调动其积极性。农地流转要基于流转主体自愿原则，推动农地流转要明确流转主体，农地流转主体是农地流转市场中的供给者和需求者。明确了农地流转主体，就可以实施相应的政策调动其参与积极性，鼓励和支持市场中介组织参与农地流转。

我国现有的农地流转模式可以按照参与主体不同分为农户间自由流转模式、政府或村集体主导下中介组织参与模式、市场主导下中介组织参与模式三种。本章从经济绩效和社会绩效视角分析不同流转模式，以及针对农地流转供过于求、供不应求和供求均不足三种区域的适用性。农户间自由流转模式主要适用于农地流转供给不足的区域。政府或村集体主导下中介组织参与模式主要指反租倒包和农村集体股份合作制，适用于农村劳动力非农转移比重较高、农户转出农地意愿较强、内部农地转入需求相对不足的区域。市场主导下中介组织参与模式是市场力量起主导作用，政府或村集体力量起协调作用，适用于农户普遍转出农地和专业经营大户需求农地的区域。

农地流转是在农村劳动力非农转移背景下为了实现农业现代化而推进的，所以在推进农地流转过程中要以农民利益、农地资源有效利用和农业可持续发展为原则。构建农地流转机制的目的是改变农地流转滞后的现状和促进农业发展，改变农地流转滞后需要增加农地流转供给与需求，并引导二者趋于均衡；促进农业发展就要走规模化和专业化经营道路，逐渐引导农地流转集中化和规模化。

由于我国农地流转的复杂性和供求状况的多样性，加上存在农户分化、农地异质和区域分异等特征，构建农地流转机制需要考虑到这些因素。基于农地流转供求意愿和农地流转供求状况，为达到农业现代化发展目标，本章从政策支持、外部推动和引导机制方面构建递进式发展机制。

主要包括：完善农地确权登记颁证制度和后续相关制度；针对农地流转供给不足构建农户供给意愿转化机制；针对农地流转需求不足引导和培育新型农业经营主体；农地流转逐步向市场化目标转化。

我国农地经营仍以小农户兼业为主，在不流转农地经营权的前提下，服务型规模经营模式主要有代耕代种和土地托管。代耕代种并没有彻底破解农户土地零碎化问题。而土地托管发展到更高级形态，是可以打破土地零碎化，统一经营行为，真正实现农地规模经营的。在农民职业分化深度不足的情况下，服务型规模经营更多是通过代耕代种实现，农民仍然保留部分农业生产环节由自己经营。农民在农业生产的各个环节是否存在服务需求，与其职业分化程度存在必然的联系。

小农户发展绿色农业并与现代农业衔接是农业发展的必然趋势，但存在诸多障碍。小农户发展绿色农业的主要困境是市场风险和经营风险，其中市场风险中信息不对称下遭遇消费者信任危机是最大的障碍。"替代性食物体系"模式虽然可以提高消费者信任度，但适用范围有限，其"熟人经济"模式可借鉴。以流动人口为核心和媒介构建普遍适用的"熟人经济"模式，可以有效地避免消费者信任危机，保障小农户利益，利用消费者 NGO 交易平台可以解决绿色农产品的供需失衡问题。

"熟人经济"是小农户发展绿色农业可选择的路径，但最终还是要走向契约经济，需要一定的法律和行业制度保障。绿色农业发展必须在生态系统整体性要求下进行，具有较强的不可分性，需要政府的整体部署。据此，本章提出以下政策建议：①政府应制定支持绿色农业发展的相关优惠政策；②地方政府应积极推动农地集中和划定绿色农业发展区域，保障绿色农业发展的生态整体性；③制定绿色农业生产、服务、产品鉴定标准；④构建绿色农产品交易平台，制定消费者 NGO 成立标准、准入标准和失信退出制度。

第九章

研究结论与政策建议

第一节　研究结论与研究展望

一　研究结论

近年来，随着工业化、城镇化的快速发展，农村劳动力大量非农就业，大部分农村家庭以非农收入为主要收入来源。但是农村劳动力非农就业后仍有较大比重农户并未转出所承包的农地，形成了以非农就业为主兼营农地的农业经营方式。这种忽视农业的劳动力兼业经营方式，导致了农业劳动效率和农业生产效率均低下，阻碍了现代农业发展，与农业现代化发展目标相悖。农业现代化要求提高劳动生产率和农业生产效率，农地适度规模经营成为必由之路。处置农地和职业选择是农村劳动力的两种相关选择行为，不同选择行为组合下如何实现农地适度规模经营是本书研究的重点。通过前面的分析，本书得出以下结论。

第一，农民职业分化、农地规模经营能够提高农业生产效率，但存在空间异质性。整体上看，农民职业分化、农地规模经营对农业生产综合效率和纯技术效率的影响均呈现"U"形，对规模效率影响不显著。这说明二者对农业生产效率的影响在当前阶段处于"U"形的上升阶段，具有正向促进作用，但并没有形成明显的规模经济。空间异质性主要体现在东中西部地区的区域分异性，以及平原、山地和丘陵不同地貌特征下的差异上。农民职业分化对农业生产综合效率和纯技术效率的作用在东中西部地区均呈"U"形，但对农业规模效率的作用只有西部地区呈现显著的"U"

形。在东部、中部地区，农地经营规模扩大对农业生产综合效率和纯技术效率的影响均不显著，但在西部地区呈"U"形；在东部地区，农地经营规模与规模效率呈"U"形关系，但在中部、西部地区不显著。在所有农地特征地区，农民非农就业对农业生产综合效率、纯技术效率均呈现"U"形；对规模效率的影响，平原和丘陵区域呈"U"形，山地区域呈倒"U"形。农地经营规模对农业生产纯技术效率的影响在三种农地特征下均呈现"U"形；对农业生产综合效率的影响只有在山地地区显著呈"U"形，在平原和丘陵地区不显著；对规模效率的影响只有在丘陵地区呈倒"U"形，在平原和山地区域不显著。

第二，农民职业分化广度是农地流转的必要条件，但不是充分条件，需要强化农民职业分化深度。由总体与个体分析可知，我国农村劳动力非农就业与农地流转并不是简单的因果关系，也不仅仅是相互促进的关系。单纯推动劳动力向非农转移并不能实现农地流转和规模化经营，因为存在劳动力个体差异。从总体上看，农村劳动力非农就业是农地流转的前提，但二者完全同步需要较长周期才能实现，兼业仍将持续一段时间。农村劳动力非农就业是其选择流转农地的驱动力，非农就业改变了农村劳动力以前全职经营农业的状况，使他们获得了农业收入之外的非农收入。随着农村劳动力非农就业数量的增加，部分劳动力流转农地的意愿增强，可以带动农地流转数量增加。从个体角度看，农村劳动力流转农地与否是由劳动力非农转移后转出农地供给决定的。虽然总量上劳动力转移可以带动农地流转，但个体劳动力非农就业后不一定流转农地。影响农村劳动力流转农地的是其非农就业后非农就业收入水平、农忙时家庭是否有闲置劳动力、社会保障程度、就业稳定性和自营农地机会成本等。虽然农民职业分化广度是农地流转的前提，但农地流转滞后的现状说明拓展农民职业分化广度并没有同步推动农地流转，农地流转需要外部力量提升农民职业分化的深度。

第三，农地流转滞后于农村劳动力非农就业，是由农地流转供给不足、需求不足或二者均不足造成的。从理论角度上看，农村劳动力非农就业与转出农地的影响因素存在差异，各自的动力不完全相同，劳动力在两种行为的选择上并不一致，将可能呈现劳动力非农转移后供给农地不足，这是农地流转滞后于农村劳动力转移的原因之一。当然也有可能会有另外一种状况，即农地流转需求不足。劳动力非农转移与转出农地选择行为一致时，即劳动力非农转移后愿意转出农地，这将满足农地流转市场存在有效供给的条件；如果农地流转市场缺乏转入需求，将出现农地流转市场供求失衡状态。农地流转需求不足是农地流转滞后于劳动力转移的另外一个重要原因。

第四，非农收入水平、就业稳定性、自营农地机会成本、单位农地农业收益、家庭有无闲置劳动力、农地特征、作物类型、农地依赖心理、社会保障制度、农地流转市场完善程度等是影响农村劳动力非农就业后流转农地的主要因素。农村劳动力非农就业与转出农地具有相同和不同的影响因素，即便是同种影响因素的作用也存在差异。影响因素及其作用的差异是劳动力转移后农地供给不足的原因。非农收入比重对二者均有影响，其影响方向相同；农业劳动效率对二者也均有影响，但影响方向相反；城乡二元制度不限制劳动力非农就业，但限制劳动力转出农地的主动性；劳动力转出农地除了受以上因素影响外还受地租水平影响；城乡收入差距可以推动劳动力转移，但高城市生活成本排斥劳动力在城市稳定就业与生活，间接固化其留守乡土思想。农村劳动力非农就业后农地流转供给不足的影响因素主要是家庭分散式经营农地模式、个体差异的非农就业收入、较低的地租、城乡二元制度和高城市生活成本等。这些因素限制了农户转出农地，导致农地流转市场供给不足。

在不改变农地用途的前提下，农地流转市场中需求方分为普通农户和专业经营大户。普通农户转入农地需求与否取决于转入农地后经营获得的净收益与其机会成本的比较，其机会成本一般指农户因经营农地所放弃的非农收入。普通农户转入农地的需求不足主要是因为家庭有限劳动力经营农地所带来的收入相对较低，或家庭劳动力预期非农收入较高，或家庭闲置劳动力有限。结合前面分析的农地流转供求状况可知，山地、丘陵地区单位农地经营需要较多的劳动力和花费较长的时间，在单位农地收入和家庭劳动力数量一定的条件下，农户转入农地后经营收入偏低，劳动力选择外出非农就业。结合相同区域不同作物类型的农地供求状况可知，粮田转入需求相对较低的原因是粮食带给农户的收益相对于其他作物较低。所以，普通农户转入农地需求不足的原因是在家庭劳动力有限条件下经营农地的收入低于非农就业收入。专业经营大户转入农地需求的影响因素有单位农地收益、农地地貌特征、农业基础设施完善程度、农地分散程度和农业经营风险。这些因素会影响专业经营大户转入农地的经营成本和收益，较低的农地收益、不利于机械操作的农地地貌、不完善的农业基础设施、与分散农户交易、不确定的农业经营风险均会降低专业经营大户转入农地的需求意愿。所以，专业经营大户转入农地需求不足的主要原因是单位农地收益较低、中介组织缺失、农业基础设施不完善和农业经营风险不确定。

第五，推动农地流转应该递进式发展，逐步实现农地流转市场化。根据我国国情，推动农地流转要基于农村劳动力转移背景，同时满足农业现代化目标要求。所以，构建农地流转发展机制并没有强制推动农地流转，只是针对现有的非农就业劳动力，逐步转化农户流转农地的意愿，增加农地流转比重。与此同时，通过外力推动并实现流转农地的集中化，达到局部农地适度规模化经营水平。通过局部农地适度规模化经营，提高农业劳动生产率和农业比较收益，提高其他农户自营农地机会成本，逐步转化其流转农地意愿。在这个过程中，逐步完善相关制度，提高农村劳动力非农就业能力，培育新型农业经营主体，进一步基于农村劳动力非农转移推动农地流转，实现农地集中和规模化经营。

在现有农村劳动力非农就业条件下，由于农户分化、农地异质和区域分异特征，农地流转出现供不应求、供过于求和供求均不足几种情况。针对农地流转供不应求的状况，应该先集中愿意供给农地的农户土地，实现农地规模化经营，提高农业比较收益，增加其他农户自营农地机会成本，逐步提高其他农户流转意愿。针对农地流转供过于求的状况，应该培育和扶持新型农业经营主体，集中农户土地后交与经营主体经营，农户获得分红，逐步实现农地适度规模化经营。针对农地流转供求均不足的状况，政府应鼓励和扶持农户成立合作社，集中农地和协作经营，在自我经营的同时实现农地适度规模化经营。

对于农地流转供给和需求均充足，而且具备农地适度规模经营条件的区域，应该逐步推行农地流转市场化机制。农地流转市场化能更灵活、更充分地利用农地与农村劳动力资源，同时能更科学化、现代化地组织农地流转与农地经营。

第六，农村劳动力提高人力资本水平和非农就业层次的机会受限是抑制农民职业分化深度的主要原因。在外部环境一定的条件下，基于农户意愿的分析结果可知，针对非农就业群体，高人力资本和较高非农层次（较高收入、稳定就业）是正向促进其选择完全非农就业的关键；针对农业经营者群体（含兼业者和全职农业经营者），受教育程度越高、非农就业收入越高的劳动力选择成为职业农民的意愿越低。然而，现实中农村劳动力致力于追求提升人力资本水平和获得较高层次就业机会往往受限制，实现完全非农就业的比例也相对较低；虽然较大比例农村劳动力的人力资本水平不足以获得高层次就业机会，但能够实现非农就业收入增加，这反而降低了其选择成为职业农民的意愿。所以，多数农村劳动力只追求非农就业收入增加，但不选择完全非农就业，也不会选择成为职业农民，只选择兼业，从而导致农民职业分化深度发展受阻。

第七，在推动农村劳动力完全非农就业和农地流转的同时，应积极在距离城镇较远地区和平原地区试点推行服务型规模经营模式。针对农业经营者群体，距离城市较远、地貌特征为平原、周边有新型农业经营组织是对农户选择成为职业农民有正向促进作用的关键因素；同时距离城市较远、地貌特征为平原、受教育程度较低、家庭收入和非农收入较低的农户选择参与服务型规模经营的概率偏高。所以，针对远离城镇的平原地区，选择整体受教育程度低、家庭收入低、非农就业不稳定的农户，开展实施服务型规模经营试点。

二 研究展望

无论是推动农地流转以实现土地集中后的规模经营，还是不流转农地实现服务型规模经营，都需要完善的制度支撑。后续仍需在以下两个方面进行进一步研究。

1. 农地流转市场化和服务型规模经营制度建设研究

虽然我国已经进行了农地确权登记制度，但农地"三权分离"制度并不健全，也缺乏将农地承包权转化为其财产权的相关制度。在一定程度上，制度缺失限制了农民参与农地流转的积极性，无论是农地流转的供给方还是需求方都担心农地流转的不稳定和权益保障问题。农地流转市场化还需要建立供给和需求双方信息透明的平台和制度，同时完善相关农地融资和金融支持制度。

完善的农地流转市场化制度，不仅能够提高农户转出农地的积极性，也提供了畅通的转出通道，能够保障农民权益。对于转入农地的经营主体而言，需要制度保障农地流转的稳定性、信息的通畅性，同时需要健全的金融支持政策。所以，对农地确权、"三权分离"、财产权保障、金融支持等方面的制度变迁值得研究，这也将是研究如何解决农地流转和实现农业现代化目标的重要课题。

服务型规模经营涉及分散的农户、农户组成的集体性组织、提供农业服务的组织、政府等主体，需要完善的制度有农业服务企业经营制度、降低交易成本和保护农户权益的制度、政府引导和监管市场的制度等。通过制定和完善相关制度，促使农业服务标准化、市场化和规范化，同时能够保障农业服务供给者和需求者利益，实现市场供求充足和该模式有序推进。

2. 农村劳动力纵向流动问题研究

农民职业分化深度不够、农地利用效率和农业生产效率较低等问题产生的关键原因是劳动力纵向流动受阻，表现出来的就是农村劳动力横向流动和兼业。农村劳动力纵向流动，可以实现其就业层次提升、身份转换、收入增加、脱离农地等目标。农村劳动力纵向流动的困境是多维的，要从农村劳动力自身禀赋与努力、社会文化环境、二元制度、城乡经济社会环境差异等方面考虑，寻求破解路径至关重要。解决农村劳动力纵向流动问题，是推进农民职业合理分化和提高农业生产效率的关键，能够契合实现城镇化和农业现代化统筹发展的目标。

第二节 促进完全非农就业和农地流转的配套政策

根据前面章节分析的农民职业分化、农地适度规模经营的影响因素以及二者耦合发展路径可知，需要相关配套政策的支持。基于提升农业生产效率和保障农户权益基本原则，本书提出以下政策建议。

一 建立城乡社会保障衔接与转换机制

在农村劳动力非农收入水平较低和就业不稳定条件下，非农劳动力及其家属能够获得的相应社会保障，是其转出农地的关键。针对推动农地流转这一目标，社会保障制度不能仅仅覆盖农村非农劳动力，还要覆盖非农劳动力家属，也即要建立和完善适用于农村居民的社会保障制度，并能够实现城乡社会保障的衔接和转换。

我国农村非农劳动力参加城镇社会保障呈现种类较少、比重较低现象，主要原因是现有的城镇社会保障体系不适合农村非农劳动力，无法满足其收入较低、就业不稳定、流动性强和工作危险系数高等特征需求（王银梅、刘语潇，2009）。农村非农劳动力不选择参与城镇社会保障体系的主要原因有以下几种：缴费比例过高；无法异地使用与转移；不能与农村社会保障衔接与转换等。根据《2013 年农民工监测调查报告》，农村非农劳动力（农民工）参加城镇社会保障比例有所增加但依然较低，存在部分农民工参加社保后又退保的现象。建立适合农村非农劳动力的社会保障体系有利于提高农民工参保率，可以促进农民工融入城镇，真正实现市民化（石智雷、施念，2014）。要推进农地流转，仅仅建立适合农村非农劳动力的社会保障体系并不够，农户转出农地考虑的是家庭所有人的社会保障问题，所以还要建立和完善农村社会保障体系。

农村社会保障体系中养老、医疗、生育已经在农村全面推广，医疗和生育保险覆盖面积和保障力度逐年增加，养老覆盖面积和保障力度相对较低。当务之急应该完善农村社会保障体系，基本覆盖所有农村农业劳动力，同时满足农村非农劳动力在农村与城镇社会保障中的选择和转换。所以，建立和完善城乡社会保障衔接与转换机制在农村非农劳动力流动性较强的背景下至关重要。笔者认为，首先，应完善农村社会保障体系，扩大覆盖面积，加大保障力度；然后，建立城乡社会保障转换机制，农村非农劳动力能够选择将农村社保转换为城镇社保；最后，城乡社会保障转换过程中可以设置过渡阶段，即建立适合农民工的城镇社会保障体系，农民工过渡性城镇社会保障可以退回农村社保，也可以统一为城镇社保。

二　政府应加大对农业发展的扶持力度

进一步完善农业基础设施。农业基础设施的完善程度直接影响农地流转与农业发展，较为完善的基础设施能够降低农地转入需求方经营成本，增加农地流转需求；有利于农地规模化和专业化经营，促使农地流转地租或分红增加，提高农户转出农地概率，增加农地供给。广义的农业基础设施包含有助于农业生产和农产品流动的公共设施，一般由政府或村集体投资。在我国农村家庭传统分散式农业经营模式下，村集体力量较为薄弱，农业基础设施一般由政府财政投入。所以，政府应该进一步完善农村基础设施建设，特别是对农田水利、交通、电力、农产品交易场所与信息化等设施的直接投资，或者对农地经营者投资基础设施进行一定的补贴。

应该加大对农业经营主体的金融扶持力度。我国农业现代化发展目标要求走农地适度规模化和农业产业化道路，培育新型农业经营主体和产业链相关主体。培育新型农业经营主体是推动农地流转市场化的主要环节之一，能够保障农地流转需求充足并走向农业产业化道路。新型农业经营主体一般采用现代技术和管理方式规模化运作，其中资金不足是其发展的瓶颈之一，需要金融政策的支持。特别是在偏远的山地或丘陵地区，农地经营成本高会拉低农地比较收益，农业经营主体不仅仅需要资金，同时也需要较低成本的资金来源。所以，我国应该制定专门针对农业发展的金融扶持政策，满足农业经营主体在数量上和较低成本上的需求。比如进一步完善政策性银行对农业发展的扶持政策，针对不同类型农业经营主体给予差别化优惠，以鼓励和引导新型农业经营主体参与农地流转。

三 逐步完善和统一非农劳动力市场制度

农村劳动力非农就业收入较低与就业不稳定不仅仅与劳动力人力资本水平有关，也与非农劳动力市场制度分割和不公平有关。我国现行的劳动力市场存在制度性分割，导致农村非农劳动力遭遇就业歧视和收入歧视（赵显洲，2012）。农村非农劳动力就业歧视主要是指因身份、年龄和性别等方面的差异而遭受不公平对待，导致进入某些行业受阻。农村劳动力非农就业往往因为农民身份就业受阻。因为年龄或性别被单位辞退，这无疑会造成其就业不稳定和非农收入水平低下。收入歧视主要体现在农村劳动力进入某些行业后无法享有与同岗位城镇职工一样的待遇，也即遭受"同工不同酬"的非公平待遇。

现如今我国部分省份已经取消了农业户口，将农业户口和非农业户口统一为居民户口，这在一定程度上能够弱化就业歧视，但并不能从根本上改变出自农村的非农劳动力所面临的不公平待遇。在户籍制度改革的同时，应该赋予农村非农劳动力同等的城镇居民待遇，在就业时不再因为来自农村而遭遇歧视，能够得到相同岗位上城镇职工的所有待遇，包括收入水平、社会保障、子女教育、公共设施享受等方面。

现有城镇劳动力市场制度无论是在市场信息提供、劳务市场场所、劳动合同签订等服务方面，还是在劳动权益保障方面，均存在忽视农村非农劳动力主体的状况。这导致农村非农劳动力寻求工作岗位和签订劳动合同的非正式化、就业后劳动权益无法得到保障等问题。完善非农劳动力市场制度，应该重点考虑农村非农劳动力这一主体，建立和完善专门的农村非农劳动力劳务市场，积极引导农村非农劳动力进入正式劳务市场，制定和完善相关法律法规保障其劳动合同正式化，并监督劳动合同的执行，保障其权益。

四 完善中小城镇基础设施和增加非农就业岗位

推动农地流转是以农村劳动力非农转移为前提的，只有农村劳动力非农就业比重较高和就业稳定，农地流转市场才会有充足的农地供给。但我国大中城市提供的就业岗位和较高的生活成本不足以满足农村劳动力完全非农转移，部分农户仍然想居住在农村或生活在成本较低的城镇，并从事非农劳动。要满足农村非农劳动力不离开农村或低居住成本的需求，非农产业向中小城镇转移成为推进农村劳动力非农就业和转出农地的必然选择。吸引非农产业向中小城镇转移，必须完善中小城镇基础设施。从非平衡经济发展角度分析，完善中小城镇基础设施，有利于生产要素的流入，是吸引非农产业的关键。首先，应该选择具有区位优势的中小城镇，逐步完善其交通、教育、医疗等基础设施；然后，在基础设施完善的基础上，基于现有的产业大力引进人才、资本和技术等要素；最后，引进和培育主导产业，形成自己的优势产业，实现集聚效应，并带动其他产业发展。

中小城镇产业结构优化要基于城镇化与农业现代化同步发展这一目标，重点培育与农业发展相关的产业，比如农业生产性服务行业、农产品加工行业、农村金融业、物流行业等。与农业发展相关产业的发展，不仅能够实现农村劳动力就近非农就业，也是实现农业产业化的基础。特别是乡镇企业的发展，切忌脱离农业发展盲目引进与农业无关的项目。重点发展以涉农产业为主导产业的中小城镇将是解决我国"三农"问题的关键，完善基础设施和提供就业岗位可以满足人口非农化需求，涉农产业发展可以实现"以工促农"和"以工带农"的功能，从根本上摆脱农村人口众多与农地资源较少的困境。

五　完善农地产权制度，确保农民权益

随着市场经济体制的不断完善和推进，市场机制在农村资源配置方面也逐渐开始起基础性作用，农村商品经济的快速发展培育了农产品市场和生产要素市场，为农村发展注入了新的生机和活力，也对当前的农村产权制度改革提出了新的要求。当前农地流转市场化需要以农地产权制度明晰为前提，完善"三权分离"的相关制度和法律，稳定农村土地承包权，明确农地所有权和经营权，保障承包农地农户的农地财产权。通过"三权分离"制度的明晰与完善，不断强化农户对农地的处置权，保障农户处置农地后的财产收益权。

我国农村土地虽然不归农民所有，但农民却有长期承包权和经营权，保障农民放弃农地经营后获得相应的收益是农地流转市场化的关键环节。虽然农民不具有土地所有权，但其已经将承包的农地视为家庭财产，并认定自己具有处置的权利，甚至部分农民将农地视为生活和养老的根本保障。农业现代化要基于农地适度规模经营，需要推动一定程度的农地流转，但前提一定要基于农地所有权不变，稳定农地承包权，同时要考虑农民意愿，充分保障农户承包农地的收益权和财产权。所以，要明确农地"三权分离"的相关制度，首先要保证农地所有权不变和承包权稳定；其次要确保农地经营权转让的灵活性，取消各种限制，真正发挥农地经营权交换价值功能，保障经营权转让双方的权益；最后要确立和完善农民承包农地的财产权制度，无论是农民转出经营权，还是利用农地经营权抵押融资、入股、信托等，均可获得相应的财产性收入。

影响农民转出农地的主要影响因素之一就是流转农地收益，收益水平和保障水平是农民的关注点。无论采用哪一种农地流转方式和类型，只有保障农民承包农地的财产权和收益权，才能充分发挥农地经营权流转的灵活性，才能激发新型农业经营主体和经营方式的产生。农地承包权、经营权和财产权的确立，不仅需要其承包权的登记颁证，还需要进一步建立和完善经营权流转制度，确立农地财产权制度。通过确立农民承包农地的财产权，真正让农民将农地经营权作为其财产进行处置，可以出租转让，也

可以融资入股，提高农地流转的自由性和多样性。

六 健全农地流转中介和服务体系

市场机制是否有效运转将影响农地流转的有效性。为了促进农地流转市场的高效有序运转，必须建立市场化的中介服务组织和完善的相关制度。完善农地流转市场体系的关键是培育具有区域特点，且具有较强适应性的农地流转中介服务组织。这是农地流转规范有序、提高农户流转意愿的重要保证。在现实中，农地流转信息不畅已经严重影响了流转市场中交易成功的概率，同时也增加了农地流转市场的交易成本，所以提供准确及时的农地流转市场供求信息是降低交易成本的关键。

培育并完善农地流转市场的中介服务组织，可以减少因搜寻信息、企业资信调查、双方谈判等环节造成的交易成本，从而促进交易成功。政府和农村集体经济组织行使着管理农地流转市场的职能，作为有效的市场补充，市场化的中介服务组织的作用不可替代。

通过完善农地流转信息平台，可以有效解决信息不对称造成的流转缓慢、交易不稳定等问题，避免农民因不了解市场信息而拒绝流转的状况。建立专业化的农地评估组织及中介服务体系，摆脱农民对农地价值难以评估的困境，同时避免双方不信任和签订合同后存在的道德风险，合理的评估价格可以切实保障供需双方的权益。农地流转中介服务组织还可以提供相关咨询、技术服务和纠纷处理等服务内容，能够帮助农地流转供需双方解决农地流转过程中存在的问题，同时保障流转后双方的权益。

此外，要按照农地流转市场的需要，将中介组织定位成一个独立的经济主体，其行为受制于国家法律、法规和相关政策，其主要目的是保障供需双方交易的有序化和高效率，同时保障双方权益。其服务内容包含提供信息、评估、预测、咨询、谈判、纠纷争议解决等，同时在农地产权确定的基础上提供农地抵押、融资、信托、保险、招商等服务项目。完善中介组织设立的审批制度，合理确定中介组织的数量和地域分布，对农地流转中介进行动态监管，确保其行为的合法性；实行农地流转中介机构资质年审制度，根据业绩、社会评价、服务范围、组织行为等指标对其进行考核。

第三节　培育职业农民和发展服务型规模经营的配套政策

一　培育新型职业农民，引导农民职业合理分化

农地流转的目的是农地适度规模经营，推动农业市场化和专业化经营，需要具有专业素养的新型职业农民。但农地流转的前提是需要大量农村劳动力向非农产业转移，并完全从事非农化职业。所以，农民群体将主要分化为新型职业农民和非农产业就业人员，同时要求群体分化相对合理。否则，过多的农村劳动力流向非农产业，将缺少职业农民经营农地，农地流转需求不足；过多的农村劳动力留守农村，农地流转供给缺乏动力，无法实现农地适度规模经营。

以实现农业现代化为目标，走农地适度规模经营道路，必须引导农民职业合理分化，在促进农村劳动力非农就业的同时培育新型职业农民。然而在当前家庭分布式农业经营模式下，农村劳动力更倾向于外出非农就业，成为职业农民的意愿较低，甚至部分农民抛荒农地外出就业。无论是促进农村劳动力非农就业，还是培育职业农民，均需要提高农村劳动力人力资本水平和职业素养。引导农民职业合理分化，需要针对劳动力分化程度进行多层次职业培训。

构建多层次职业技能培训体系。以往针对农村劳动力的培训主要是非农就业技能培训，缺乏农业技能培训。长期以来，由于城乡二元结构的存在和经济发展的差异，农村劳动力非农就业已经成为农民增加收入的主要方式。城乡人力资本投资失衡导致农村劳动力缺乏足够的高学历教育和职业技能培训，非农就业收入较低且不稳定，也加剧了农民对农地的依赖性。基于农村劳动力完全非农化和职业农民全职经营农地的目标，构建多层次职业技能培训体系。针对以农业收入为主的农村劳动力，特别是在主观或客观上无法提升非农就业技能的农民，有针对性地对其进行现代农业经营技能培训，促使其转化为新型职业农民。针对以非农收入为主的农村劳动力，进行非农就业技能培训，使其能够长期稳定地从事某一非农行业，获得稳定的就业岗位和收入。针对非农就业和全职经营农地且选择意

愿不确定的农村劳动力，通过尝试多层次的职业技能培训，促使其自愿选择职业，最终能够掌握一项专业技能。

针对新型职业农民的培养，一定要基于农户意愿和农业区域特色，同时也要考虑农地规模收益最大化问题，不可能把所有的农民培养成职业农民。可以选择意愿强烈，而且有一定职业素养的农民，重点进行职业技能培训。同时对其进行政策扶持，在特定区域将其培养成农业现代化经营的典范和带头人，最终带领区域其他农民参与技能培训，自愿选择成为新型职业农民。

二 政府应主导高标准农田整治和农地分区域规划管理

农地流转需求不足、农地抛荒和农业统一服务供给受阻等问题的出现，在一定程度上是因为农田质量较低和配套设施不足。2021年9月16日，《全国高标准农田建设规划（2021—2030年）》正式公布，到2030年累计建成12亿亩并改造提升2.8亿亩高标准农田，但具体推进实施过程仍需要完善的制度保障。高标准农田是旱涝保收、高产稳产的农田，这需要农田本身质量高，同时要求农业经营配套设施齐全。农业农村部副部长张桃林认为，高标准农田建设要加强组织领导，突出规划引领。

首先，在提高农田质量方面，各地应按照规划方案，建立国家、省、市、县四级实施体系。编制各个地方高标准农田的建设规划，明确建设目标任务，将建设任务逐级分解和落实到具体区位的地块。市、县级要明确好分阶段、分区域的建设重点、内容和标准，并做好资金预算和安排。国家应该适当对产粮大省进行重点支持，设立重点区域、重点项目，并重点支持建设。同时，完善多元化投入机制，采取投资补助、以奖代补、财政贴息等多种方式，引导金融、社会资本和新型农业经营主体投入高标准农田建设。

其次，在完善农业经营配套设施方面，各级政府应积极完善农田设施的管护制度。针对已经被破坏或被占用的农业经营配套设施，比如"围渠造田"、农田水利设施被破坏或被占用现象，各级政府应该出台详细的恢复制度和标准，确保现有的农田设施能够正常使用。另外，针对建设高标准农田目标，各级政府应该积极增设配套设施，保障良田良用。市、县级政府应制定农业经营配套设施恢复、增设和管护制度，建设任务应明确到具体区位农田和责任人。同时不断完善恢复、增设和管护制度，探索多元的管护资金筹措机制，探索经营主体自管、委托专业化机构管理、购买工程设施保险、政府购买服务等多种模式。

三　完善服务型规模经营中农户利益分享机制

服务型规模经营是基于农民未流转农地经营权而接受有偿农业相关服务的一种农业规模经营形式，将涉及农业服务主体与农户如何分享利益问题。关于这种利益分配问题主要有两种情况，一是农户与服务主体间是非固定关系，提供农业服务的主体不固定，存在的问题主要集中在服务价格和服务标准方面；二是农户与服务主体存在固定关系，经营农地农户与当地农业服务组织建立协作或合作的固定关系，存在的问题主要集中在农业经营风险分担和农业经营收益分配方面。针对这两种情况，应该完善服务型规模经营中农户利益分享机制，加强服务制度和服务组织经营制度建设。

制定分类细化的农业服务标准。应该在政府的主导下，鼓励各农业经营管理部门、服务组织研究制定分类细化的农业服务内容、规范和标准，并编制成便于农户获悉和理解的宣传卡、操作手册等，提高农户参与积极性。同时也可以让农业服务组织对照标准提高自己的服务水平和质量。分类细化的农业服务标准也是农户和农业服务组织将来签订服务合同的参照和依据。

建立服务价格指导或引导机制。农业服务组织在某区域一旦达到较大规模，在市场中就容易形成垄断地位，在确定农业服务价格时易导致农户处于弱势地位，会抑制农户参与服务型规模经营的意愿。虽然农业服务价格由市场中供需双方力量共同决定，但也需要政府部门建立服务价格指导或引导机制，确保农户合理分享农业收益。

完善政府对服务组织的监管制度。探索建立服务主体信用评价机制，对服务质量不符合要求、群众不满意的服务组织，要及时予以通报并督促改正；鼓励地方探索建立托管服务主体名录管理制度，对于纳入名录管理、服务能力强、服务效果好的组织，予以重点扶持。

规范农业服务合同签订和执行。加强对服务组织与农户签订合同的指导和管理，积极发挥合同在规范服务行为、确保服务质量、维护农户利益等方面的作用。

参考文献

［1］包宗顺、徐志明、高珊、周春芳，2009，《农村土地流转的区域差异与影响因素——以江苏省为例》，《中国农村经济》第 4 期。

［2］别朝霞、刘行，2017，《劳动力转移对中国全要素生产率的影响——基于 2000—2014 年省级面板数据的实证分析》，《北京邮电大学学报》（社会科学版）第 6 期。

［3］蔡昉、都阳、王美艳，2001，《户籍制度与劳动力市场保护》，《经济研究》第 12 期。

［4］蔡昉，2008，《刘易斯转折点后的农业发展政策选择》，《中国农村经济》第 8 期。

［5］蔡昉、王德文、曲玥，2009，《中国产业升级的大国雁阵模型分析》，《经济研究》第 2 期。

［6］蔡基宏，2005，《农地生产纯收入为负的经济学分析》，《西南交通大学学报》（社会科学版）第 2 期。

［7］曹建华、王红英、黄小梅，2007，《农村土地流转的供求意愿及其流转效率的评价研究》，《中国土地科学》第 10 期。

［8］曹利平，2009，《农村劳动力流动、土地流转与农业规模化经营研究——以河南省固始县为例》，《经济经纬》第 4 期。

［9］曹群，1997，《走好农业产业化之路》，《中国行政管理》第 10 期。

［10］曹亚，2011，《劳动力估价偏误与要素配置失衡研究》，《经济学家》第 4 期。

［11］曹亚，2012，《要素配置失衡背景下的劳动力乡城就业转移应对研究》，湖北人民出版社。

［12］陈池波、韩占兵，2013，《农村空心化、农民荒与职业农民培育》，《中国地质大学学报》（社会科学版）第 1 期。

［13］陈浩、陈中伟，2013a，《农村劳动力迁移与土地流转动态不一致分析——基于河南省进城务工农村劳动力的调查》，《西北人口》第 5 期。

［14］陈浩、陈中伟，2013b，《农村劳动力转移与土地流转不一致的影响因素分析——基于 1986—2010 年中国农村固定观察点数据》，《财贸研究》第 5 期。

［15］陈浩、刘锡安、曹亚，2010，《后危机时代下农民工就业决策及困境分析——基于武汉返乡农民工就业安置现状调查》，《农村经济》第 10 期。

［16］陈孟平，2001，《农业现代化与制度创新》，《北京社会科学》第 3 期。

［17］陈强，2010，《高级计量经济学及 stata 应用》，高等教育出版社。

［18］陈训波、武康平、贺炎林，2011，《农地流转对农户生产率的影响——基于 DEA 方法的实证分析》，《农业技术经济》第 8 期。

［19］陈言新、彭展，1989，《从兼业经营到专业化：中国农民经营形式的转换——兼与韩俊同志商榷》，《经济研究》第 12 期。

［20］陈中伟、陈浩，2013，《农村劳动力与土地流转统筹发展研究》，《中国人口科学》第 3 期。

［21］陈中伟，2020，《替代性食物体系启示下小农户发展绿色农业的路径分析》，《河北农业大学学报》（社会科学版）第 3 期。

［22］陈中伟，2018，《中国农民职业分化与农地适度规模经营——理论综述、发展历程、困境与耦合发展机制》，《兰州学刊》第 7 期。

［23］陈仲常、臧新运，2006，《农村劳动力转移的区域差异与跨区流动度的估量》，《经济问题》第 1 期。

［24］成昕、温少辉、孙丽娜，2016，《从"塔西佗陷阱"谈食品安全谣言的政府应对》，《农产品质量与安全》第 6 期。

［25］程传兴、张良悦、赵翠萍，2012，《价值链驱动、土地流转与现代农业发展》，《中州学刊》第 5 期。

［26］崔子龙，2008，《农村劳动力人力资本投资与城乡统筹发展》，《重庆工商大学学报（西部论坛）》第 9 期。

[27] 〔美〕戴尔·乔根森、〔中〕何民成、〔美〕凯文·斯德尔，2012，《生产率信息技术与美国增长复苏》，荆林波、冯永晟译，格致出版社、上海人民出版社。

[28] 邓大才，2009，《农地流转市场何以形成——以红旗村、梨园屯村、胡村、小岗村为例》，《中国农村观察》第 3 期。

[29] 邓晓玲、张绍良、侯湖平、杨向飞、章兰兰、胡璐，2010，《农地流转市场存在的问题及完善对策研究——基于浙江省嵊州市的实证分析》，《林业经济》第 10 期。

[30] 杜江、王锐、王新华，2016，《环境全要素生产率与农业增长：基于 DEA - GML 指数与面板 Tobit 模型的两阶段分析》，《中国农村经济》第 3 期。

[31] 杜涛、滕永忠、田建民、田明津，2019，《小农户合作生产影响因素实证分析》，《中国农业资源与区划》第 4 期。

[32] 杜鹰，1997，《现阶段中国农村劳动力流动的群体特征与宏观背景分析》，《中国农村经济》第 6 期。

[33] 段娟、叶明勇，2009，《新中国成立以来农村剩余劳动力转移的历史回顾及启示》，《党史文苑》第 3 期。

[34] 樊帆，2009，《土地流转与农业生产结构调整关系研究》，《农业技术经济》第 4 期。

[35] 范东君、朱有志，2012，《二元经济、农业劳动力流动与粮食生产》，《云南财经大学学报》第 1 期。

[36] 范剑勇，2013，《城镇化水平与农地流转时机选择——以中日韩三国的比较为视角》，《中国社会科学报》5 月 22 日，第 B03 版。

[37] 冯海发，1988，《论农户兼业化的历史命运》，《农村金融研究》第 9 期。

[38] 冯玲玲、邱道持、赵亚萍、石永明，2009，《农业经营大户参与农地流转研究——以重庆市璧山县为例》，《西南师范大学学报》（自然科学版）第 2 期。

[39] 盖庆恩、朱喜、史清华，2014，《劳动力转移对中国农业生产的影响》，《经济学》（季刊）第 3 期。

[40] 高鸿业，2006，《西方经济学（微观部分）》，中国人民大学出版社。

[41] 高强，1999，《发达国家农户兼业化的经验及启示》，《中国农村经济》第 9 期。

[42] 高双，2010，《农村剩余劳动力转移空间区域差异研究》，《商业时代》第 26 期。

[43] 高欣、张安录，2017，《农地流转、农户兼业程度与生产效率的关系》，《中国人口·资源与环境》第 5 期。

[44] 郭贯成、丁晨曦，2016，《土地细碎化对粮食生产规模报酬影响的量化研究——基于江苏省盐城市、徐州市的实证数据》，《自然资源学报》第 2 期。

[45] 郭庆海，2018，《小农户：属性、类型、经营状态及其与现代农业衔接》，《农业经济问题》第 12 期。

[46] 郭瑞萍、李丹丹，2020，《要素改造视角下的小农户现代化机制研究》，《宁夏社会科学》第 1 期。

[47] 韩长赋，2019，《中国农村土地制度改革》，《农业经济问题》第 1 期。

[48] 韩春虹、张德元，2020，《小农户与现代农业衔接的服务组织模式：机理及效应评价》，《广东财经大学学报》第 2 期。

[49] 韩菡、钟甫宁，2011，《劳动力流出后"剩余土地"流向对于当地农民收入分配的影响》，《中国农村经济》第 4 期。

[50] 韩江河，2008，《关于农村土地流转的"成都模式"和"温州模式"比较与启示》，《广西大学学报》（哲学社会科学版）第 12 期。

[51] 韩俊，1988，《我国农户兼业化问题探析》，《经济研究》第 4 期。

[52] 韩庆龄，2020，《村社统筹：小农户与现代农业有机衔接的组织机制》，《南京农业大学学报》（社会科学版）第 3 期。

[53] 韩喜艳、刘伟、高志峰，2020，《小农户参与农业全产业链的选择偏好及其异质性来源——基于选择实验法的分析》，《中国农村观察》第 2 期。

[54] 郝海广、李秀彬、辛良杰、田玉军，2010，《农户兼业行为及其原因探析》，《农业技术经济》第 3 期。

[55] 何蒲明、刘红、魏君英，2014，《农民分化对粮食生产影响的实证研究——基于粮食主产区的动态面板数据》，《经济与管理研究》第

4 期。

[56] 何强、毛禹忠、刘绍永，2009，《云南农村劳动力转移与土地流转相关性分析》，《经济问题探索》第 12 期。

[57] 贺振华，2006，《农户兼业及其对农村土地流转的影响——一个分析框架》，《上海财经大学学报》第 4 期。

[58] 侯孟阳、姚顺波，2019，《空间视角下中国农业生态效率的收敛性与分异特征》，《中国人口·资源与环境》第 4 期。

[59] 胡奇，2012，《土地流转对农村剩余劳动力数量影响的研究》，《人口与经济》第 5 期。

[60] 胡新艳、杨晓莹、王梦婷，2017，《农地流转中的禀赋效应及其影响因素：理论分析框架》，《华中农业大学学报》（社会科学版）第 1 期。

[61] 黄延廷，2012a，《农地市场化流转及其对策研究》，《求实》第 5 期。

[62] 黄延廷，2012b，《农户兼业化对农地规模经营的制约机理分析》，《农村经济》第 1 期。

[63] 黄祖辉、王建英、陈志钢，2014，《非农就业、土地流转与土地细碎化对稻农技术效率的影响》，《中国农村经济》第 11 期。

[64] 计卫舸、高国忠、李锡英等，2013，《中国农村土地流转与劳动力转移》，河北人民出版社。

[65] 江淑斌、苏群，2012，《农村劳动力非农就业与土地流转——基于动力视角的研究》，《经济经纬》第 2 期。

[66] 姜松、王钊、曹峥林，2013，《不同土地流转模式经济效应及位序——来自重庆市的经验证据》，《中国土地科学》第 8 期。

[67] 姜松、王钊，2012，《土地流转、适度规模经营与农民增收——基于重庆市数据实证》，《软科学》第 9 期。

[68] 蒋文莉、陈中伟，2013，《农地流转滞后农村劳动力转移及区域差异分析》，《贵州社会科学》第 9 期。

[69] 孔祥智、穆娜娜，2018，《实现小农户与现代农业发展的有机衔接》，《农村经济》第 2 期。

[70] 匡远配，2010，《农村劳动力流转影响粮食安全的新解释》，《人口与经济》第 5 期。

[71] 赖斯芸、杜鹏飞、陈吉宁，2004，《基于单元分析的非点源污染调查

评估方法》，《清华大学学报》（自然科学版）第 9 期。

[72] 李存贵，2020，《基于 Logistic 模型的农户土地规模经营意愿分析》，《统计与决策》第 2 期。

[73] 李谷成，2014，《中国农业的绿色生产率革命：1978—2008 年》，《经济学》（季刊）第 2 期。

[74] 李虹韦、钟涨宝，2020，《熟人服务：小农户农业生产性服务的优先选择》，《西北农林科技大学学报》（社会科学版）第 1 期。

[75] 李明艳，2012，《农村劳动力转移对农地利用效率的影响研究》，社会科学文献出版社。

[76] 李宁、何文剑、仇童伟、陈利根，2017，《农地产权结构、生产要素效率与农业绩效》，《管理世界》第 3 期。

[77] 李琴、李怡、郝淑君，2019，《农地适度规模经营的分类估计——基于不同地形下不同地区的测算》，《农林经济管理学报》第 1 期。

[78] 李苏，2000，《论农户兼业化向专业化的过渡》，《社会科学家》第 6 期。

[79] 李文明、罗丹、陈洁、谢颜，2015，《农业适度规模经营：规模效益、产出水平与生产成本——基于 1552 个水稻种植户的调查数据》，《中国农村经济》第 3 期。

[80] 李仙娥、王春艳，2004，《国外农村剩余劳动力转移模式的比较》，《中国农村经济》第 5 期。

[81] 李响，2013，《土地流转信托的运作模式》，《中国土地资源报》11 月 16 日，第 3 版。

[82] 李耀锋、张余慧，2020，《内生型新型农业经营主体带动小农户发展的动力机制——基于嵌入性理论的个案研究》，《中国农业大学学报》（社会科学版）第 1 期。

[83] 李逸波、彭建强，2014，《农民职业分化的微观影响因素实证分析——基于分化程度与城乡选择的二重角度》，《中国农村观察》第 3 期。

[84] 李中，2013，《农村剩余劳动力转移与土地资源处置方式——基于湖南省的实证分析》，《财经问题研究》第 6 期。

[85] 廖洪乐，2012，《农户兼业及其对农地承包经营权流转的影响》，《管理世界》第 5 期。

[86] 廖仕梅，2018，《山地丘陵区农地规模经营影响因素评价与分区——以重庆市合川区为例》，硕士学位论文，西南大学。

[87] 廖媛红、宋默西，2020，《小农户生产与农业现代化发展：日本现代农业政策的演变与启示》，《经济社会体制比较》第 1 期。

[88] 林乐芬、金媛，2012，《农地流转方式福利效应研究——基于农地流转供求方的理性选择》，《南京社会科学》第 9 期。

[89] 林善浪、王健、张锋，2010，《劳动力转移行为对土地流转意愿影响的实证研究》，《中国土地科学》第 2 期。

[90] 林毅夫，2005，《制度、技术与中国农业发展》，上海人民出版社。

[91] 凌莎，2014，《农户规模经营意愿及其影响因素——基于全国 26 个省区的抽样问卷调查的思考》，《农村经济》第 4 期。

[92] 刘芬华，2011，《究竟是什么因素阻碍了中国农地流转——基于农地控制权偏好的制度解析及政策含义》，《经济社会体制比较》第 2 期。

[93] 刘克春，2008，《国外关于农地流转的理论研究与启示》，《经济学家》第 6 期。

[94] 刘克春，2006，《农户农地流转决策行为研究——以江西省为例》，博士学位论文，浙江大学。

[95] 刘莉君，2011，《农村土地流转模式的绩效比较研究》，中国经济出版社。

[96] 刘涛、曲福田、金晶、石晓平，2008，《土地细碎化、土地流转对农户土地利用效率的影响》，《资源科学》第 10 期。

[97] 刘卫柏、李中，2012，《农村土地流转影响因素的灰关联度分析》，《湖南社会科学》第 5 期。

[98] 刘向南、吴群，2010，《农村承包地流转：动力机制与制度安排》，《中国土地科学》第 6 期。

[99] 刘洋，2011，《基于 logistic 模型的农地流转农户意愿影响因素研究》，《安徽农业科学》第 2 期。

[100] 刘应元、冯中朝、李鹏、丁玉梅，2014，《中国生态农业绩效评价与区域差异》，《经济地理》第 3 期。

[101] 陆文聪、梅燕、李元龙，2008，《中国粮食生产的区域变化：人地关系、非农就业与劳动报酬的影响效应》，《中国人口科学》第

3 期。

[102] 陆文聪、朱志良，2007，《农地流转供求关系实证分析——以上海为例》，《中国农村经济》第 1 期。

[103] 陆一香，1988，《论兼业化农业的历史命运》，《中国农村经济》第 2 期。

[104] 吕晓、臧涛、张全景，2020，《农户规模经营意愿与行为的影响机制及差异——基于山东省 3 县 379 份农户调查问卷的实证》，《自然资源学报》第 5 期。

[105] 罗必良，2020，《小农户与现代农业》，《农业经济问题》第 1 期。

[106] 罗明忠、刘恺，2015，《农村劳动力转移就业能力对农地流转影响的实证分析》，《广东财经大学学报》第 2 期。

[107] 马涛、王菲，2015，《中国城郊农业发展模式评析》，《城市问题》第 9 期。

[108] 毛隽，2011，《中国劳动力转移研究——基于制度变迁的视角》，博士学位论文，复旦大学。

[109] 梅建明，2003a，《从国外比较看我国农户兼业化道路的选择》，《经济学动态》第 6 期。

[110] 梅建明，2003b，《工业化进程中的农化兼业经营问题的实证分析》，《中国农村经济》第 6 期。

[111] 梅建明、陈秀华，2006，《农村剩余劳动力转移与农地制度再创新》，《财经研究》第 6 期。

[112] 孟令国、余水燕，2014，《土地流转与农村劳动力转移：基于人口红利的视角》，《广东财经大学学报》第 2 期。

[113] 孟祥远，2012，《城市化背景下农村土地流转的成效及问题——以嘉兴模式和无锡模式为例》，《城市问题》第 12 期。

[114] 牟少岩、杨学成，2008，《农民职业分化微观影响因素的实证研究——以青岛为例》，《农业经济问题》第 11 期。

[115] 母世春、王芳，2013，《农村劳动力转移对农业生产的影响——基于合江镇 150 户农户的问卷调查》，《农村经济与科技》第 1 期。

[116] 宁新田，2010，《我国农业现代化路径研究》，博士学位论文，中共中央党校。

［117］欧阳金琼、王雅鹏，2014，《农户兼业会影响粮食生产吗？——基于江汉平原粮食主产区 360 户粮农的调查》，《中南财经政法大学学报》第 4 期。

［118］潘丹、应瑞瑶，2013，《中国农业生态效率评价方法与实证——基于非期望产出的 SBM 模型分析》，《生态学报》第 12 期。

［119］彭代彦、文乐，2015，《农村劳动力结构变化与粮食生产的技术效率》，《华南农业大学学报》（社会科学版）第 1 期。

［120］彭代彦、文乐，2016，《农村劳动力老龄化、女性化降低了粮食生产效率吗——基于随机前沿的南北方比较分析》，《农业技术经济》第 2 期。

［121］彭新宇，2019，《农业服务规模经营的利益机制——基于产业组织视角的分析》，《农业经济问题》第 9 期。

［122］蒲艳萍、刘婧，2010，《劳动力流动对农村经济的影响效应——基于对重庆市 137 个自然村有无外出务工家庭的调查分析》，《经济问题探索》第 9 期。

［123］钱文荣、郑黎义，2011，《劳动力外出务工对农户农业生产的影响——研究现状与展望》，《中国农村观察》第 1 期。

［124］钱忠好，2003，《农地承包经营权市场流转：理论与实证分析——基于农户层面的经济分析》，《经济研究》第 2 期。

［125］秦立建、张妮妮、蒋中一，2011，《土地细碎化、劳动力转移与中国农户粮食生产——基于安徽省的调查》，《农业技术经济》第 11 期。

［126］任勤、李福军，2010，《农村土地流转中介组织模式：问题及对策——基于成都市的实践》，《财经科学》第 6 期。

［127］阮文彪，2019，《小农户和现代农业发展有机衔接——经验证据、突出矛盾与路径选择》，《中国农村观察》第 1 期。

［128］尚雨，2011，《农地规模与农业生产效率的关系分析——基于湖南省 400 农户的调查》，《湖南农业大学学报》（社会科学版）第 6 期。

［129］沈锡权，2009，《温州模式破解"有地不种、想种没地"难题》，《山西农业（村委主任）》第 4 期。

［130］石智雷、施念，2014，《农民工的社会保障与城市融入分析》，《人口与发展》第 2 期。

［131］史常亮、李赟、朱俊峰，2016，《劳动力转移、化肥过度使用与面源污染》，《中国农业大学学报》第 5 期。

［132］〔美〕斯蒂文·G. 米德玛编，2007，《科斯经济学：法与经济学和新制度经济学》，罗君丽等译，上海三联书店。

［133］孙博、段文婷、许艳、赵悦君，2019，《职业分化视角下的农民城镇化意愿与影响因素研究——以胶东地区为例》，《城市发展研究》第 5 期。

［134］孙明琦、王吉恒，2009，《农地流转：基于供求态势的分析》，《商业研究》第 6 期。

［135］孙玉娜、李录堂、薛继亮，2012，《农村劳动力流动、农业发展和中国土地流转》，《干旱区资源与环境》第 1 期。

［136］孙云奋，2012，《劳动力转移与农地流转的关联度：鲁省个案》，《改革》第 9 期。

［137］孙自铎，2011，《论经济发展中的双滞后与加快农地流转的新路径》，《江淮论坛》第 1 期。

［138］田传浩、李明坤，2014，《土地市场发育对劳动力非农就业的影响：基于浙、鄂、陕的经验》，《农业技术经济》第 8 期。

［139］田红宇、祝志勇，2018，《农村劳动力转移、经营规模与粮食生产环境技术效率》，《华南农业大学学报》（社会科学版）第 5 期。

［140］田伟、杨璐嘉、姜静，2014，《低碳视角下中国农业环境效率的测算与分析——基于非期望产出的 SBM 模型》，《中国农村观察》第 5 期。

［141］涂正革、甘天琦，2019，《中国农业绿色发展的区域差异及动力研究》，《武汉大学学报》（哲学社会科学版）第 3 期。

［142］万宝瑞，2014，《当前我国农业发展的趋势与建议》，《农业经济问题》第 4 期。

［143］汪洋，2013，《农村集体土地所有权登记研究——以四川省宜宾县为例》，博士学位论文，中国地质大学。

［144］王宝义、张卫国，2018，《中国农业生态效率的省际差异和影响因素——基于 1996～2015 年 31 个省份的面板数据分析》，《中国农村经济》第 1 期。

［145］王春超，2011，《农村土地流转、劳动力资源配置与农民收入增长：

基于中国 17 省份农户调查的实证研究》，《农业技术经济》第 1 期。

［146］王丽英、雷鹏程、刘晏彤，2017，《要素投入、经营规模对农地利用效率的影响——基于四川省 418 户农户调查数据》，《农村经济》第 7 期。

［147］王利民、傅金戈、刘玉祥、杨世清，1999，《农业现代化的条件与选择——潍坊市农业现代化理论研讨会综述》，《中国农村经济》第 6 期。

［148］王嫚嫚、刘颖、蒯昊、周晓时，2017，《土地细碎化、耕地地力对粮食生产效率的影响——基于江汉平原 354 个水稻种植户的研究》，《资源科学》第 8 期。

［149］王亚辉、李秀彬、辛良杰、谈明洪、李薇，2017，《中国农地经营规模对农业劳动生产率的影响及其区域差异》，《自然资源学报》第 4 期。

［150］王亚运、蔡银莺、李海燕，2015，《空间异质性下农地流转状况及影响因素——以武汉、荆门、黄冈为实证》，《中国土地科学》第 6 期。

［151］王银梅、刘语潇，2009，《从社会保障角度看我国农村土地流转》，《宏观经济研究》第 11 期。

［152］王勇辉，2011，《农村城镇化与城乡统筹的国际比较》，中国社会科学出版社。

［153］王跃梅、姚先国、周明海，2013，《农村劳动力外流、区域差异与粮食生产》，《管理世界》第 11 期。

［154］韦彩玲，2012，《土地流转"龙头企业 + 合作社 + 农民"模式的潜在问题及对策研究》，《甘肃社会科学》第 6 期。

［155］文雄，2011，《农地流转促进农业适度规模经营问题研究》，博士学位论文，湖南农业大学。

［156］吴昊，2014，《城镇化背景下劳动力转移对农业影响分析——基于 31 省 Panel-Data》，《广西财经学院学报》第 3 期。

［157］武舜臣、储怡菲、李乾，2020，《小农户与现代农业发展有机衔接：实现基础及在分类农产品中的实践》，《当代经济管理》第 2 期。

［158］〔美〕西奥多·W. 舒尔茨，2006，《改造传统农业》，梁小民译，

商务印书馆。

[159] 夏益国、宫春生，2015，《粮食安全视阈下农业适度规模经营与新型职业农民——耦合机制、国际经验与启示》，《农业经济问题》第5期。

[160] 夏玉芬、梁斌、郝敬京、黄勇刚，2012，《加快农村土地流转 推进现代农业发展——以保定市为例》，《社科纵横》（新理论版）第3期。

[161] 向国成、韩绍凤，2005，《农户兼业化：基于分工视角的分析》，《中国农村经济》第8期。

[162] 解安，2002，《农村土地股份合作制：市场化进程中的制度创新》，《甘肃社会科学》第2期。

[163] 徐邓耀，2012，《农超对接、土地流转与农业产业化经营》，《经济与管理》第11期。

[164] 徐晓鹏，2020，《小农户与新型农业经营主体的耦合——基于中国六省六村的实证研究》，《南京农业大学学报》（社会科学版）第1期。

[165] 许庆、尹荣梁、章辉，2011，《规模经济、规模报酬与农业适度规模经营——基于我国粮食生产的实证研究》，《经济研究》第3期。

[166] 鄢姣、王锋、袁威，2018，《农地流转、适度规模经营与农业生产效率》，《资源开发与市场》第7期。

[167] 闫小欢、霍学喜，2013，《农民就业、农村社会保障和土地流转——基于河南省479个农户调查的分析》，《农业技术经济》第7期。

[168] 杨昊，2009，《农村土地流转驱动因素与制动因素分析及其建议》，《林业经济》第10期。

[169] 杨寰、王习孟，2017，《中国替代性食物体系发展与多元主体参与：一个文献综述》，《中国农业大学》（社会科学版）第4期。

[170] 杨琨、刘鹏飞，2020，《欠发达地区失地农民可持续生计影响因素分析——以兰州安宁区为例》，《水土保持研究》第4期。

[171] 杨肃昌、范国华，2018，《农户兼业化对农村生态环境影响的效应分析》，《华南农业大学学报》（社会科学版）第6期。

[172] 姚洋，1999，《非农就业结构与土地租赁市场的发育》，《中国农村

观察》第 2 期。

[173] 叶剑平、蒋妍、丰雷，2006，《中国农村土地流转市场的调查研究——基于2005 年 17 省调查的分析和建议》，《中国农村观察》第 4 期。

[174] 叶兴庆，1993，《小规模农户兼业经营对农业发展的影响》，《农业技术经济》第 2 期。

[175] 游和远、吴次芳，2010，《农地流转、禀赋依赖与农村劳动力转移》，《管理世界》第 3 期。

[176] 游和远、吴次芳、杨培建、黄磊，2012，《耕地数量补偿的生态效率有效性分析》，《国土资源情报》第 1 期。

[177] 于学花、栾谨崇，2009，《农户兼业经营下农地流转市场发展的新思路》，《理论与改革》第 6 期。

[178] 于洋、关立新，2006，《中国农地流转供求态势探析》，《学习与探索》第 2 期。

[179] 岳意定、刘莉君，2010，《基于网络层次分析法的农村土地流转经济绩效评价》，《中国农村经济》第 8 期。

[180] 曾福生、高鸣，2012，《我国各省区现代农业发展效率的比较分析——基于超效率 DEA 及 malmquist 模型的实证分析》，《农业经济与管理》第 4 期。

[181] 曾福生、唐浩，2010，《农地流转模式的成因、绩效及发展趋势》，《农业经济与管理》第 1 期。

[182] 曾雅婷、吕亚荣、刘文勇，2018，《农地流转提升了粮食生产技术效率吗——来自农户的视角》，《农业技术经济》第 3 期。

[183] 张海波，2016，《农村剩余劳动力转移对全要素生产率的影响研究》，《统计与决策》第 22 期。

[184] 张合林、王飞，2013，《农户农村承包地使用权流转意愿的实证研究——以郑州市中牟县为例》，《财经科学》第 10 期。

[185] 张建、诸培新，2017，《不同农地流转模式对农业生产效率的影响分析——以江苏省四县为例》，《资源科学》第 4 期。

[186] 张培刚，2001，《发展经济学教程》，经济科学出版社。

[187] 张杨、陈娟娟，2019，《农业生态效率的国际比较及中国的定位研

究》,《中国软科学》第 10 期。

[188] 张照新,2002,《中国农村土地流转市场发展及其方式》,《中国农村经济》第 2 期。

[189] 张忠明、钱文荣,2014,《不同兼业程度下的农户土地流转意愿研究——基于浙江的调查与实证》,《农业经济问题》第 3 期。

[190] 赵丰,2020,《有标可依,"田保姆"服务更高效》,《大众日报》10 月 13 日。

[191] 赵金国、岳书铭,2017,《农户规模经营意愿影响因素分析研究》,《山东社会科学》第 1 期。

[192] 赵显洲,2012,《人力资本、市场分割与农民工的工资决定》,《农业经济问题》第 4 期。

[193] 赵晓峰、赵祥云,2018,《新型农业经营主体社会化服务能力建设与小农经济的发展前景》,《农业经济问题》第 4 期。

[194] 赵燕、解运亮,2014,《城镇化进程中农业剩余劳动力转移方式研究——一个马克思主义的分析思路》,《经济问题探索》第 4 期。

[195] 郑风田,2000,《制度变迁与中国农民的经济行为》,中国农业科技出版社。

[196] 郑丽楠、洪名勇,2019,《中国农业生态效率的时空特征及驱动因素》,《江西财经大学学报》第 5 期。

[197] 钟甫宁、陆五一、徐志刚,2016,《农村劳动力外出务工不利于粮食生产吗?——对农户要素替代与种植结构调整行为及约束条件的解析》,《中国农村经济》第 7 期。

[198] 钟林、唐小我,2009,《农地流转交易的市场均衡分析》,《中国管理科学》第 4 期。

[199] 钟文晶、罗必良,2013,《禀赋效应、产权强度与农地流转抑制——基于广东省的实证分析》,《农业经济问题》第 3 期。

[200] 周建、施国庆,2011,《城乡统筹发展的三种农村土地流转模式及其比较研究》,《农村经济》第 8 期。

[201] 周敏、匡兵、黄善林,2018,《农户农地规模经营意愿影响因素实证研究——基于黑龙江省 401 份农户的调查数据》,《干旱区资源与环境》第 12 期。

［202］周天勇，2006，《高级经济发展经济学》，中国人民大学出版社。

［203］周天勇，2003，《土地制度的供求冲突与其改革的框架性安排》，《管理世界》第 10 期。

［204］周天勇，2001，《托达罗模型的缺陷及其相反的政策含义》，《经济研究》第 3 期。

［205］周振、孔祥智，2019，《农业机械化对我国粮食产出的效果评价与政策方向》，《中国软科学》第 4 期。

［206］邹伟、孙良媛，2011，《土地流转、农民生产效率与福利关系研究》，《江汉论坛》第 3 期。

［207］Feng, S., Heerink, N. 2008. "Are Farm Households Land Renting and Migration Decisions Inter-related in Rural China?." *NJAS: Wageningen Journal of Life Sciences* 55（4）：345 – 362.

［208］Lewis, W. A. 1954a. "A Model of Dualistic Economics." *American Economic Review* 36：46 – 51.

［209］Lewis, W. A. 1954b. "Economic Development with Unlimited Supplies of Labor." *The Manchester of School of Economic and Social Studies* 22（2）：139 – 191.

［210］Mincer, J. 1978. "Family Migration Decisions." *Journal of Political Economy* 86（5）：749 – 773.

［211］Popkin, S. 1979. *The Rational Peasant.* California, US, University of California Press.

［212］Ranis, G., Fei, J. C. H. 1961. "A Theory of Economic Development." *The American Economic Review* 51：533 – 565.

［213］Simon, H. A. 1955. "A Behavioral Model of Rational Choice." *The Quarterly Journal of Economics* 69（1）：99 – 118.

［214］Stark, O., Taylor, J. E. 1991. "Migration Incentives, Migration Types: The Role of Relative Deprivation." *The Economic Journal* 101（408）：1163 – 1178.

［215］Stark, O. 1991. *The Migration of Labor.* Cambridge：Basil Blackwell.

［216］Todaro, M. P. 1969. "A Model of Labor Migration and Urban Unemployment in Less Developed Countries." *The American Economic Review* 59

（1）：138 – 148.

[217] Tone，K. 2001. "A Slacks-based Measure of Efficiency in Data Envelop-
ment Analysis." *European Journal of Operational Research* 130（3）：
498 – 509.

[218] Williamson，J. G. 1988. "Migration and Urbanization." *Handbook of
Development Economics* 1：425 – 465.

[219] Yang，D. T. 1997. "China's Land Arrangements and Rural Labor Mobili-
ty." *China Economic Review* 8（2）：101 – 115.

后 记

本书是 2017 年国家社会科学基金一般项目"空间异质视角下农民职业分化与农地适度规模经营耦合发展研究"（项目编号：17BJY088）的最终成果，河南省高校哲学社会科学应用研究重大项目"'航空＋数字'赋能河南省农业绿色发展的机理与路径研究"（项目编号：2023－YYZD－26）也提供了出版资助。

我国农民职业分化和农地适度规模化经营涉及城镇化进程、工业化和农业现代化发展的诸多问题，不仅存在空间异质性，也存在农户个体分化状况，研究角度众多，现实中复杂状况和实际研究难度超越了当初预想。由于学术水平有限，本书研究的角度难免有偏颇、研究深度难免有欠缺，不足之处在所难免，真诚接受各位专家学者的批评指正。

在项目研究过程中本书得到了项目组成员中南财经政法大学博士研究生赵高送、祁让坤的鼎力支持，在调研、搜集数据和处理数据方面，他们做了较多工作，感谢二位博士生的付出。

在书稿整理过程中我指导的硕士研究生参与了校对和格式修改工作，在此对华长营、张雪艳、崔锐洁、汤灿等几位同学表示感谢。

感谢在项目研究和书稿整理过程中郑州航空工业管理学院经济学院各位领导和老师的关心帮助，感谢亲人朋友们的支持与照顾。

本书在写作过程中参考了国内外学术界学者们的研究成果，在此表示深深谢意，引用中如有纰漏敬请谅解和指正。由于时间和能力有限，本书存在的不足将在后续研究中加以完善和解决。

陈中伟

2022 年 8 月

图书在版编目（CIP）数据

农民职业分化与农地适度规模经营 / 陈中伟著. --

北京：社会科学文献出版社，2023.3

ISBN 978 - 7 - 5228 - 1514 - 5

Ⅰ.①农…　Ⅱ.①陈…　Ⅲ.①农民 - 劳动就业 - 研究

- 中国②农业用地 - 土地经营 - 研究 - 中国　Ⅳ.

①D669.2②F321.1

中国国家版本馆 CIP 数据核字（2023）第 039241 号

农民职业分化与农地适度规模经营

著　　者 / 陈中伟

出 版 人 / 王利民
组稿编辑 / 高　雁
责任编辑 / 颜林柯
文稿编辑 / 陈丽丽
责任印制 / 王京美

出　　版 / 社会科学文献出版社·经济与管理分社（010）59367226
　　　　　　地址：北京市北三环中路甲 29 号院华龙大厦　邮编：100029
　　　　　　网址：www. ssap. com. cn
发　　行 / 社会科学文献出版社（010）59367028
印　　装 / 三河市尚艺印装有限公司

规　　格 / 开 本：787mm × 1092mm　1/16
　　　　　　印 张：16　字 数：262 千字
版　　次 / 2023 年 3 月第 1 版　2023 年 3 月第 1 次印刷
书　　号 / ISBN 978 - 7 - 5228 - 1514 - 5
定　　价 / 128.00 元

读者服务电话：4008918866